C·H·Beck
PAPERBACK

Katharina Kakar

Frauen in Indien

Leben zwischen Unterdrückung und Widerstand

C.H.Beck

Für meinen Mann, Sudhir Kakar, der die Gleichstellung von Frauen nicht nur mit Worten, sondern auch mit Taten im privaten und öffentlichen Leben stets unterstützt

Originalausgabe

Satz: Druckerei C.H.Beck, Nördlingen
Druck und Bindung: CPI – Ebner & Spiegel, Ulm
Umschlaggestaltung: Geviert, Grafik & Typografie
Umschlagabbildung: Frau aus Rajasthan, Foto: Jassi Oberai/500px Prime
Printed in Germany
ISBN 978 3 406 68315 2

www.beck.de

Inhalt

Einleitung

When men are oppressed, it's a tragedy.
When women are oppressed, it's tradition.
Letty Cottin Pogrebin

Eine 23-jährige Physiotherapie-Studentin stirbt, zwei Wochen nachdem sie einer brutalen Gruppenvergewaltigung zum Opfer fiel. Dieses Ereignis, das sich im Dezember 2012 in einem fahrenden Bus in Indiens Hauptstadt Delhi abspielte, löste auf dem indischen Subkontinent über Wochen anhaltende Proteste aus und schlug auch in den internationalen Medien beachtliche Wellen. Nie zuvor scheint sich Europa so sehr für das Schicksal und den Status indischer Frauen interessiert zu haben. Eine Flut von Berichten folgte, in denen Frauen meistens in die Opferrolle gedrängt wurden, ohne kulturelle Zusammenhänge und die Vielfalt indischer Lebenswelten einzubeziehen. Das vorliegende Buch möchte dieser Tendenz entgegenwirken, indem es die heterogene Welt indischer Frauen von innen und aus unterschiedlichsten Perspektiven beleuchtet. Die Gewalt und das Unrecht, das Millionen Frauen täglich erdulden, werden ebenso dargestellt wie die sogenannte «sexuelle Revolution» und der soziale Wandel, die in den urbanen Zentren Indiens zu massiven Veränderungen und Verunsicherungen führen.

Es geht nicht darum, ein lückenloses Bild weiblicher Lebenswelten in Indien zu zeichnen – das ist in einer so komplexen Gesellschaft auch gar nicht möglich –, sondern es soll mithilfe exemplarischer Ereignisse, Menschen und Themen ein differenzierterer Blick entwickelt werden, der die Vielfältigkeit im Denken und Leben indischer Frauen ebenso beleuchtet wie die Herausforderungen der heutigen Zeit. Widersprüchlichkeiten werden dabei nicht aufgehoben, sondern stehengelassen: So ist der niedrige Status von Frauen genauso eine soziale Realität wie die ideologische Überhöhung der Mutter(göttin). Mädchen und Frauen müssen größere Hürden nehmen, um sich auf dem Arbeitsmarkt zu etablieren; haben sie aber einen gewissen Bildungsstand erreicht, werden sie in der Berufswelt sehr viel gleichwertiger behandelt als Frauen in Europa und Amerika. Sie mögen klassische, weibliche Rollenvorstellungen weniger infrage stellen, als dies in westlichen Gesellschaften erwartet wird, aber sie müssen ihr Wissen und Können nicht doppelt beweisen, bekommen häufiger gleiche Gehälter wie Männer und steigen selbstverständlicher in Führungspositionen auf.

Betrachtet man Indien nicht als ein Land, sondern als 32 unterschiedliche Nationen mit einer sprachlichen und kulturellen Vielfalt, die vergleichbar ist mit der Vielfalt Europas, so wird verständlicher, dass das im Westen gezeichnete Bild der «geknechteten Frau» der sozialen Realität Indiens mit seiner Vielfalt an Lebenswelten und Lebensmöglichkeiten so nicht standhalten kann. Es kommt erschwerend hinzu, dass immer auch die sozialen, ökonomischen, politischen und technologischen Gegebenheiten der verschiedenen Regionen des Landes berücksichtigt werden müssen, denn in Indien existieren mindestens fünf «weltgeschichtliche Zeitzonen» gleichzeitig, ohne sich unbedingt zu berühren. Zeitzone 1: isoliert-abgelegene Landstriche indischer Ureinwohner in den Wäldern Zentralindiens, deren Lebensumstände sich in den letzten 500 Jahren nur wenig verändert haben; Zeitzone 2: das ländliche, überwiegend agrarwirtschaftliche Indien des nordischen Flachlands mit seinen technischen Neuerungen, wo sich das Leben ungefähr so abspielt wie im frühen 20. Jahrhundert; Zeitzone 3: die Kleinst- und Kleinstädte Indiens mit ihren lokalen Eliten, die sich in vielerlei Hinsicht mit dem europäischen Stadtleben des 19. Jahrhunderts vergleichen lassen; Zeitzone 4: die Metropolen Indiens mit ihrer Rast- und Wurzellosigkeit der aufsteigenden Mittelschicht und den möglichen Freiheiten des 21. Jahrhunderts; schließlich Zeitzone 5: die globalisierte, privilegierte Schicht, die sich die Welt in ihre Häuser holt, frei im In- und Ausland reist und sich somit physisch wie virtuell in einem globalen 21. Jahrhundert bewegt.[1]

Die Lebensräume dieser fünf Zeitzonen mögen stark voneinander abgegrenzt sein, aber in den Metropolen «interagieren» sie beständig miteinander: Frauen aus den urbanen Slums helfen im Haushalt der aufsteigenden Mittelschicht, Frauen in Führungspositionen sind im täglichen Kontakt mit Mitarbeiterinnen der Mittelschicht usw. Sie können mit ihren partiellen Schnittmengen im Vergleich zu einem sehr viel homogeneren Europa als ein Baustein verstanden werden, die Vielzahl weiblicher Realitäten in Indien einzuordnen. Und sie machen die kaum zu überbrückende Kluft zwischen Indern verschiedenster Kasten und Herkunft im Umgang mit Frauen und mit (weiblicher) Sexualität verständlich. Es liegen mitunter Welten dazwischen, wie Frauen im öffentlichen Raum von anderen wahrgenommen werden und wie sie sich selbst wahrnehmen. Es stellt sich also die Frage, wie sie mit familiären Erwartungen und beruflichen Vorstellungen umgehen, wie sich ihre Sehnsüchte und Ambitionen gestalten.

Befasst man sich mit diesen und anderen Geschlechterfragen in Indien, darf man zwei Achsen nicht aus dem Blick verlieren: Kaste und Klasse. Patriarchale Strukturen der höheren Kasten einerseits und der wirtschaftliche Überlebenskampf der unteren Schichten andererseits sind untrennbar mit der Gewalt gegen Frauen verbunden. Einer Gewalt, die mit der selektiven Abtreibung weiblicher Föten im Mutterbauch beginnt. Oft sind es gar nicht unbedingt die Männer, sondern ältere Frauen einer Familie, die als Komplizinnen tief verinnerlichter patriarchaler Strukturen das Rad der Gewalt immer weiter drehen. Der Abtreibung weiblicher Föten kann nicht entgegengewirkt werden, indem die Geschlechtsbestimmung im Mutterbauch per Ultraschall unter Strafe gestellt wird; die schlechtere Versorgung kleiner Mädchen kann nicht verhindert werden, solange die Geburt von Mädchen Familien der Unterschicht und unteren Mittelschicht ökonomische Nachteile bringt; die Forderung nach einer offenen und gleichberechtigten Sexualität kann nicht erfüllt werden, solange hochkastige Reinheitsvorstellungen über den Körper von Frauen verhandelt werden. Mit anderen Worten: Wer Frauenpolitik betreiben will, muss Kastenpolitik betreiben; wer der Tötung von Mädchen durch Abtreibung, Unterernährung und zweitklassige medizinische Versorgung entgegenwirken will, muss politische Maßnahmen durchsetzen, die ökonomisch schlecht gestellte Familien ohne Söhne nicht in den finanziellen Ruin treiben; wer eine tatsächliche sexuelle Gleichstellung von Frauen und Männern einfordert, sollte nicht nur das Verhalten der Männer, sondern auch die Wertevermittlung ihrer Mütter (und Schwestern) kritisch infrage stellen.

Die in diesem Buch angesprochenen kulturellen Kontexte, die zu einem vertiefenden Verständnis indischer Vorstellungen beitragen sollen, beschränken sich auf die dominante soziale und religiöse Gruppe Indiens: die Hindus. Obgleich es sich bei «den» Hindus um zutiefst heterogene Gruppen und Gemeinschaften handelt, wird der Diskurs der Gewalt gegen Frauen von der urbanen Mittelschicht und den Wertvorstellungen der oberen Kasten dominiert. Diese «hörbaren» Stimmen grenzen die Lebenskontexte, Erfahrungen und Bedürfnisse der Mehrheit indischer Frauen aus, entmündigen sie, machen sie zu Opfern – Vorstellungen, die in der westlichen Medienwelt zu selten hinterfragt werden.

Im vorliegenden Buch berufe ich mich auf Erfahrungen, die ich als Anthropologin und Mitglied einer indischen Familie, als Ansässige in einem südindischen Dorf und aus meiner Arbeit mit Kindern benachteiligter Familien in den letzten 27 Jahren gesammelt habe. Neben der reichhaltigen Literatur, neben Statistiken und Zeitungsberichten zu diesem Thema bilden meine vielfältigen Reisen in Indien und meine Arbeit als bildende Künstlerin eine Grundlage meiner Darstellung, ebenso wie Feldforschungen und Interviews, die eigens für dieses Buch unternommen wurden. Auch wenn mein Blick stets auf der Gewalt liegt, der Millionen Frauen ausgesetzt sind, soll hier nicht der Opferstatus von Frauen im Vordergrund stehen, sondern vielmehr ihre Findigkeit und ihr Einfallsreichtum, ihre Unabhängigkeit und ihr Mut in für uns oft unvorstellbaren Lebenssituationen.

1. Sexualität: Der Aufbruch der urbanen Mittelschicht

«Meine Eltern und mein Bruder denken, dass ich noch Jungfrau bin», sagt Shivani und lacht leise. «Es wäre die Hölle los, wenn sie wüssten, dass ich einen Freund habe.» Wir sitzen auf Klappstühlen in einem Raum ihrer Universität und trinken überzuckerten Tee aus Plastikbechern. Shivani ist ungewöhnlich offen. Ihre schönen Augen mustern mich aufmerksam. Wie auch bei ihren Kommilitoninnen und einer Reihe anderer junger Frauen, mit denen ich über mehrere Monate hinweg immer wieder Gespräche führte, überrascht mich Shivanis Selbstbewusstsein, ihre Körpersprache, ihr unbedingter Wille, etwas aus ihrem Leben und ihren Talenten machen zu wollen. Sie ist einundzwanzig und lebt mit ihrer Familie in einer Drei-Zimmer-Wohnung im Norden Delhis. Wer nicht aus anderen Orten zum Studium hierher gezogen ist und in einem Hostel wohnt, lebt mit den Eltern und nimmt zum Teil lange Wegstrecken zur Uni in Kauf. «Ich möchte einen guten Job und ich bin bereit, alles dafür zu geben.» Sie hat klare Ziele, nimmt ihr Studium nicht auf die leichte Schulter und wird auch nach der Verheiratung, wie sie sagt, arbeiten. Und wenn ihre Schwiegereltern dagegen etwas einzuwenden hätten? «Das werden sie nicht. In so eine Familie würde ich nicht heiraten», sagt Shivani selbstbewusst. «Warum sollten sie sich beschweren, wenn ich zum Einkommen beitrage? Ich werde meine Pflichten nicht vernachlässigen.» Nach einer kurzen Pause fügt sie hinzu: «Ich gehe sogar regelmäßig in den Tempel.»

Indiens junge, gebildete Frauen von heute erwarten von sich selbst, dass sie sich mit der Heirat ganz klassisch um Familie, Haushalt und Götter kümmern, die alten Rollenvorstellungen also nicht verletzen, gleichzeitig aber attraktiv, karriereorientiert und beruflich erfolgreich sind. Sie sind entschlossen, diese

Kraft aufzubringen, und haben das Ideal «weiblicher Stärke» zutiefst verinnerlicht. Die meisten Studentinnen der Mittelschicht wollen arbeiten (auch wenn nicht alle es später dürfen), sie möchten heiraten, Familien gründen *und* ihren beruflichen Ambitionen folgen. Während es noch vor zwei Jahrzehnten die Regel war, dass junge Frauen ihr Studium nach der Heirat nicht weiterführten, gehört es heute zum guten Ton der aufstrebenden Schichten, höhere Bildung und Berufstätigkeit von jungen Frauen zu befürworten. Dies ist ein Grund dafür, dass das Alter heiratswilliger Frauen sich um zehn Jahre nach hinten verschoben hat, nämlich auf Mitte bis Ende zwanzig. Dennoch ist es kein Einzelfall, wenn jungen Frauen der Mittelschicht von der Schwiegerfamilie vor der (arrangierten) Ehe das Versprechen gegeben wird, dass sie auch als verheiratete Frau weiterarbeiten dürfen, dass nach der Heirat hingegen Druck ausgeübt wird, die Berufstätigkeit oder das Studium zugunsten familiärer Pflichten aufzugeben.

Das ist zum Beispiel Vidya, eine frischverheiratete End-Zwanzigerin aus Bhopal in Mittelindien, die einen lukrativen Job in einer Bank hat. Sie hatte es zur Bedingung ihrer arrangierten Heirat gemacht, weiter voll berufstätig zu sein. Im Verlauf unseres Gesprächs wurde jedoch deutlich, dass sie ihren Job höchstwahrscheinlich aufgeben muss, falls ein Kind kommt oder die Schwiegereltern kränkeln. «Der Wunsch der Älteren hat Vorrang. Was soll ich da machen? Ich werde mich nicht gegen sie stellen», sagte sie leise und presste ihre Lippen aufeinander. In den meisten Fällen werden Frauen wie Vidya ihren Wunsch, außer Haus zu arbeiten, nur dann durchsetzen können, wenn ihre Partner sie vor der Familie offen unterstützen, sie also die Kooperation der neuen Familie erwarten können oder das Paar allein in einer eigenen Wohnung lebt.

Junge Frauen wie Shivani erwarten dementsprechend, dass ihre zukünftigen Ehepartner ihre Werte teilen. Der Partner soll nicht nur an seinen eigenen Bedürfnissen interessiert sein, sondern ihre ebenso berücksichtigen. An dieser Stelle lacht Shivani wieder leise und fingert an dem farbenfrohen Schal ihres trendigen *Salvar Kameez**: Sie meint ihre sexuellen Bedürfnisse, die Sehnsucht, nicht nur im alltäglichen Zusammenleben, sondern auch im Ehebett Intimität und Zuwendung erleben zu dürfen. Die heranwachsende Generation in den Großstädten spielt die Bedeutung einer befriedigenden Sexualität in der Paarbeziehung nicht länger herunter. Der Ehepartner als Begleiter und bester Freund, wie in der Generation ihrer Eltern hochgehalten, hat nicht an Wichtigkeit verloren – aber auch der Sex muss stimmen. Wann hat sie begonnen, sich für ihren Körper zu interessieren? Wer hat sie aufgeklärt? Spricht sie mit ihren Freundinnen über Sex?

Als Shivani ihre erste Menstruation bekam, hatte ihre Mutter ihr mit großer Anstrengung zu erklären versucht, was es bedeutete, dass nun einmal monatlich aus ihrem *pee-pee* Blut floss. Es war ihr peinlich, sie wusste längst über ihre zwei Jahre ältere Cousine Bescheid. Shivani sagt wie ihre Mutter *pee-pee* oder spricht von «da unten», wenn es um ihre Vagina geht. Den meisten Frauen und Männern in Indien ist es unangenehm, Worte wie «Vagina», «Sex», «Menstruation» oder «Masturbation» auszusprechen. Als Eve Enslers Welterfolg, das Theaterstück *The Vagina Monologues*, im Jahr 2003 erstmals nach Indien kam, weigerten sich viele Schauspielerinnen, die Rolle zu übernehmen, mit der Begründung, sie könnten es nicht über sich bringen, das V-Wort auszusprechen.[1] Die aus Tamil Nadu stammende Psychologin Amrita Narayanan, die sich umfassend mit der Sexualität indischer Frauen der Gegenwart befasst, kommentiert: «Die meisten Frauen erzählten Geschichten von mütterlicher Zurückweisung während oder vor der Pubertät, als ich sie zu ihren frühesten sexuellen Erfahrungen befragt habe.» Narayanan verweist auf die tiefe Scham, die diese mütterliche Zurückweisung auslöst, wenn auf die sexuelle Neugierde des Kindes mit Ekel oder Negativität reagiert wird.[2] Die Weichen der Selbst-Unterdrückung weiblicher Sexualität wer-

* Mit einem *Asterisk gekennzeichnete Begriffe und Namen werden im Glossar näher erläutert.

den also früh gestellt. Bereits dem kleinen Mädchen, das das angenehme Gefühl sexueller Erregtheit an sich entdeckt, wird vermittelt, dass ihr Körper ihr nicht für das eigene, subjektive Vergnügen zur Verfügung stehe. Mit den Einschränkungen ihrer Freiheit ab der Pubertät setzt eine Selbstzensur ein, indem es die Einsicht aus dem alten Gesetzestext, dem *Manu Smriti**, vollends verinnerlicht, «dass kein Mann in der Lage ist, eine Frau zu bewachen – der beste Wächter einer Frau ist sie selbst».[3] Die Hemmung, Worte wie Vagina oder Masturbation schamfrei aussprechen zu können, ist ein Hinweis auf diese tief verankerte sexuelle Selbstunterdrückung. Die überwältigende Mehrheit indischer Frauen – sieht man von Teilen der Oberschicht und oberen Mittelschicht einmal ab – ist mit diesem «Gepäck» unterwegs, nämlich dass eine respektable Frau ihre sexuellen Wünsche unsichtbar zu machen hat und sich dementsprechend verhält, auch körperlich: keine provokante Kleidung, nicht zu laut sprechen, keine zu großen Schritte, Zurückhaltung, Häuslichkeit, Gehorsam, nicht in männlicher Begleitung ausgehen.

Dennoch kann und soll der Wandel, der in den Metropolen stattfindet und der in konservative, kleinere Städte überzuschwappen beginnt, nicht geleugnet werden. Jeans und enge Tops an den Colleges und Universitäten werden inzwischen mit dem gleichen Selbstverständnis getragen wie der traditionelle dreiteilige *Salvar Kameez*. Die gebildete Generation junger Frauen kann sich artikulieren, ist selbständig und körperbewusst. Die Shivanis der Gegenwart wagen den Spagat zwischen elterlichen Vorgaben und der Bewusstwerdung ihrer eigenen Subjektivität. Sie fordern ihre Rechte lauter ein, als ihre Mütter es jemals wagten. Die sogenannte «sexuelle Revolution»[4] in den Metropolen wird interessanterweise vornehmlich von dieser Generation selbstbewusster, gebildeter Mittelschicht-Frauen angetrieben. Sie wollen ihren Platz im öffentlichen Raum, im Berufsleben, in der Sexualität. Zugpferd ist also nicht (nur) die dünne Schicht der indischen Elite – die hat sich, wie Eliten überall auf der Welt, schon immer anderer Freiheiten bedient –, sondern es sind junge Frauen wie Shivani, die in konservativen Familien groß werden, aber genauso wie ihre Brüder geliebt und gefördert werden; die heimlich einen Freund haben, aber eine (semi-)arrangierte Heirat nicht grundsätzlich ablehnen (vgl. Kapitel 3). Frauen, die aus Familien stammen, in denen nicht nur vorehelicher Sex oder Masturbation, sondern bereits das Interesse an sexuellen Fragen mit einem Stigma behaftet ist. Frauen aus Familien, in denen mit großem Stolz auf die klugen, selbstbewussten Töchter geblickt wird, aber auch mit Strenge darauf geachtet wird, dass sie ihre Grenzen nicht überschreiten und damit die Familienehre und ihre Chancen auf dem Heiratsmarkt beschädigen. Es gehört zum Selbstverständnis dieser aufstrebenden Mittelschicht, dass die Töchter studieren und ihre Eltern ähnliche Erwartungen an sie stellen wie an die Söhne. Ein Studium erweitert nicht nur die Chancen auf dem Heiratsmarkt, es ermöglicht den jungen Frauen auch, notfalls ökonomisch auf eigenen Beinen zu stehen, falls die Ehe scheitern sollte.

Wie schaffen junge Frauen wie Shivani diesen Spagat?

Die Familie in Indien hat, und das zieht sich durch alle Kasten und Klassen, ein hohes Mitspracherecht bei den Entscheidungen ihrer Mitglieder. Die Bedeutung (und Autorität) der Familienälteren hat sich in Indien auch im 21. Jahrhundert mit seinen rasanten Entwicklungen keinesfalls zersetzt, d. h. die Familie ist nach wie vor der Lebensmittelpunkt für die meisten Inder aller Altersklassen. Familiäre Akzeptanz und Liebe, Rückhalt, Loyalität und Zugehörigkeit sind dominante Werte, und es wird erwartet, dass individuelle Bedürfnisse diesen Werten untergeordnet werden. Das bedeutet, dass Veränderungen und Wünsche von den Jüngeren stets mit Vorsicht «verhandelt» werden, was impliziert, dass die heranwachsende Generation den Familienälteren vieles vorenthält. Teile ihrer «inneren Landschaft», was sie denken oder tun, werden unter Verschluss gehalten, und junge Frauen lernen früh zu manipulieren, um ihre Interessen auf indirektem Weg dort durchzusetzen, wo offene Konfrontation nicht erlaubt ist.

So hält auch Shivani es für klüger, ihre Liebschaft (vorerst weiter) zu verheimlichen, hofft aber, dass ihre Eltern und die ihres Freundes einer Heirat zustimmen, sollte sich die Beziehung als stabil herausstellen. Es ist vorstellbar, dass Shivani mit allen Mitteln für ihren Freund kämpft, falls ihre Eltern sich gegen die Verbindung stellen sollten; es ist allerdings unwahrscheinlich, dass sie ihren Freund ohne das Einverständnis der Eltern tatsächlich heiraten würde. So ist es beispielsweise Vidya ergangen. Als sie von Bhopal (Mittelindien) zum Studieren nach Pune (Poona) kam, war sie zunächst schockiert über den offenen Umgang der Geschlechter miteinander. Irgendwann hatte sie selbst einen Freund, den sie gerne geheiratet hätte. Ihre Familie hatte keine Einwände, wohl aber die ihres Freundes, so dass mit dem Ende des Studiums beide eine arrangierte Ehe mit anderen Partnern eingingen. Ihr Ehemann weiß nichts von dieser Verbindung. Sie erzählt, dass ihr Ex-Freund sie noch immer anrufe, aber nun, da sie frisch verheiratet sei, könne sie seine Anrufe nicht mehr entgegennehmen.

Wenn die jungen Frauen sich dem Ende des Studiums nähern, wächst der familiäre Druck zu heiraten. Während Frauen noch vor zwei bis drei Generationen mit dem Eintreten der Pubertät verheiratet wurden (auf dem Land ist das zum Teil noch heute so), ist das Heiratsalter in den Städten in den letzten vier Jahrzehnten stetig gestiegen. Ist eine Frau allerdings mit Ende zwanzig oder Anfang dreißig noch immer unverheiratet, beginnt die Familie zu intervenieren. Selbst in liberalen Kreisen kommt es vor, dass Frauen ihr Liebesleben im Mitwissen der Familie leben, parallel dazu aber auf von der Familie arrangierte Dates mit potenziellen Heiratspartnern gehen. Auf solchen Dates, die die Eltern über Webportale wie *shaadi.com* oder über das Netzwerk der Verwandtschaft «arrangieren», trifft man sich für eine Stunde (meistens in Gegenwart eines Familienmitglieds) in einem Cafe oder der Lobby eines Hotels, um sich kennenzulernen. Sind die jungen Leute einander nicht abgeneigt und die Familienälteren ebenfalls «einverstanden», kommt es zu weiteren Treffen (dann häufig ohne Familienanhang) und schließlich möglicherweise zu einer Eheschließung.

«Warum machst du das mit?», frage ich Madhu, eine attraktive Frau Ende zwanzig, die seit zwei Jahren einen festen Freund hat, von dem auch ihre Eltern wissen. «Ich muss auf ihre Wünsche eingehen, vielleicht hören sie irgendwann auf, mir *shaadi.com*-Männer vorzustellen, und akzeptieren Sanjay.» Der weiß nichts von diesen arrangierten Dates, die Madhu widerwillig wie eine Pflichtübung absolviert. «Es würde ihn nur wütend machen», sagt sie und schaut zu Boden. Sechs solcher Treffen hat sie hinter sich, viermal hatte sich die andere Partie bei ihren Eltern nicht wieder zurückgemeldet, zweimal musste sie ihren Eltern erklären, dass sie zu einem zweiten Treffen nicht bereit sei. Nach wie vor gilt, was schon eine breite Studie von 1981 herausstellte: Das persönliche Wohlbefinden von Frauen ist zutiefst an das Wohlbefinden der anderen (engeren) Familienmitglieder gebunden.[5] Für Madhu ist es einfacher, den Wünschen ihrer Eltern nachzugeben, die arrangierten Dates ihrer Eltern also «auszusitzen» und in passiver Rebellion zu hoffen, dass die Eltern irgendwann in eine Heirat mit ihrem Freund einwilligen, als in die offene Konfrontation zu gehen.

Die Vermittlung von Neuem wird in den konservativen, familiären Strukturen möglich, indem bekannte Werte nach neuen Bedürfnissen ausgerichtet werden, ohne sich zu weit von Vertrautem zu entfernen.[6] Mit anderen Worten, die freie Partnerwahl Shivanis oder Madhus mutiert zu einer semi-arrangierten Heirat, indem der familiäre Konsens eingeholt wird. Nicht der Bruch mit traditionellen Werten, sondern ihre «Dehnung» wird verhandelt. Und falls Shivani oder Madhu nicht ihren derzeitigen Freund heiraten, werden sie – so wie Vidya – mit hoher Wahrscheinlichkeit aus pragmatischen Gründen leugnen, Sex mit einem anderen Mann gehabt zu haben.

Untersuchungen im städtischen Milieu zeigen, dass über drei Viertel der befragten jungen Männer, die häufig selbst vorehelichen Sex hatten, nicht bereit sind, eine Frau zu heiraten, die mit einem anderen Mann geschlafen hat.[7] Hat eine Frau sexuelle Erfahrung, wird sie als «eine von der Sorte» abgestempelt – eine *randi** oder *chinaar**, also ein «leichtes Mädchen», eine Schlampe,

Prostituierte.[8] Man(n) schläft zwar auch (und gerne) mit solchen Frauen, weil sie «hot» sind, oder man mit ihnen Dinge machen kann, für die die «gute» Frau zu prüde ist, sie ist aber kein «Heiratsmaterial». Der Ausdruck *marriage material* wird tatsächlich in der Mittelschicht wie selbstverständlich benutzt (für Frauen und Männer), er sagt eine Menge darüber aus, wo für Familien die Prioritäten in der Wahl ehelicher Verbindungen liegen. Die Erwartung weiblicher Jungfräulichkeit mag regional stark variieren – in Goa oder Bangalore wird Sexualität liberaler verhandelt als in Tamil Nadu, wo angeblich 99% der jungen Männer erwarten, dass ihre Braut Jungfrau ist.[9] Aber selbst wenn man großzügig annimmt, dass im gesamtindischen Durchschnitt inzwischen ein Drittel junger Männer liberalere Einstellungen vertritt, so ist doch in der Psyche von mindestens zwei Dritteln aller Männer (viele sagen: 95%) die Trennung von Frauen in zwei «Sorten» zutiefst verankert: einerseits die «gute» (enthaltsame) Frau, die den Schutz der Männer verdient und die man heiratet, und andererseits die «schlechte» (sexuell aktive) Frau, die im öffentlichen Raum Freiwild ist und nach diesem männlichen Selbstverständnis selbst verantwortet, wie mit ihr umgegangen wird. «Unsere Gesellschaft strukturiert sich aus zutiefst verinnerlichten Haltungen und Werten, die für Frauen unterdrückend sind», schreibt Fareed Kazmi. «Statt für ihre Erfahrung in sexuellen Angelegenheiten geschätzt zu werden, werden Frauen für ihre ‹Unschuld› geschätzt.»[10] Dieser Misogynismus reduziert Frauen zu Objekten und vermittelt ihnen, dass ihr Körper letztendlich nicht ihnen selbst, sondern dem Vergnügen des Mannes zur Verfügung zu stehen hat, falls sie nicht den hohen Preis zahlen wollen, gesellschaftlichen Respekt einzubüßen und auf dem Heiratsmarkt schwer vermittelbar zu sein.

Die jungen Frauen wissen das. Auch wenn Liebschaften, vorehelicher Sex und ein weit offenerer Umgang mit der Sexualität inzwischen verbreiteter sind als oft angenommen und die junge Generation weniger schamvoll auf ihre Körper und ihre Bedürfnisse reagiert als noch vor einem Jahrzehnt, lassen sich junge

Frauen nicht leichtfertig auf ihren ersten Sex ein.[11] Mit Ausnahme einer dünnen Kruste urbaner Eliten, die sehr viel liberalere Werte als ihre konservativen Mitbürger vertreten, wird es bei den meisten jungen Frauen Monate dauern, bis der Freund «darf», und die Beziehung muss – zumindest in ihrer Vorstellung – ernst sein. Wie weit sich die Einstellung gegenüber vorehelichem Sex in den letzten zwei Jahrzehnten verändert hat, zeigt sich in Umfragen: In einer 1997 durchgeführten Studie mit über 2000 Studentinnen und Studenten der urbanen Mittelschicht waren 72% der Meinung, dass Jungfräulichkeit vor der Ehe auf jeden Fall eingehalten werden sollte, während heute über 60% junger Menschen vorehelichen Sex befürworten. Dennoch ist das Tabu des außerehelichen Sex tief verinnerlicht. Das zeigt sich beispielsweise daran, dass 77% befragter Männer und Frauen Schuldgefühle haben, wenn vorehelicher Sex mit einem Partner nicht zu einer Ehe führt.[12]

Eine Studie von *Durex Condoms* kam zu dem Ergebnis, dass Inder und Inderinnen (in Indien) ihre Jungfräulichkeit später verlieren als die meisten Menschen in fast allen Ländern weltweit, nämlich mit ca. 22 Jahren. Nur Indonesien und Malaysia haben ein noch höheres Durchschnittsalter für den ersten Sex, nämlich über 23 Jahre.[13] Junge Männer wie Frauen, die ihr Herz verschenken, haben hohe Erwartungen an ihren ersten Partner und gehen mehrheitlich davon aus, diesen zu heiraten. Wie eine Untersuchung des indischen Ministeriums für Gesundheit und Familie aus dem Jahr 2007 belegt, wollen 61% der Männer und 78% der Frauen mit ihren ersten (sexuellen) Partnern eine Ehe eingehen. Dass schließlich nur 42% der Männer, aber angeblich 86% der Frauen dies tun, verweist auf die gesellschaftlichen Zwänge, denen sexuell aktive Frauen ausgesetzt sind.[14]

An einem Ende der Skala sind Frauen wie Shivani also damit konfrontiert, mit zutiefst verinnerlichten, konservativen Werten zu Reinheitsvorstellungen umzugehen, die über den Körper der Frau verhandelt werden (vgl. Kapitel 11); am anderen Ende der Skala bewegen sie sich in einem sich rasant wandelnden Umfeld – zunehmende Bildung, wachsende ökonomische Unabhängigkeit und globalisierte Metropolen –, das ihnen erlaubt, ihre Sexualität freier auszuleben. Dieses explosive Spannungsfeld führt nicht selten zu einem «Yo-Yo-Effekt» der Gefühle, dem nicht alle standzuhalten vermögen: Suizid ist zur zweithäufigsten Todesursache gut gebildeter junger Menschen (15–29 Jahre) in Indien geworden.[15] Gerade junge Frauen, die in einem konservativ-traditionellen Mittelschichtumfeld aufwuchsen und nun – unter hohem Erfolgsdruck – in den Metropolen studieren oder ihre ersten Arbeitserfahrungen machen, leben häufig eine Art Doppelleben. Entfernt von der Kontrolle der Familie, verlieben sie sich, haben erste «Dates» bei McDonald und Pizza-Hut, feiern in Nachtclubs, trinken Alkohol, rauchen und tragen Kleidung, die ihre Eltern nicht dulden würden, während sie sich bei Besuchen zu Hause oder in Gegenwart von Mitgliedern der erweiterten Großfamilie den Werten des Elternhauses unterordnen. Was sich an Colleges, Universitäten und am Arbeitsplatz im heutigen Indien tatsächlich abspielt, hat sich in der Generation ihrer Eltern oft noch nicht herumgesprochen. So hört man beispielsweise, dass in Firmen der IT-Branche in Bangalore, in denen Tag und Nacht in Schichten gearbeitet wird, regelmäßig das Toilettensystem zusammenbricht, weil zu viele Kondome hinuntergespült werden.[16]

Auch der Konsum von online-Pornographie soll dort, wo überwiegend junge Menschen der gebildeten Mittelschicht arbeiten, überproportional hoch sein.[17] Das hat möglicherweise auch damit zu tun, dass die indische Printpornographie eingeschränkt und stark zensiert ist. Neben einer Vielzahl lokaler Porno-Heftchen gibt es in Indien nur zwei Sexmagazine, die weite Verbreitung haben: *Chastity*, das viele Bilder nackter Frauen bringt und sich mit sexuellen Fragen befasst, und *Debonair*, das auch die Künste, insbesondere Poesie, miteinbezieht.[18] Mit dem Internet hat sich der Zugang zu pornographischem Material allerdings unkontrolliert ausweiten können. Auch Shivani hat schon einmal, noch nicht sehr lange her, auf einer Party einen Ausschnitt eines Internet-Porno gesehen, ein Kommilitone hatte ihn auf seinem Smartphone hochgeladen.

Während sich die Mädchen verächtlich abwandten, hingen die Jungen um den kleinen Bildschirm herum und machten sich lustig. Über 50% der männlichen Jugend in Indien soll, nach diversen Berichten, regelmäßig Pornos im Internet konsumieren, und laut einem Sex Survey von 2011 (India Today) haben 34% indischer Frauen in Indiens Metropolen schon mal einen Porno gesehen.[19] In anderen Studien wird angenommen, dass weit mehr (unaufgeklärte) junge Frauen, nämlich 49%, sich mittels Pornographie sexuell informieren.[20] Laut einer Berichterstattung von Google steht Indien weltweit auf Platz sechs im Konsum von Online-Porno, in anderen Statistiken nimmt Indien Platz drei ein. Sieben indische Städte tauchen unter den weltweit zehn Städten auf, in denen am häufigsten online-Porno aufgerufen wird.[21] Es ist wenig überraschend, dass online-Suchbegriffe wie Sex, Sex mit Tieren und Ähnliches nicht in sexuell liberalen Ländern, sondern in patriarchalen Gesellschaften (in der Mehrheit muslimische Kulturen) mit starken sexuellen Repressionen statistisch am häufigsten zu finden sind.

Man muss sich die Frage stellen, welches Bild von Sexualität und Erotik einer Generation urbaner junger Menschen vermittelt wird, deren Informationsquelle Pornos sind und die nur in Ausnahmefällen die Möglichkeit haben, offen mit Menschen ihres Vertrauens über sexuelle Fragen zu sprechen.[22] Wie viel bleibt von der möglicherweise bedeutendsten Einsicht des *Kamasutra** – des wohl bekanntesten Lehrbuchs zur Sexualität, das im 4. Jahrhundert nach Christus in Indien verfasst wurde –, dass «Vergnügen kultiviert werden muss; dass im Bereich der Sexualität die Natur der Kultur bedarf»?[23] Kann Erotik und kann die Subjektivität der Frau im Zeitalter des Internets, wo Pornographie zur Norm im sexuellen Umgang der Geschlechter wird, noch gerettet werden? Trotz dieser Gefahren trägt aber das Internet mit seinen Informationsmöglichkeiten sehr wahrscheinlich auch dazu bei, dass die sexuellen Bedürfnisse von Frauen, klitorale Stimulation, ihr Orgasmus, aber auch die Vielfalt sexueller Praktiken im Sexualverhalten der indischen Jugend in Zukunft stärker einbezogen werden.[24] Dazu gehört auch das steigende Interesse an erotischem Spielzeug wie beispielsweise Vibratoren. Diese sind in Indien verboten (Sektion 292 des indischen Strafgesetzbuches), können aber über Internetanbieter und in gewissen Läden in den Metropolen bezogen werden. Ca. 9% indischer Frauen befriedigen sich selbst mithilfe eines Vibrators (im weltweiten Vergleich tut dies jede 5. Frau) – aber in der kulturellen Geschichte Indiens gab es schon einmal offenere Zeiten: Vatsyayana, der Autor des legendären *Kamasutra*, riet seinen Leserinnen schon vor knapp 2000 Jahren, sich (auch) mit hölzernen Penissen zu befriedigen. Zu Zeiten des *Kamasutra* war weibliche Masturbation keine Leerstelle.

Im heutigen Indien (wie auch in Europa) beziehen sich die Masturbations-Phantasien und -Ängste nur auf das männliche Geschlecht; die Vorstellung, dass Mädchen oder Frauen sich selbst berühren, um sich ein Ventil für sexuelle Lustgefühle zu schaffen, ist für konservativ eingestellte Inder auch heute noch undenkbar. Insofern findet sich auf Internetseiten sogenannter «Sex-Kliniken» in Indien zwar allerhand Rat, wie mit Masturbation umzugehen sei, allerdings nur auf den Mann bezogen und so haarsträubend, dass es nicht erstaunt, wenn Dr. Mahinder Watsa, der die «*Ask the Sexexpert*»-Rubrik einer Zeitung in Mumbai betreut, sagt, 50% der Männer, die ihm schreiben, hätten diffuse Ängste zu masturbieren und seien von klassischen Vorstellungen gepeinigt, etwa dass Masturbieren Haarausfall und Akne verursache, außerdem zu Schwäche und Gewichtsverlust führe. Die besorgten, oft absurden Fragen bezeugen, was in Indien mehrheitlich geglaubt wird und was selbst über sogenannte «Sex-Kliniken» vermittelt wird.[25] So heißt es unter anderem in der Rubrik einer solchen Klinik in Lucknow (Nordindien), dass Masturbation den Penis schwäche und zu frühzeitiger Ejakulation und Erektionsstörungen führe. Es werden Kräuterkuren für den durch zu extensive Masturbation beschädigten Penis angeboten, es gibt Penis-Vergrößerungskurse und es wird beschworen, dass die Klinik weder magische Elixiers mixt noch falsche Behauptungen aufstellt. Solche «wissenschaftlichen» Meinungen tragen, zusammen mit den unzähligen Mythen in der reichhaltigen Kulturgeschichte Indiens, zu tief internalisierten Vorstellungen bei, dass körperliche Schwäche oder der Verlust spiritueller Macht bei einem Mann auf den Verlust seines Samens zurückzuführen ist.

Keine der «Sex-Kliniken», die ich über das Internet recherchiert habe, äußerte sich zu weiblicher Masturbation. Das entsprechende Bedürfnis von Frauen existiert offiziell gar nicht und wird auch von sehr vielen Frauen so stark unterdrückt, dass ein Großteil in sexuellen Studien angibt, sich nie selbst zu stimulieren. Mit der Experimentierfreudigkeit der jungen Generation und dem Zugang zu Informationen über das Internet, aber auch mit Hilfsmitteln wie Vibratoren, ist anzunehmen, dass hier in den nächsten Jahrzehnten Ängste und Schuldgefühle bei Männern und Frauen durch Wissen abgebaut werden. Bei aller Freiheit, die der Zugang zu sexuellem Know-how mit sich bringt, muss offenbleiben, inwiefern junge Männer und Frauen, die sich für Pornographie interessieren, ihre individuelle Sexualität mit Intimität, Vorspiel und Erotik davon abkoppeln. Wird die neue Generation lediglich männliche Phantasien und Wünsche reproduzieren, wie es ihnen durch einschlägige Internetseiten, indische Kinofilme und übermittelte patriarchale Vorstellungen vorgelebt wird? Oder schafft sie es, eine Renaissance der liberalen, altindischen Vorstellungen von Erotik und Sinnlichkeit zu etablieren, in der Sexualität nicht nur schamfrei genossen werden kann, sondern auch die Lust der Frau und ihre Freiheit, sich sexuell zu zeigen, kultiviert wird? Werden Paare in der jungen Generation mit Erotik und Sexualität auf Augenhöhe umgehen? Wird über Sinnlichkeit, weibliche Bedürfnisse und Zärtlichkeit reflektiert?

Und gibt es bei den Shivanis der Mittelschicht zu Hause oder an der Schule Aufklärung?[26] «Nie passiert», sagt Shivani. Ihre Generation informiert sich über Freunde und Googleseiten, wie die Geschlechtsorgane aussehen, was da mit dem Körper passiert, wie man küsst und Sex hat. Google Trends verweist darauf, dass die in Indien am häufigsten eingegebenen Suchworte im Internet die Stichworte «Sex» und «Wie man küsst» sind.[27]

Teenager der Mittelschicht tauschen sich untereinander aus und haben manchen romantischen Kinofilm fünfmal gesehen. Wo keine schulische Aufklärung stattfindet, nicht offen über Sexualität gesprochen werden darf und es Eltern peinlich ist, ihre Kinder an sexuelle Fragen heranzuführen, ist der Rückgriff auf Google und Pornographie-Seiten prädestiniert. Warum also reagiert eine moderne Gesellschaft wie Indien nicht mit modernen Programmen schulischer Aufklärung, wenn bekannt ist, dass von 1000 Kindern bester Schulen in Delhi 47% der Jungen und 29% der Mädchen schon mal Porno-Seiten auf ihren PCs aufgerufen haben und in der Schule miteinander darüber sprechen?[28] Der Zugang zum Internet wird immer breiter, schon heute steht Indien mit über 200 Millionen Internetnutzern weltweit an dritter Stelle, und es wird erwartet, dass die Zahl der Nutzer 2015 auf über 330 Millionen ansteigen wird.[29] Wird schulische Aufklärung ganz untersagt wie in einigen Bundesländern Indiens (u.a. in Goa) oder ist sie unzureichend wie in vielen anderen, führt dies nicht zu weniger oder späterem Interesse an sexuellen Fragen, sondern zu Ängsten, Schuld, ungeschütztem Sex und ungewollten Schwangerschaften. Die Vertrauenslehrerin eines christlichen Colleges in Süd-Goa, das von 17- bis 19-Jährigen besucht wird, erzählte mir vor vielen Jahren einmal, dass Abtreibungen (wie auch die Pille danach) keine Ausnahme sind und von vielen jungen Frauen verantwortungslos als «Verhütungsform» eingesetzt werden. Auch wenn statistisch betrachtet die Mehrzahl der Frauen, die Abtreibungen vornehmen lassen, verheiratet ist, mit Partnern zusammenlebt und bereits zwei oder mehr Kinder hat,[30] so bestätigen Gynäkologen in Indiens Metropolen, dass die Anzahl junger Frauen, die ungewollt schwanger werden und eine Abtreibung möchten, rasant steigt – ein Indikator dafür, dass vorehelicher Sex sehr viel verbreiteter ist als noch vor einem Jahrzehnt.

Diese Tendenz zeigt sich in Abtreibungskliniken im urbanen und im ländlichen Raum. Viele der jungen Frauen gehen jedoch sehr spät zum Arzt, nicht selten erst nach dem vierten Monat,[31] obwohl Abtreibungen in Indien seit 1971 legal sind und genügend Kliniken zur Verfügung stehen. Dies hängt auch mit dem gesellschaftlichen Stigma zusammen, das unverheiratete sexuell aktive Frauen erdulden müssen. Es hat zur Folge, dass viele Frauen entweder selbst oder über «Quacksalber» im Untergrund abtreiben lassen. Insofern sind Statistiken glaubhaft, die davon sprechen, dass in Indien alle zwei Stunden eine Frau an den Folgen einer Abtreibung stirbt.[32]

Aber allein der demographische Wandel der kommenden zwei Jahrzehnte lässt hoffen, dass schon die schiere Zahl junger Frauen, die vom Land und aus Kleinstädten in die Metropolen drängt und ihren Erfahrungshorizont erweitert, einen anderen Umgang mit weiblicher Sexualität und mit ihrem Stand in der Gesellschaft forcieren wird. Schon heute überschreitet bei einer indischen Gesamtbevölkerung von 1,2 Milliarden Menschen die Mittelschicht die 400-Millionen-Grenze. Wenn die Statistiken auch nur annähernd zutreffen, wird Indien bereits 2027 die weltweit größte Mittelschicht aufweisen.[33] Gleichzeitig – so die Vermutung führender Demographen – steht dem Land die größte Migrationswelle der Geschichte bevor: In den nächsten 20 Jahren werden insgesamt bis zu 700 Millionen Menschen in Metropolen leben. Bangalore mit seiner boomenden IT-Branche ist bereits ein Indikator für die Entwicklung der modernen unabhängigen Mittelschichtfrauen in den Großstädten.

Für sie und ihre Partner und Ehemänner bedeutet die «sexuelle Revolution» das Bestimmen neuer Werte und Maßstäbe, die Frauen mehr Autonomie und Mitspracherecht über ihre Körper und Bedürfnisse bieten. Sex bedeutet nicht länger, «wann er es will und wie er es will», sondern Sex heißt auch zu wissen, was ihr gut tut, was sie will und wann sie will. Mit der Etablierung solch neuer Werte werden allerdings auch die Spannungen und Konflikte zwischen divergierenden Weltvorstellungen verstärkt aufbrechen. Die brutale Gruppenvergewaltigung der jungen Physiologie-Studentin Nirbhaya in Delhi im Dezember 2012 (siehe Kapitel 8) ist ein Beispiel dieses Zusammenpralls von Welten, die keine Schnittmenge mehr haben: Eine Frau vom Land mit ähnlichem Hintergrund wie ihre Vergewaltiger geht ambitioniert ihren Weg, ist «westlich» gekleidet, hat es aus eigener Kraft und Anstrengung «geschafft», in der glitzernden Welt der Metropole aufzusteigen und geht abends mit einem Mann ins Kino. Das Paar will mit öffentlichen Verkehrsmitteln heimfahren. Für die jungen Männer, die sie unter einem Vorwand in den Bus locken, ist diese Frau eine von «der Sorte», eine *chinaar*, ein leichtes Mädchen – Freiwild also. Sie weckt ihre Aggressionen, weil ihr Aufstieg ihnen ihre eigenen Frustrationen als Männer vor Augen führt. Einer der Vergewaltiger, Mukesh Singh, vertrat in einem im März 2015 erschienenen Interview die Haltung, dass Frauen, die abends ausgehen, selbst schuld seien, wenn sie die Aufmerksamkeit von Männern auf sich ziehen, die sie dann belästigen.[34] Es folgte ein Sturm der Empörung auf Facebook und in der indischen Presse – dabei wird diese Haltung des Vergewaltigers von sehr vielen Indern geteilt.

Wie also mit diesen Herausforderungen und Frustrationen, mit Chancen und Gewalt in den Metropolen umgegangen wird, wird entscheiden, ob Frauen der indischen Mittelschicht in die Privatsphäre zurückgedrängt werden oder sich im öffentlichen Raum behaupten können. Doch selbst wenn die patriarchalen Strukturen sich unter solch spannungsvollen Voraussetzungen schwerer auflösen lassen, als die jungen Frauen erhoffen – ihre neu-entdeckte Sexualität wird sich nicht so leicht bremsen lassen, denn Sex war und ist eine existenzielle treibende Kraft. Oder, wie Henry Miller einst sagte: «Sex ist einer der neun Gründe für die Wiedergeburt. Die anderen acht sind unwichtig.»

2. Lust: Zwischen Kamasutra und Bollywood

Es ist kein Geheimnis, dass in Indien Sexualität, Sinnlichkeit und Erotik in der Mythologie und in volkstümlichen Geschichten, in der Kunst und im Tempelbau über Jahrhunderte ihren festen Platz hatten. So gehörten erotische Darstellungen in gewissen Epochen bei vielen Tempeln zum Standard der Komposition, waren überaus beliebt und weit verbreitet. Oralsex, Sex zwischen Menschen und Tieren, Gruppensex, gleichgeschlechtlicher Sex – die Tempelfriese zeigen alles, wobei einige dieser Liebesstellungen eine körperliche Flexibilität erforderten, die wohl selbst bei einem Yogameister zum Bandscheibenvorfall geführt hätte. Fast immer wird allerdings übersehen, dass die erotischen Darstellungen Teil einer Gesamtkomposition sind – kein Tempel in Indien trägt ausschließlich erotische Motive. Ähnlich verhält es sich mit der Vielzahl erotischer Episoden, die in Mythen, Volksgeschichten und Epen mit großer Selbstverständlichkeit und oft humorvoll eingeflochten sind. In der kulturellen Geschichte Indiens wurden Sinnlichkeit und Sexualität als ein Aspekt eines erfüllten Lebens betrachtet, und anders als in der christlichen Kulturgeschichte, wurde er nicht tabuisiert, mitunter sogar religiös untermauert. Der Humor und die Phantasie in den vielen Geschichten, die sich sexuellen Themen und Bedürfnissen widmen, zeigen nicht nur, wie offen die Sexualität ihren Platz im Alltag der Menschen und im Kosmos der Götter fand, sondern verweisen auch auf das wiederkehrende Thema männlicher Angst vor der allesverschluckenden Mutter. Dieses wird im Folgenden wiederholt aufgegriffen, da es sich um ein kulturelles Leitthema handelt, das eng an die männliche Ambivalenz und Aggression gegenüber Frauen gekoppelt ist (vgl. Kapitel 5).

Weitet man den Blick, wie mit Erotik und Sexualität umgegangen wurde, auf die letzten 2000 Jahre, so findet man in der westlichen Welt zutiefst verankerte Repressionen, während in Indien – insbesondere in den ersten elf nachchristlichen Jahrhunderten – Erotik und Sinnlichkeit Blütezeiten erlebten. Dies sollte nicht vergessen werden, wenn man über Erotik und Sexualität im gegenwärtigen Indien spricht.

Das *Kamasutra*,[1] ein Textbuch der erotischen Liebe aus dem 4. Jahrhundert n. Chr., kann als eine Art «psychologischer Unabhängigkeitskrieg» gelesen werden, der vor rund zweitausend Jahren in Indien stattfand. Eines der Ziele war es, die erotische Lust vor einer rohen Instrumentalisierung des sexuellen Begehrens zu bewahren. Die ersten europäischen Übersetzer des *Kamasutra* lebten in Gesellschaften, in denen die herrschende christliche Moral die Unterwerfung, wenn nicht gar Ausrottung der sexuellen Lust zugunsten des gottgefälligen Ziels der Fortpflanzung anstrebte. Diese Gelehrten standen eindeutig auf der Seite der sexuellen Lust und betrachteten den alten Sanskrit-Text (der sich vor der Liebesgottheit Kama verbeugte, ohne die Fruchtbarkeitsgötter überhaupt zu beachten) als einen willkommenen Verbündeten. Für sie war das *Kamasutra* das Produkt einer Zeit und einer Gesellschaft, die die Suche nach sexueller Lust in den Rang des Religiösen erhoben hatte. Der französische Übersetzer Lamairesse bezeichnete es gar als eine «*théologie hindoue*», die lebenswichtige Wahrheiten über die in ihrem Wesen sexuelle Natur des Menschen offenbare. Vatsyayana und die anderen altindischen «Sexualforscher» lassen sich als Bannerträger der sexuellen Lust begreifen.

Sie waren Erben einer Weltanschauung, die in den Sanskrit-Epen des *Ramayana** und *Mahabharata** zum Ausdruck kam und in der die sexuelle Liebe meist eine bloße Frage des Begehrens und seiner unmittelbaren Befriedigung war. Dies galt insbesondere für den Mann, der die Frau als Objekt seiner Lust und Instrument seiner Sinne betrachtete und Sex als eines von vielen körperlichen Bedürfnissen. Zwar idealisieren die Epen die Ehe, aber vornehmlich als einen sozialen und religiösen Akt. Die Pflicht der ehelichen Liebe und die Tugend der Keuschheit wurden hauptsächlich von der Ehefrau gefordert, während dem Mann nur wenige Grenzen gesetzt waren – eine Haltung, die sich in vielen patriarchalen Gesellschaften, auch im heutigen Indien, wiederfindet. Das Hindu-Pantheon der Epen ist dem griechischen Olymp nicht unähnlich, wo Götter und Göttinnen sich ohne moralische Feigenblätter miteinander vergnügen und gegeneinander intrigieren. Vatsyayana und die frühen Sexualforscher standen damit auch in einer Tradition, in der dem sexuellen Begehren ohne moralische Beschränkungen freier Lauf gelassen wurde.

Neben der Befreiung der erotischen Lust von den Einschränkungen der Fruchtbarkeits- und Fortpflanzungsideologie verfolgte der «Freiheitskampf» des *Kamasutra* aber noch ein anderes Ziel: die Erotik vor dem ungehemmten sexuellen Begehren zu schützen, das unaufschiebbar nach Befriedigung um seiner selbst willen drängt. Seit jeher haben die Menschen gespürt, dass das sexuelle Begehren neben der Wollust des Geschlechtsverkehrs und des Orgasmus auch noch andere Seiten haben kann. So sind die sexuellen Phantasien von Männern (und Frauen) oft von dunklerer, zerstörerischer Aggression gefärbt. Imaginierte Gewalt gegenüber der Frau – so geringfügig, abgeschwächt und unbemerkt sie auch sein mag – wird zu einem wichtigen Faktor der Potenz des Mannes. Eine Hauptphantasie besteht darin, sich mit Gewalt zu nehmen, was zunächst nur widerwillig gegeben wird: die Frau, die sich erst nicht auf das sexuelle Erlebnis einlassen will, dann aber doch ihren Vorsätzen zum Trotz durch das kraftvolle Drängen des Mannes mit fortgerissen wird. Im achten Gesang von Kalidasas *Kumara Sambhava*, einem Meisterwerk erotischer Dichtung, wird Shivas* Erregung dadurch gesteigert, dass Parvati* «am Anfang sowohl Furcht wie Liebe empfand».[2]

Trotz der Rolle, die Gewalt in der Sexualität spielt, ist die Erotik im *Kamasutra* überwiegend von einem Flair der Leichtigkeit geprägt. Man findet im Text feine Herren, die Stunden damit zubringen, sich zurechtzumachen und ihren Papageien und Staren das Sprechen beizubringen. Ihre Nachmittage und

Abende widmen sie dem Trinken, der Musik und dem Tanz, falls sie nicht gerade dabei sind, Gedichte aufzusagen oder in unbeschwertem Flirt mit wortgewandten Kurtisanen zu schäkern. Die Stimmung ist geprägt vom spielerischen Vergnügen an der Vieldeutigkeit der Liebe, vom freudigen Auskosten der Lust und von vollendetem verfeinerten Leiden an ihren Kümmernissen. Die Gedichte sind Miniaturen, die einen Blick auf atemberaubend erotische Momentaufnahmen erlauben, deren Intensität durch die Vielfalt sinnlicher Details noch gesteigert wird.

Ein weiterer Aspekt im *Kamasutra* ist die Entdeckung der Frau als Subjekt und gleichwertige Teilnehmerin an der Sexualität. Der Text reflektiert und fördert das Vergnügen der Frauen an ihrer Sinnlichkeit. Vatsyayana empfiehlt gerade jungen Frauen das Lesen des *Kamasutra* ausdrücklich, und zwar noch vor dem Einsetzen der Pubertät. Zwei der sieben Teile des Buches sind ganz den Frauen gewidmet: das vierte den Ehefrauen und das sechste den Kurtisanen. Frauen werden dabei nicht länger nur als passive Empfänger männlichen Begehrens betrachtet. In zwei der vier Formen des Vorspiels übernimmt die Frau die aktive Rolle. Frauen im *Kamasutra* werden dabei als sexuelle Wesen mit eigenen Gefühlen und Bedürfnissen dargestellt, die ein Mann verstehen lernen muss, um die erotische Lust in ganzer Fülle zu genießen. Im dritten Teil des Buches wird der Mann ermahnt, einer sexuell unerfahrenen jungen Frau mit großem Zartgefühl zu begegnen, damit sie ihre Ängste und Hemmungen überwinden kann. Erotische Lust setze voraus, dass der Mann seiner Partnerin gefällig sei. Er solle sich seiner Frau in den ersten drei auf die Hochzeit folgenden Nächten nicht nähern, sondern in dieser Zeit ihre Gefühle verstehen lernen, ihr Vertrauen gewinnen und ihre Liebe erregen. Damit macht Vatsyayana einen für die Geschichte der indischen Sexualität bemerkenswerten Schritt: Er führt die Vorstellung der Liebe in die Sexualität ein. Er vertritt sogar die radikale Ansicht, dass die letztendliche Bestimmung der Ehe in der Entfaltung der Liebe füreinander bestehe. So betrachtet er die Liebesheirat, die in den religiösen Texten als rituell niedrig und nicht gesellschaftsfähig betrachtet wird und die sich bis heute in der indischen Gesellschaft nicht durchgesetzt hat, als die bedeutendste Form der Ehe.

Die erotische Liebe des *Kamasutra* erscheint als prekäre Gratwanderung zwischen dem Besitzergreifen der sexuellen Begierde und der Zärtlichkeit romantischer Sehnsucht; zwischen der Unordnung des Triebhaften und den moralischen Kräften der Ordnung; zwischen den Imperativen der Natur und den Zivilisierungsversuchen der Kultur. Sie strebt nach einem harmonischen Ausgleich zwischen den vielen gegensätzlichen Kräften, die die menschliche Sexualität ausmachen – ein oft vergebliches Bestreben.

Die derzeit oft beschworene «sexuelle Revolution», die sich in Indiens Metropolen abspielt, ist, ähnlich wie zu Vatsyayanas Zeiten, ein regelrechter «Kampf der Kulturen» zwischen liberalen und konservativen Kräften, der sich durch ganze Schichten und Familien zieht. Dabei geht es wohl nicht, wie oft argumentiert wird, um Werte der «westlichen Kultur» versus Werte der «indischen Kultur». Vielmehr könnte man diesen Kampf der Kulturen in Indiens Metropolen als die Zuspitzung eines Themas sehen, das sich seit zwei Jahrtausenden durch Indiens Kulturgeschichte zieht: das Ringen liberaler erotischer Kräfte, die – wie das *Kamasutra* bezeugt – eine lange Tradition im indischen Denken haben, mit denen der brahmanisch-asketischen Tradition und ihren repressiven Enthaltsamkeits- und Reinheitsvorstellungen (vgl. Kapitel 11).

Da ein Großteil unseres sexuellen Umgangs erlerntes Verhalten ist, steht zu befürchten, dass sich in Indiens heranwachsender Generation (wie in der ihrer Eltern) tiefe Ambivalenz und Konfusion einschreiben werden. Das erlernte Verhalten spiegelt sich unter anderem in den Doppelstandards der konservativ denkenden Mehrheit des Landes wider. So predigen beispielsweise erzkonservative *Gurus** sexuell repressive Normen, schlafen aber heimlich mit ihren *Devotees*; Eltern halten unverheiratete Töchter mit Strafmaßnahmen zu sexueller Abstinenz an, mindestens ein Drittel ihrer Väter aber geht fremd;[3] zwei Minister der Bharatiya Janata Party (BJP) nehmen sich heraus, während einer Parlamentssitzung auf ihren Displays Pornos zu schauen, der Gesundheitsminister derselben Partei aber verlangt, Aufklärung an den Schulen zu verbieten: Man solle weniger über Kondome reden und verstärkt Werte wie Yoga an Schulen unterrichten, wird in diesen Kreisen verlangt.[4]

Die junge urbane Generation der Metropolen, die offener mit ihrer Sexualität experimentieren möchte, wehrt sich gegen diese Doppelmoral unter anderem mit Satire. So wurde mit der jüngsten Debatte um das Verbot sexueller Aufklärung an den Schulen (Sommer 2014) auf *YouTube* ein humorvoller Videoclip zum Thema hochgeladen, der in Indien in kürzester Zeit über eineinhalb Millionen Mal angeklickt wurde.[5] Auch die Internet-Erfindung des Comic-Pornostars «Savita Bhabhi» (2008), deren Brustgröße Sunny Leone[6] in den Schatten stellt, kann als Reaktion auf die Doppelmoral und die gesellschaftlichen Umbrüche im urbanen Milieu gewertet werden. Der gezeichnete Porno karikiert den sexuellen Hunger einer gelangweilten Gujarati Mittelschicht-Hausfrau aus dem Kleinstadtmilieu. Die Internetseite «Savita Bhabhi» (*savita* bedeutet «rein», *bhabhi* «Schwägerin»), erfunden von einer Gruppe junger Ingenieure und Nerds, wurde mit täglich 500 000 Besuchern, darunter 30% Frauen, eine nationale Sensation, bis sie im Juni 2009 verboten wurde.[7] In den Clips ist es stets Savita Bhabhi – ihre sexuellen Wünsche spiegeln durchaus Praktiken in Indiens Metropolen –, die den Sex mit Freunden ihres Gatten, mit Ärzten, mit Jugendlichen aus der Nachbarschaft, mit Handwerkern und Verkäufern über Klassen- und Kastenschranken hinweg initiiert, während ihr ahnungsloser Ehemann arbeitet.[8] Zwar mokieren sich Savita Bhabhis Eskapaden über eine sexuell zutiefst verlogene Gesellschaft, aber bedauerlicherweise bedienen sich diese Provokationen wie auch reale Porno-Seiten fast ausschließlich männlicher Phantasien.

Auch Savita Bhabhis südindisches Pendant, die leicht mollige, vollbusige Mama-Figur Velamma, die in Episode 2 von ihrem

Neffen verführt wird, spiegelt diverse männliche Klischees, die vermuten lassen, dass sich weniger in der Einstellung zur Sexualität verändert hat, als die «sexuelle Revolution» der Metropolen glauben machen will: Velammas häufigste Bemerkungen sind prüde Zurechtweisungen ihres geilen Neffen, «es zu lassen» und dass dies «nicht richtig» sei, während sie ihm den Penis mit Butter einreibt oder von ihm gewaschen wird. Es wird vermittelt, was sich klassisch in fast jeder Bollywood-Romanze wiederfindet: Die Frau sagt «nein», meint aber «ja», und wenn der lüsterne Mann ihr nur lange genug nachstellt, kriegt er, was er will.

Wie tief sich diese Vorstellung in die (männliche) indische Psyche eingeschrieben hat, wird deutlich, wenn man den vielen jungen Frauen zuhört, die schon einmal von hartnäckigen Verehrern über einen längeren Zeitraum belästigt wurden. Vor dem Hintergrund einer Studie von 2012, nach der Indien das traurige Schlusslicht von 37 untersuchten Ländern weltweit bildet, was das durchschnittliche Alter junger Menschen betrifft, in dem sie sexuell aufgeklärt wurden: 15 Jahre,[9] erstaunt es nicht, dass bei einem Drittel der indischen Jugend, insbesondere auf dem Land und in kleineren Städten, Kinofilme eine maßgebliche Rolle spielen, etwas über Sexualität und Romantik in Erfahrung zu bringen.[10] Zum Beispiel auch, wie man um ein Mädchen wirbt: Übergriffigkeit bis hin zur Gewalt sind in Romanzen des indischen Kinos die Regel, nicht die Ausnahme. Dies macht verständlicher, mit welchem Recht Millionen junger Männer, insbesondere der unteren Mittelschicht und Unterschicht, für die das Kino oft der erste Ort sexueller Aufklärung ist, glauben, dass es in Ordnung sei, Frauen so lange nachzustellen, bis sie nachgeben.

Greifen wir ein Beispiel von Tausenden heraus, in dem aggressives Nachstellen als gewöhnliche Brautwerbung dargestellt wird: in *Hum* («Wir», 1991), ein Kassenschlager mit Amitabh Bachchan in der Hauptrolle, einem der größten Stars des Bollywood-Kinos, stellt Tiger seiner Freundin Jumma nach. In dem berühmt gewordenen Filmsong *Jumma Chumma De De* (Jumma, gib mir einen Kuss) verlangt eine Horde vulgärer Männer mit

Biergläsern (Amitabh alias Tiger als Anführer) von Jumma einen Kuss, den sie schließlich gewährt.

Von ähnlicher Problematik sind die fast zwanghaft eingebauten Vergewaltigungs- und Gewaltszenen in indischen Filmen, die vermitteln, dass männliche Gewalt in der Sexualität Normalität ist. Gabriele Dietrich, Professorin für Sozialanalyse und feministische Theorie in Tamil Nadu, erzählte, dass einer ihrer männlichen Freunde ihr gebeichtet hatte, dass er, bis er ungefähr dreißig war, nicht wirklich wusste, was eigentlich mit Vergewaltigung gemeint war, da Vergewaltigungsszenen in fast allen Filmen Standard waren. Er ging davon aus, dass das, was er da sah – eingewoben in dramatische Musik und Wolkenbrüche (Regen ist ein klassisches Symbol für Sex im indischen Kino) –, eben «miteinander Sex haben» sei.[11]

In einem Umfeld, in dem Millionen Frauen sexuelle Gewalt alltäglich erdulden müssen und soziale Spannungen in den Metropolen derart anschwellen, dass Frustrationen sich in Gruppenvergewaltigungen und Belästigungen von Frauen vermehrt entladen, ist das zweite Ziel des *Kamasutra* – die Erotik auch vor dem ungehemmten sexuellen Begehren zu schützen – von dringender Aktualität.

Wie erleben Frauen verarmter, konservativer Schichten, die an den sexuellen Umbrüchen der Metropolen nicht teilhaben, ihre Sexualität? Wie selbstbestimmt kann diese überhaupt sein? Insbesondere in patriarchal strukturierten Umfeldern auf dem Land und in den städtischen Slums wird der Geschlechtsakt nach wie vor als Vorrecht und als alleiniges Bedürfnis des Mannes betrachtet: «*Aadmi bolna chahta hai*» («Der Mann möchte sprechen») oder «*Hafte mein ek baar lagwa lete hain*» («Ich lasse es mir einmal die Woche machen») sind Umschreibungen und Einstellungen verheirateter Frauen, die nie eine Chance hatten, sich als Subjekte in dieser Aktivität wahrzunehmen, die so vergnüglich für beide sein könnte. Entsprechend sind ihre am häufigsten benutzten Ausdrücke für Sex *kaam* («Arbeit») und *dhandha* («Geschäft»).[12] Für die große Mehrheit junger Frauen aus ärmeren Verhältnissen sind die Erwartungen an ihr sexuelles Leben minimal. Die meisten Frauen berichten, dass sie unvorbereitet waren und bis zur ersten Nacht mit ihrem Ehemann keine Ahnung vom Geschlechtsverkehr hatten. Viele erlebten ihre ersten sexuellen Erfahrungen als traumatisch, unangenehm, schmerzhaft, mit der Beteiligung körperlicher Gewalt: «Es war eine grauenvolle Erfahrung; als ich versuchte mich zu wehren, drückte er meine Arme oberhalb meines Kopfes zusammen. Es muss so schmerzhaft und erstickend gewesen sein, dass ich ohnmächtig wurde.»[13]

Diese fremdbestimmte und passive Sexualität, im schlimmsten Fall bis hin zur rohen Gewalt, die in den Körper der meisten Frauen früh eingeschrieben wird, ist in konservativen Kreisen mit zutiefst patriarchalen Einstellungen – und das ist die große Mehrheit des Landes – weiterhin Status quo. Sexuelle Gewalt in der Ehe ist insbesondere in den unteren Schichten, in denen Alkoholmissbrauch bei den Männern weit verbreitet ist, so selbstverständlich, dass in der Vorstellung vieler indischer Ehefrauen Geschlechtsverkehr an Gewalt gebunden ist, dass sie also zu jedem Zeitpunkt, auch gegen ihren Willen, für den Ehemann zur Verfügung stehen müssen. Die meisten Männer dagegen erleben Sex, auch wenn sie ihn sich gewaltsam nehmen, in einem positiven Kontext, in dem ihre Beziehung zur Ehefrau Form, Zusammenhalt und Bedeutung gewinnt.[14]

«Wie hast du dich gefühlt, wenn er dich geschlagen hat und im Anschluss mit dir Sex haben wollte?» «Didi (große Schwester)», antwortete Sadhana, «ich hatte keine Wahl! […] Die Schläge und der Sex wurden irgendwann zur Routine. Er schlug mich so doll, dass alle meine Glas-Armreifen brachen. Und dann rief er den Armreifen-Verkäufer und kaufte mir ein Dutzend neue.» «Hast du deine Mutter jemals um Hilfe gebeten?» «Amma wollte nicht, dass ich zurückkomme. Sie sagte, dass sie einen großen Kredit aufgenommen hat, um mich zu verheiraten, so dass sie mich jetzt nicht zurücknehmen kann, damit ich bei ihr lebe. Sieh deine anderen Schwestern an, sagte sie. Wie kommt es, dass sie wie gute Schwiegertöchter leben und in der Schwiegerfamilie nicht solche Probleme haben?»[15]

Wie in diversen Sozialstudien herausgearbeitet wurde, haben Frauen wie Sadhana selten die Möglichkeit, in das Haus ihrer Eltern zurückzuziehen, wenn sie in einer gewalttätigen oder unglücklichen Ehe leben, auch wenn viele regelmäßig für längere Besuche zu ihrer Geburtsfamilie zurückkehren. Es wird erwartet, dass sie sich in die neue Familie einpassen. Indische Männer sind in ihrer Selbstwahrnehmung darauf bedacht, ihren familiären, sozialen und ökonomischen Status durch komplexe Handlungsmuster und Äußerungen kenntlich zu machen. V. Geetha bemerkt, dass viele dieser Muster mit Liebe zu tun haben, aber auch mit Kontrolle, Lust, Besitzergreifung, Autorität, Macht – und sie zeigen sich oft gemeinsam: in einer Sprache der Liebe *und* des Terrors.[16] Ein Teil dieser Dynamik männlicher Selbstwahrnehmung ist Vergewaltigung in der Ehe, so wie Sadhana es über Jahre erfahren hat.

Ehelicher Geschlechtsverkehr ohne das Einverständnis der Ehefrau ist in Indien keine Straftat. Vergewaltigung in der Ehe wird aber insbesondere seit 2012 wieder vermehrt öffentlich diskutiert, wobei an dieser Stelle daran erinnert sei, dass sie auch in Deutschland erst seit 1997 als Straftat verfolgt werden kann. Die sexuelle Besitzergreifung der Ehefrau, einschließlich des Geschlechtsverkehrs gegen ihren Willen, ist nicht nur eng gekoppelt an das männliche Selbstverständnis vom Objekt «Ehefrau», sondern auch an den beständigen Verdacht ihrer Untreue, was wiederum zu verstärkter Besitzergreifung und Gewaltanwendung durch den eifersüchtigen Mann führt. Frauen erzählten, dass sie bereits der Untreue verdächtigt wurden, wenn sie früher als gewöhnlich aufstanden, um vor der Tür zu fegen (sie würden sich anderen Männern, die um diese Uhrzeit vorbeischlendern, zeigen wollen), wenn sie eine Minute länger mit dem Gemüseverkäufer sprachen, wenn sie ein besonderes Paar Ohrringe anlegten oder etwas zu häufig das Haus ihrer Mutter besuchten.[17] Solche oft absurden Verdächtigungen basieren auf einer tiefliegenden männlichen Angst vor Kontrollverlust: vor der zu großen Unabhängigkeit und Selbstbestimmtheit von Frauen. Ein hoher Anteil sexueller Gewalt in der Ehe lässt sich auf diese Dynamik von Verdächtigung und Eifersucht, oft im Zusammenspiel mit Alkohol, zurückführen.

Die enge Verflechtung von Sexualität und Gewalt und ihre «kulturelle Einschreibung» in Psyche und Körper – wie sie ein Großteil indischer Paare erfährt – erscheint weit entfernt vom sexuellen Aufbruch der urbanen Mittelschicht. Und weit entfernt vom Land des *Kamasutra* mit seinen sinnlichen Exzessen, seiner Körperbetonung und Erotik, die sich in der Kunst und Poesie Altindiens so vielfältig spiegelt. Man wünscht Menschen, die Liebe und Sexualität nur ambivalent und an männliche Dominanz gekoppelt erfahren, Tagores Erlebnis der Liebe: «In der Liebe versinken und verlieren sich alle Widersprüche des Lebens. Nur in der Liebe sind Einheit und Zweiheit nicht in Widerstreit.»

3. Ehe:
Arrangement, Liebe, Scheidung

Obgleich die Ehe für viele Mädchen und Frauen an Geschichten oder Erfahrungen von Gewalt und Repressionen gekoppelt ist, gibt es kaum eine Frau, die nicht heiraten möchte. Die Ehe ist tief im kulturellen Denken der Inder verankert, sie ist ein entscheidender Baustein ihrer Identität und strukturiert die Geschlechterbeziehungen maßgeblich. Ihre Bedeutung findet auch Ausdruck darin, dass für Mädchen Heirat in den alten Texten (beispielsweise im *Manusmriti* II:67) mit der *upanayana**-Initiation junger Männer gleichgesetzt wird,[1] dem wichtigsten Ritus im Leben eines heranwachsenden Mannes, der seine «soziale Geburt» symbolisiert. Bemerkenswerterweise ist die Hochzeit der einzige wichtige Übergangsritus, bei dem es für Frauen keine periodische, rituelle Unreinheit gibt,[2] und kaum ein Ereignis ist Anlass für mehr dramaturgisches Spektakel als ein Hochzeitsfest. Auf einen großzügigen Hochzeitsempfang wird viel Wert gelegt, denn Hochzeiten gelten als die bedeutendsten Familienereignisse.[3] Sie werden nicht als Privatangelegenheit zweier Individuen betrachtet, sondern als die Zusammenkunft zweier Familien.[4] Nicht selten beginnen Eltern schon mit der Geburt einer Tochter für ihre Mitgift und Hochzeitsausgaben zu sparen, die in der indischen Mittelschicht oft das Fünf- bis Zehnfache des Jahresgehalts einer Familie verschlingen können. Gleichgültig, wie liberal oder verwestlicht, in Indien heiratet man nicht in einem Paar Shorts, küsst die Braut, tauscht Ringe aus und das war's – es ist weit mehr. Die Grenzen der Ausgaben nach oben sind offen, denn Geld, gleichgültig ob man es hat oder nicht, soll bei diesem überladenen, farbenfrohen und fröhlichen Ereignis keine Rolle spielen.

Ähnlich wie einst Tempel als Nachbildung königlicher Paläste für die Götter erbaut wurden, um sie zu verehren, ihnen zu dienen, sie zu speisen, wird das Hochzeitsfest zur mehrtägigen Inszenierung einer Traum- und Märchenwelt, in der das Brautpaar die Rolle eines Königs- bzw. Götterpaares einnimmt.[5] Bereits die Ankunft des Bräutigams zur entscheidenden Hochzeitszeremonie gleicht einem dramaturgisch perfekten Spektakel: Der Bräutigam darf ebenso wenig zu Fuß gehen wie ein König; traditionell kommt er in Begleitung seiner Familie und einer Musikkapelle auf einem weißen Pferd angeritten (bzw. fährt in einem blumengeschmückten Auto vor) und wird von der Familie der Braut empfangen. Auch in den ärmeren Schichten der Gesellschaft, die ca. vier Fünftel der Gesamtbevölkerung Indiens ausmachen, verpflichtet eine Hochzeit gegenüber der Gemeinschaft zur Ausrichtung eines pompösen Empfangs, der auch dazu dient, sich in der Verwandtschaft, im Dorf und der Nachbarschaft Respekt zu verschaffen bzw. Respekt zu bewahren. Hochzeiten in Indien sind also keine Privatsache, sondern eine öffentliche Angelegenheit. Öffentlichkeit und Kontrolle von Beziehungen sind ausschlaggebende Faktoren für die Bedeutung, die der Eheschließung bis heute beigemessen wird.[6]

Während die jungen Menschen noch vor wenigen Generationen kein Mitspracherecht hatten und ihren Partner oft am Tag der Hochzeit erstmals zu Gesicht bekamen (in Segmenten der indischen Gesellschaft ist das bis heute so), pendelt sich das 21. Jahrhundert auf eine Mischung individueller und familiärer Bedürfnisse ein: Es bilden sich alle möglichen Formen semiarrangierter Heiraten heraus, die in Indien augenzwinkernd «*re*-arranged marriages» genannt werden.[7] Es wäre vorschnell zu glauben, dass arrangierte Heiraten von modernen, jungen Menschen abgelehnt würden, wenn sie eine freie Wahl hätten. Umfragen der letzten 20 Jahre in der gebildeten, urbanen Mittelschicht belegen das Gegenteil. Eine 1994 durchgeführte Untersuchung mit 1715 Erwachsenen in fünf indischen Metropolen will herausgefunden haben, dass 74% der Frauen und fast ebenso viele Männer die arrangierte Heirat einer Liebesheirat vorziehen. Dass dies nicht notwendigerweise das Ergebnis einer konservativen Grundhaltung ist, zeigt sich daran, dass 80%

derselben Befragten auch die Ansicht vertrat, Männer sollten im Haushalt helfen.[8] Genau die Schicht, die mit steigender ökonomischer Unabhängigkeit und Zugang zu modernen Kommunikationstechnologien mehr Individualität und sexuelle Freiheiten einfordert, steht einer «semi-arrangierten» Heirat, in der Eltern und Kinder zu einem Konsens kommen, positiver gegenüber als einer Liebesheirat. Das Konzept der freien Partnerwahl wird von der heranwachsenden Generation zwar einerseits idealisiert und gewünscht, andererseits sind junge Frauen pragmatisch genug, es als romantische und gefahrvolle «Kinophantasie» mit ungewissem Ausgang zu betrachten, denn wer gegen den Willen der Familie heiratet, ist auch in Krisenzeiten auf sich allein gestellt.

Wenn schon das «urbane Fünftel», das eine freiere Sexualität einfordert, mehrheitlich für den Konsens mit der Familie plädiert, sollte man sich hüten, die große Mehrheit der indischen Bevölkerung – mindestens vier Fünftel – mit ihren Vorstellungen der arrangierten Heirat als altmodisch zu entwerten. Der Grund dafür ist, dass Liebesheiraten in Indien einen schlechten Ruf haben – man sagt von ihnen, dass sie einen unglücklichen Verlauf haben. Dieser Ruf ist mehr als ein Gerücht, und zwar wegen der negativen sozialen Einstellungen, die diese Ehen unter starken Druck setzen.[9] So ergab eine Studie verschiedener Kasten aus 15 Dörfern in Tamil Nadu, dass nur 5 von 70 Frauen «Liebesheiraten» eingegangen waren. Keine dieser fünf Frauen (und Männer) hatte bei der Heirat die moralische oder materielle Unterstützung der Eltern, sie mussten durchbrennen und in einem Tempel heiraten. Vier der fünf Frauen bedauern ihre Entscheidung heute. «Der Widerstand der Eltern ihres Ehemannes hat ihr Leben erbärmlich gemacht. Ihre Ehemänner haben es aufgrund finanzieller Probleme nicht geschafft, sich von den Eltern zu lösen, und sie sind ‹mit leeren Händen› ... in ihre neue Familie gekommen, und da sie keine Unterstützung von ihrem eigenen Elternhaus erwarten können, hat sich die Situation nur weiter verschlimmert.»[10] Auch in anderen Untersuchungen wird deutlich, dass Frauen beim Scheitern einer Liebesheirat in den seltensten Fällen auf familiäre Unterstützung bauen können und nicht die Möglichkeit haben, in ihr Elternhaus zurückzukehren. Sripriya beispielsweise, eine Mutter aus ärmlichen Verhältnissen, musste das Haus der Schwiegereltern mit dem Scheitern ihrer Ehe verlassen: «Sie gaben meinem Kind nichts zu essen, ich hungerte und niemand kümmerte sich.»[11]

Eben weil die Heirat auf den Status der gesamten Familie und ihr Abstammungsgeschlecht wirkt, gilt sie als eine zu wichtige Entscheidung, um sie den jungen Leuten komplett selbst zu überlassen.[12] Die rituelle Unauflösbarkeit der Ehe (nicht die juristische Option einer Scheidung), der hohe Status, der mit der Heirat verbunden wird, und die Schwierigkeiten, denen insbesondere Frauen bei einer gescheiterten Ehe entgegensehen, bringen die Mehrheit unverheirateter Frauen aus konservativen wie auch liberalen Elternhäusern dazu, sich bei der Partnerwahl auf die Erfahrung und das Urteilsvermögen der Eltern zu verlassen oder dieses zumindest miteinzubeziehen. Aus «westlicher» Perspektive ließe sich kritisieren, dass sie sich scheuen, selbst Verantwortung zu übernehmen. Der Konsens der Familie gibt ihnen aber häufig auch eine Sicherheit, auf die sie bei dieser einschneidenden Lebensentscheidung gar nicht verzichten möchten, selbst wenn sie die Wahl hätten.[13] Im Selbstverständnis vieler junger Inder darf die richtige Partnerwahl nicht allein auf individuellen Wünschen, Liebe und sexueller Anziehung basieren.

Nüchterner betrachtet, stellt die Heirat als ritualisierte Form der Zusammenführung zweier Familien oft ökonomische Interessen und die Regelung der (hierarchischen) sozialen Ordnung in den Vordergrund. Wirtschaftliche Interessen spielen in der urbanen Mittelschicht des 21. Jahrhunderts eine entscheidende Rolle in der Partnerwahl, in den meisten Fällen weit mehr als romantische Sehnsüchte. Dies spiegelt sich auch in Zeitungsannoncen und online-Portalen. Vorstellungen von Braut und Bräutigam waren vor 15 Jahren, als ich Recherchen zu sozialen und religiösen Veränderungen urbaner Frauen durchführte, fast identisch mit Vorstellungen, die sich heute auf Online-Portalen finden. Zugespitzt gesagt: abgesehen von spezifischen Merkmalen wie Kastenzugehörigkeit, Familienhintergrund oder Region soll *sie* in erster Linie schlank, hellhäutig und sehr gut gebildet sein, also mindestens einen College-Abschluss haben; *er* soll über ein gutes Einkommen bzw. einen erfolgversprechenden Beruf verfügen, wobei die gewünschte Berufsrichtung oft mit angegeben wird. Es erstaunt nicht, dass die Anpreisung der jungen Frauen und ihrer familiären und persönlichen Hintergründe einen weit größeren Raum einnimmt als die der jungen Männer. Neu ist, dass es neben shaadi.com, dem größten Online-Markt für Heiratswillige, nun auch ein Online-Portal für geschiedene Frauen und Männer gibt (ein Verweis darauf, dass geschiedene Partner in Indien, insbesondere Frauen, kaum Chancen auf dem regulären Markt haben, sich erneut zu verbinden).

Obwohl der indische Anzeigenmarkt segmentiert ist nach Region (Bengalen, Punjab etc.), Kaste (*jati**), Religion (Christen, Muslime, Buddhisten), Sprache und Berufen (Ingenieure, Mediziner, Kaufleute etc.), hat sich in dieser Hinsicht allerdings viel verändert. Es herrscht eine deutlich größere Offenheit, außerhalb der eigenen Kaste, Region oder Religion zu heiraten als noch vor einem Jahrzehnt, was mit der steigenden Mobilität und ökonomischen Unabhängigkeit in den urbanen Zentren korreliert. Auch wenn 90% indischer Ehen weiterhin innerhalb der Grenzen von «Community», Religion und Kaste arrangiert werden, verweisen die 10% Ehen, die außerhalb dieser früher nahezu unüberwindbaren Barrieren geschlossen wurden, auf einen signifikanten Wandel. Heiratsvermittler berichten, derartige Verbindungen hätten sich in den letzten sechs Jahren verdoppelt, ein Indikator, dass junge, gebildete Menschen zunehmend Wert darauf legen, was der Partner vom Leben erwartet und wie sie dieses gemeinsam gestalten können, dass Herkunft oder Religion also zu sekundären Faktoren werden.[14]

Selbst wenn die Zahl von semi-arrangierten Ehen in den traditionelleren Segmenten der Bevölkerung in den nächsten Jahrzehnten rasant zunehmen sollte, wird die reine Liebesheirat, die in westlichen Gesellschaften meist als einziger und wahrer Weg zum Glück dargestellt wird, sich in der breiten Gesellschaft Indiens nicht durchsetzen. Dazu ist der Zusammenhalt der Familie zu bedeutend, abgesehen von den Vorteilen einer arrangierten Heirat, die oft übersehen werden. Die möglicherweise größte Attraktion ist, dass den jungen Leuten die Unsicherheit bei der Lebenspartnerwahl genommen wird. Ob man gut aussieht oder nicht, dünn ist oder dick, einfach oder kompliziert – man kann darauf vertrauen, dass die Eltern schon einen passenden Partner finden werden. Obwohl gutes Aussehen wichtig ist, hat es in der Wahl eines Ehepartners nicht denselben hohen Wert wie in westlichen Gesellschaften. In Indien kann die Kosmetikindustrie mit Sicherheit auf das Bedürfnis von Frauen bauen, schön sein zu wollen; sie kann allerdings nicht – wie im Westen – Ängste schüren, dass eine Frau, die nicht genug für ihre Schönheit tut, keinen Partner findet.

Aber gibt es auch Liebe in arrangierten Heiraten? Muss die Liebe zugunsten von Sicherheit, Wirtschaftlichkeit und anderen Vernunftgründen untergehen? In einer arrangierten Ehe mag das Hochgefühl erotischer Leidenschaft ausbleiben, jedoch verlöscht der Traum von der Liebe nicht. Vielmehr ist sie oft eine «stillere Angelegenheit», ohne den Rausch des Begehrens, der die Zeiten der Brautwerbung und den Beginn einer Ehe im Westen kennzeichnet. Die Stimmungslage entspricht, wenn das Paar gut miteinander zurechtkommt, eher einer zufriedenen Gemeinsamkeit, in der ein gegenseitiges erotisches Begehren sanft einsetzen kann – nicht unbedingt gleich mit der Heirat, manchmal erst Jahre später. Natürlich gibt es objektive Bedingungen für die Wahrscheinlichkeit, dass ein Paar sich nach der Heirat ineinander verliebt. Arrangierte Ehen funktionieren am besten – und vielleicht nur dann –, wenn in der Jugend der Partner eine Geschlechtertrennung bestand und wenn die Hochzeiten stattfinden, bevor die beiden Gelegenheiten haben, ein Spektrum möglicher Partner miteinander zu vergleichen. Mit Ausnahme einer schmalen Oberschicht haben diese Bedingungen für den Großteil der indischen Gesellschaft bis heute eine breite Gültigkeit. Der hormonelle Druck der Jugend und der Mangel an Erfahrung mit dem anderen Geschlecht sind fast schon eine Versicherung dafür, dass ein junger Mensch biologisch und emotional bereit ist, sich zu verlieben, wenn der Heiratspartner auch nur einigermaßen passabel ist.[15]

In allen sozialen Schichten Indiens wird die Heirat als *das* zentrale Ereignis im Leben eines Menschen gefeiert, so dass es nicht erstaunt, dass Ehe und Fruchtbarkeit die wichtigsten Bausteine weiblicher Identität sind. «Wovon hängt das Glück einer Ehe ab? Von der Fruchtbarkeit der Frau natürlich»,[16] kommentiert ein brahmanischer Astrologe Südindiens entsprechend, der wie viele Inder eine Ehe weniger an einer erfüllenden Sexualität und der Intimität der Partner misst, sondern daran, ob eine Frau gebären kann. «Erst nachdem sie Kinder geboren hat, kann sich eine Frau Frau nennen», kommentiert der Vater einer jungen *Durga-Vahini**-Aktivistin (eine weit verbreitete Hindu-fundamentalistische Organisation), die nicht heiraten möchte.[17] Die nicht-brahmanischen Kasten in Aruloor (Tamil Nadu) fertigen für Mädchen nicht das übliche Geburtshoroskop für den Abgleich der Horoskope potenzieller Heiratspartner an, sondern ein Horoskop, das mit der Zeit und dem Datum ihrer ersten Menstruation beginnt[18] – ein Verweis darauf, dass ihre Gebärfähigkeit weit wichtiger ist als der Zeitpunkt ihrer eigenen Geburt. Junge, heiratsfähige Frauen als Person wahrzunehmen ist, wie dieses Beispiel zeigt, in vielen Gemeinschaften des Subkontinents weiterhin zweitrangig.

Die Frau als Subjekt in den Vordergrund zu stellen – und somit der Erotik mehr Gewicht zu geben –, setzt eine Kultur voraus, die Sex von der Zeugungspflicht befreit. Erotische Verspieltheit als Gegenpol zum «zweckgebundenen» Sex in der Ehe hat in Indien eine lange Tradition. Wie in Kapitel 2 gezeigt wurde, spricht das *Kamasutra* ausgiebig von vergnüglichem Sex mit Kurtisanen bzw. Liebhaberinnen und hat diesem Thema eines seiner sieben Bücher gewidmet. Die Kurtisane ist jedoch das Gegenteil der Ehefrau; ihre Sexualität wird von Mutterschaft abgekoppelt, und es wird nicht von ihr erwartet, nährend zu sein – sie ist die Essenz weiblicher Erotik, eine romantische Figur, ohne die Ehrbarkeit der Ehefrau, aber dennoch ausgestattet mit Macht.[19]

Der Aspekt der Fruchtbarkeit und Gebärfähigkeit in Verbindung mit einer idealen Ehe spiegelt sich auch im Namen der in der indischen Mythologie so populären Heldin Sita*, die als *pativrata** – ideale Ehefrau – betrachtet wird: Sita bedeutet «Ackerfurche»,[20] eine in vielen Kulturen bekannte Allegorie für das weibliche Geschlecht und die Fruchtbarkeit. Sie ist die Heldin des *Ramayana* und hat über Jahrhunderte als Weiblichkeitsideal aller Kasten und Klassen gedient. Sita ist bis heute vermutlich das am häufigsten zitierte Beispiel, wenn es darum geht zu definieren, was eine «gute», tugendhafte (Ehe)Frau ausmacht. Auch wenn ihre Wirkkraft bei der jungen, urbanen Generation verblasst, ist sie noch immer Vorbild für Millionen Frauen, insbesondere in traditionsverhafteten Gemeinschaften. Eine Studie mit 1000 Männern und Frauen in Uttar Pradesh (Nordindien) legte offen, dass Sita bei einer Auswahl von 24 Göttinnen, Heldinnen und berühmten historischen Frauen mit überwältigender Mehrheit als Vorbild verstanden wurde.[21] Der Inhalt des Sita-Mythos wurde in einer Reihe sozialwissenschaftlicher Untersuchungen aus unterschiedlichen Perspektiven ausgiebigst thematisiert. Sitas Geschichte ist die Leidensgeschichte einer hingebungsvollen Ehefrau, die voller Opferbereitschaft und Selbstlosigkeit das ereignisreiche Schicksal ihres Mannes – Gott Rama* – teilt, von diesem aber der Untreue verdächtigt und schließlich verstoßen wird.

Die Mehrzahl städtischer Frauen der gebildeten Mittelschicht steht der Unterwürfigkeit Sitas kritisch gegenüber, wie ich aus vielen Gesprächen und Interviews zwischen 1998 und 2014 mit Frauen unterschiedlichster Altersklassen bestätigen kann. Sie ist aber als kulturelles Idiom in der Psyche indischer Männer und Frauen tief verankert und nach wie vor Vorbild vieler konservativ denkender Inder. So ließ sich Kailash Vijayvargia, Mitglied der Regierungspartei Bharatiya Janata Party*, 2013 zu der Bemerkung hinreißen, Frauen, die sich außerhalb des *Lakshmana Rekha** bewegten, sollten sich nicht wundern, wenn ihnen Ravana* begegne.[22] Dieser Verweis auf das große indische Epos *Ramayana* wird von jedem Inder verstanden: Lakshmana, der Bruder des Gottes Rama, zeichnet mit einem Stock einen Kreis in den Staub (*Lakshmana Rekha*), den Sita zu ihrem Schutz nicht verlassen darf. Als sie es dennoch tut, wird sie vom Dämon Ravana entführt. Dieser bekannte Ausschnitt aus dem *Ramayana* wurde nach der Vergewaltigung von Nirbhaya im Dezember 2012 und den darauf folgenden Protesten nicht zufällig von Politikern und religiösen Gestalten als häufigstes Beispiel herangezogen, denn mit der Geschichte von Sitas Grenzüberschreitung und Entführung lässt sich die vermeintliche weibliche Mitschuld an männlicher Gewalt kulturell untermauern (vgl. auch Kapitel 8).

Religiöse Texte wie das *Ramayana* können, insbesondere in ihrer Wiederholung bedeutender Themen und Konflikte, Aufschluss über soziokulturelle Paradigmen geben, da Vorstellungen, Ideale und Leitbilder einer Kultur oft maßgeblich von den mächtigen (und damit gesellschaftlich einflussreichen) Gruppen geprägt werden. Auch wenn religiöse Schriften wie das *Ramayana* nicht als Spiegel der sozialen Realität gewertet werden, prägen sie doch die Wahrnehmung und die Identität der großen Mehrheit indischer Frauen und Männer. Es ist die Gleichsetzung standhafter «Gattenverehrung» mit «idealer Gottesverehrung», die Sita zum Symbol unermesslicher Stärke und Leidensfähigkeit macht. Die Mehrzahl indischer Ehefrauen, insbesondere der ärmeren Schichten, erkennt sich in dieser Rolle wieder – Frauen, die über Jahrzehnte gewalttätige oder anderweitig schlechte Ehen erdulden. In der Wahrnehmung konservativer Frauen und Männer hat Sita aufgrund ihrer Standfestigkeit Format und Charakter – Eigenschaften, an denen es ihr aus einer liberalen Perspektive geradezu mangelt. Diese Haltung sei mit einem Beispiel illustriert:

Muli, ein Dalit* der Bauri-Kaste eines kleinen Dorfes in Orissa (Nordost-Indien), der mit seiner Frau in einer lieblosen Ehe lebt und regelmäßig zu Prostituierten geht, verbindet ihre Opferbereitschaft fraglos mit ihrer (inneren) Stärke: «Meine Frau arbeitet sehr hart und ist auf jeden Fall stärker als ich. Sie verdient gewöhnlich mehr als ich. Sie kann die Reispflanzen schneller und besser schneiden als die Männer, und kaum einer kann mit ihr mithalten, wenn sie im Straßenbau mitarbeitet. Sie mag nicht essen, ohne ihren Lohn verdient zu haben. Sie wird ungeduldig, wenn sie ihre Zeit in Muße verbringen muss.»[23]

Eine Frau gewinnt in den Augen der Männer Hochachtung und Respekt, wenn sie klaglos ihre Rolle ausfüllt, ganz gleich, ob sie in der Ehe dafür gut oder schlecht behandelt wird. «Frauen werden geboren, um zu leiden, du musst dein Herz stählen», heißt es in *Bandini,* einem Kino-Kassenschlager der 60er Jahre.[24] Daran hat sich für Millionen von Frauen wenig geändert. Die leidende, fleißige Frau gewinnt den Respekt ihres Mannes und der Gemeinschaft und wird am Ende zum moralischen Gewinner des indischen Geschlechterspiels, das sie im Verlauf ihres Lebenszyklus (auch) mit Macht ausstattet (vgl. Kapitel 5). Diese Dynamik zieht sich durch Arm und Reich, durch alle Kasten und Klassen der indischen Kultur. In meinem indischen Freundeskreis hält eine gut gebildete Akademikerin, die ökonomisch problemlos auf eigenen Beinen stehen könnte, lieber die emotionale Unverbindlichkeit ihres Mannes aus, der regelmäßig fremdgeht und daraus auch keinen Hehl macht, als sich scheiden zu lassen. Sie zahlt also lieber den Preis ihrer Entwertung als Subjekt und lebt in einer emotional ausgetrockneten Ehe, als getrennt von ihrem untreuen Mann. Ersteres gibt ihr einen höheren sozialen Status und Respekt, als wenn sie geschieden und allein leben würde, während ihr Mann keinen Grund hat, das warme Nest der Familie zu verlassen, in dem er sich so gut eingerichtet hat.

Diese Form des Nebeneinanderlebens von Ehepaaren findet sich in Indien überdurchschnittlich häufig, auch wenn die Scheidungszahlen in den Metropolen rasant im Steigen begriffen sind. Die stille Opferbereitschaft und Unterwürfigkeit der Frauen wird von Männern aller Klassen und Kasten dabei erstaunlich häufig idealisiert und hinterlässt bei ihnen (paradoxerweise) nicht selten ein Gefühl der Schuld. Dies kann aber auch in Aggressionen kippen, wenn sie von ihren Frauen als schwach und nutzlos entwertet werden.

Der Ausdruck der «idealen Ehefrau», der der Heldin Sita anhängt, ist ein ideologisch aufgeladener Begriff: *pativrata* ist die Bezeichnung für eine tugendhafte Ehefrau, die ein Gelübde (*vrat*) für ihren Gatten (*pati*) abgelegt hat.[25] Damit deutet sich an, dass die hierarchische Ungleichheit zwischen Ehemann und Ehefrau in der indischen Gesellschaftsordnung eine lange, kulturell verankerte Geschichte hat. Die patriarchalen Familienstrukturen haben in weiten Teilen Indiens, insbesondere in ländlichen Gebieten, nach wie vor Gültigkeit. Allerdings muss an dieser Stelle bemerkt werden, dass die divergierenden Gemeinschaften des indischen Subkontinents unterschiedlichste Formen patriarchaler Strukturen hervorgebracht haben; man sollte also vorsichtig sein, brahmanische Wertvorstellungen, zu denen auch das Ideal der *pativrata* zählt, zu verallgemeinern. Eheliche Verbindungen der Sema Nagas (Nagarland, Nordostindien) beruhen beispielsweise auf freier Partnerwahl, ein Mädchen dort wird niemals gegen seinen Willen verheiratet.[26] In Teilen Ladakhs (Himalaya, Nordindien) hat über Jahrhunderte Polyandrie geherrscht – dort konnten Frauen mit mehreren Ehemännern leben (nicht umgekehrt).

Was aber macht in der dominanten Kultur des brahmanischen Hinduismus eine ideale Ehefrau (*pativrata*) aus? Von ihr wird erwartet, ihrem Ehemann wie einem Gott zu dienen, um mit ihrer Hingabe sein Glück und sein langes Leben zu begünstigen. Eigenschaften wie Sanftmut, Geduld, Gehorsam und die Zurücknahme persönlicher Bedürfnisse werden ebenso von ihr erwartet wie sexuelle Keuschheit, Unterordnung und Loyalität. Es sollte mit dieser idealistischen Vorstellung einer gefügigen Ehefrau allerdings nicht unterbewertet werden, dass das kulturelle Paradigma der *pativrata*, die sich zugunsten ihrer Familie aufopfert, nicht nur die Ehefrau in ein unauflösbares Abhängigkeitsverhältnis zu ihrem Mann stellt, sondern dass dieser – in seinen Möglichkeiten, sein Leben erfolgreich zu meistern – genauso vom Wohlwollen seiner Ehefrau abhängt. Als gute *pativrata* hat sie die Macht (*shakti*), ihren Mann zu schützen, sie kann ihn aber, wenn sie diesem Gelübde nicht nachkommt, ebenso schwächen und ins Verderben stoßen. Die Vorstellung räumt der Frau (ideell) eine machtvolle Position ein,[27] und das weiß sie. Obgleich dies keine Aussage über Machtverhältnisse in der sozialen Realität ist, verweist sie auf ein kulturelles Verständnis, das weitreichende Folgen für das Geschlechterverhältnis hat: nämlich das der leidensfähigen, *innerlich* starken Frau und des fragilen, *äußerlich* starken Mannes. Auch in der populären Sita-Legende wird das Thema der männlichen Schwäche vielfältig aufgegriffen. So wird Sitas Gatte Rama zwar als göttlicher Held dargestellt, in seinem Zweifel an Sitas Keuschheit jedoch gleichzeitig als emotional schwach, misstrauisch und eifersüchtig charakterisiert.[28]

Das Recht auf Gleichheit – als Anspruch auf gleiche Rechte – gibt es, wie bereits angedeutet, im hinduistischen Weltbild nicht. Die Vorstellung, dass jedem Wesen, seinem *dharma** entsprechend, Rollen und Pflichten zugewiesen werden, lässt im kulturellen Denken wenig Raum für Konzepte der Gleichberechtigung, auch wenn diese juristisch in Indiens Verfassung verankert sind und von den jungen Frauen der aufsteigenden Schichten eingefordert werden. Die unterschiedlichen Eigenschaften von Mann und Frau werden als eine natürliche Folge des biologischen Geschlechtskörpers betrachtet. So herrscht beispielsweise bei vielen Indern die Vorstellung vor, dass Frauen nicht aufgrund der gesellschaftlichen Verhältnisse oder ihrer Sozialisation toleranter und leidensfähiger als Männer sind, sondern weil sie eben Frauen sind.

Eine Zuordnung geschlechtsspezifischer Qualitäten legitimiert Rollenzuweisungen in Form von sozialen Pflichten und Tugenden, die im brahmanisch-hinduistischen Verständnis von *dharma* bereits ihren Ausdruck finden. So umfasst *dharma* nicht nur ein nach (religiösen) Normen ritualisiertes Leben, sondern strukturiert geradezu die sozialen Hierarchien. Es gibt den *dharma* der Frauen (*stridharma*), den *dharma* der Tiere (*pashu-*

dharma), den persönlichen *dharma* (*svadharma*), den großfamiliären *dharma* (*kuladharma*) usw. Nach dieser Vorstellung kann nur derjenige auf Erlösung hoffen, der seinen *dharma* erfüllt – und damit den gesellschaftlich determinierten Rollenvorstellungen folgt. Allerdings zeigt die soziale Realität, genauso wie eine Vielzahl mythologischer Geschichten, dass derartig festgelegte «dharmische Regeln» in der hinduistischen Vorstellungswelt stets kontextuell eingebettet und damit «verhandelbar» sind. Dies möchte ich anhand der Geschichte von Subhru illustrieren, die in der für Frauen nicht vorgesehenen Rolle als Asketin ihre Ehe verhandelt, um erlöst werden zu können.

Mit lebenslanger Praxis schwierigster asketischer Disziplin (*tapas**) wurde Subhru alt und schwach und entschied sich, aus dem Leben zu treten. Sie war überzeugt, erlöst zu werden, doch Narada*, der Vermittler zwischen Himmel und Erde, gab ihr zu verstehen, dass keiner unverheirateten Frau dies gelingen könne. Also bot Subhru an, demjenigen die Hälfte ihrer asketischen Verdienste zu übertragen, der bereit sei, sie zu heiraten. Galavi heiratete sie für eine Nacht und ermöglichte ihr damit den Zutritt zum «Himmel».[29]

Die hohe Akzeptanz geschlechtsspezifischer Rollenzuweisungen einerseits und die Möglichkeit einer positiven Identität mit hinduistischen Leitbildern andererseits, in denen Frauen nicht nur das Unrecht von Männern erleiden müssen, sondern sich gleichzeitig als innerlich stark und ihnen überlegen fühlen können, ermöglicht ihnen, soziale Ungleichheit nicht unbedingt immer als solche zu empfinden. Selbst dort, wo sie geschlechtsspezifische Diskriminierung wahrnehmen, stellen sie in der Regel nicht das System in Frage. Es wird leicht übersehen, dass Frauen oft über ein erhebliches Maß an Kontrolle über ihre Männer verfügen. Das zeigt sich auch in kleinsten «Nischen», die sie für sich bilden: So verwalten und verfügen beispielsweise sehr viele Frauen auf dem Land und in den unteren Schichten über das Geld, das ihre Männer verdienen.

Ohne die alltägliche Unterdrückung und Gewalt herunterzuspielen, denen Millionen von Frauen ausgesetzt sind, muss an dieser Stelle erwähnt werden, dass Indien möglicherweise das einzige Land ist, in dem sich auch verheiratete, unterdrückte Männer in Gruppen organisieren. Dieses Phänomen aufbegehrender Ehemänner ist kein Einzelfall, derartige Gruppen haben sich in den letzten zwanzig Jahren vermehrt gebildet, unter anderem weil die gute Gesetzeslage für den Schutz der Frauen von diesen auch missbraucht wird: Nicht wenige Männer werden von ihren Ehefrauen erpresst und bedroht oder zu Unrecht angeklagt.[30]

Nicht nur von Frauen, auch von Männern wird erwartet, dass sie ihre individuellen Wünsche und Bedürfnisse zugunsten ihrer Familie und der Heirat zurückstellen. Ashok Row Kavi, ein bekannter Schwulenaktivist, erzählte, als er jung war und von seiner Familie unter Druck gesetzt wurde zu heiraten, sei es aus ihm herausgebrochen, dass er nun einmal gerne Männer ficke. «Es ist mir egal, ob du Elefanten oder Krokodile fickst», habe seine Tante beleidigt zurückgeschnappt, «warum kannst du nicht *heiraten*?»[31] Eine Ehe einzugehen und Nachkommen zu zeugen, ganz gleich welche sexuellen Neigungen oder anderweitige Interessen man hat, ist in der Vorstellungswelt vieler Inder eine Verpflichtung gegenüber den Eltern und der sozialen Gruppe. Die Erfahrung einer exklusiven Liebesbeziehung zweier Menschen, in der Zärtlichkeit, Erotik und menschliche Tiefe das Fundament bilden, ist zwar wünschenswert, aber nicht notwendig.

In den ärmeren Schichten Indiens genügt es vielen Frauen bereits, wenn der Mann nicht trinkt und sie nicht schlägt. Fehlende Intimität zum Partner wird in solchen bezugslosen Ehen, die sich genauso auch in anderen Gesellschaftsschichten finden, nicht selten durch religiöse und spirituelle Praxis ausgeglichen, und viele Frauen neigen dazu, ihre Kinder, insbesondere Söhne, mit ihrer emotionalen Bedürftigkeit zu überladen. Damit schließt sich, vereinfacht gesagt, der Kreislauf wieder, d. h. die (emotional) überforderten Söhne suchen gegenüber ihren zukünftigen Partnerinnen eine gewisse Distanz, um die «allesverschlingende Mutter» auszuschalten, während die Partnerinnen mit Frustration auf den Mangel an Intimität reagieren und ihre Bedürfnisse schließlich auf andere Liebesobjekte wie Götter und Söhne verlagern.

Man könnte mit einer Vielzahl divergierender Beispiele fortfahren, in denen deutlich wird, dass Innigkeit in der Ehe im indischen Verständnis zwar erhofft, aber nicht unbedingt erwartet wird. Der zentralen, identitätsstiftenden Rolle als Eltern wird allerdings mit großem Pflichtgefühl nachgegangen. Auch deshalb werden dysfunktionale Ehen sehr viel seltener geschieden als in stärker individualisierten Gesellschaften wie Nordeuropa oder Amerika. Indien gehört noch immer zu den Ländern, in denen, statistisch betrachtet, kaum mehr als 1% aller Ehen geschieden werden[32] (in nahezu allen westlichen Ländern ist es die Hälfte der Ehen, so in Deutschland 49%). Die Scheidungsraten der indischen Mittelschicht nehmen zwar zu – in Delhi sollen sie sich zwischen 2006 und 2011 verdoppelt haben[33] –, allerdings hauptsächlich in den Städten. In Delhi gab es 1980 nur 2 Gerichte, die sich mit Scheidungsfragen befassten – heute sind es 16.[34]

Während Scheidung in der Vergangenheit ein Tabu war, das nur im äußersten Notfall durchgesetzt wurde, hat sich die Einstellung im letzten Jahrzehnt bei der jüngeren, beruflich erfolgreichen Generation gewandelt: Lieber sich scheiden lassen als in einer schlechten Ehe leben, ist ihr Credo.[35] Wie neu diese Haltung gegenüber der Scheidung und einer möglichen Wiederverheiratung ist, drückt sich im Werbeclip einer Juwelierkette aus, die ihren Schmuck 2013 erstmals mit einem Video zu einer «zweiten Heirat» vermarktete. Was in Europa keinerlei Aufmerksamkeit erregen würde, wurde in Indien als Tabubruch beklatscht.[36] Die meisten heutigen scheidungswilligen Paare leben in indischen Großstädten, sie sind zwischen 25 und 35 Jahre alt, ökonomisch unabhängig und beide Partner sind berufstätig. Zwei Drittel der Scheidungsanträge werden von Männern gestellt, entweder weil ihre Frauen fremdgingen oder die Probleme mit den Eltern (des Mannes) unlösbar schienen.[37]

Auch wenn die steigende Scheidungsrate ein Phänomen der

Großstädte ist, sind Trennungen auf dem Land und in den ärmeren Segmenten der Gesellschaft üblicher, als die Statistiken uns glauben machen wollen, schlicht deshalb, weil Ehen dort selten juristisch aufgelöst und somit statistisch nicht erfasst werden. Viele Frauen auf dem Land und in den urbanen Slums, die verlassen wurden oder ihren Ehemann verlassen, leben in «wilder Ehe» mit einem zweiten oder dritten Mann. Obwohl Frauen für eine Trennung oder Scheidung moralisch stärker verurteilt werden als Männer, beobachtete Shobhita Jain in ihrer Studie zu Teepflückerinnen in Assam, dass Trennungen dort fast ausschließlich von den Frauen ausgehen. Gewöhnlich werden sie von ihrer Gemeinschaft deswegen stark unter Druck gesetzt, und man wirft ihnen vor, keine Zuneigung (*mamta*) für Ehemann und Kinder zu haben, auch wenn eigentlich Alkohol und Gewalt die Gründe für die Trennung waren.[38]

Als unser Haushälter, der aus einem traditionsverhafteten Dorf in Uttaranchal (Nordindien) stammt, seine unglücklich verlaufene Ehe vor einigen Jahren juristisch auflösen wollte (er lebte schon Jahre von seiner Frau getrennt), versammelten sich die Frauen des Dorfes und stellten ihn mit Trommeln und Witzen bloß. Auch der Richter der nächstgelegenen Kleinstadt lehnte sein Anliegen mit den Worten ab, was dieser Unsinn denn solle. Der Mann sah sich gezwungen, seinen Scheidungswunsch zurückzunehmen. Die Statistik, dass nur 1% aller Ehen in Indien geschieden wird, spiegelt also nicht die soziale Realität, denn es leben sehr viel mehr Ehepaare, auch auf dem Land, getrennt voneinander. Hinzu kommen die unfreiwilligen Trennungen von Millionen Männern, die aus armen Bundesstaaten in wohlhabendere Gegenden auswandern, um den Unterhalt für ihre im Dorf zurückgebliebenen Familien zu verdienen. Sie sehen ihre Ehefrauen und Kinder meistens nur einmal im Jahr.

Grundsätzlich gilt, dass indische Frauen wie auch Männer bereit sind, weit mehr in einer Ehe zu tolerieren und auszuhalten, Ehekrisen miteinander durchzustehen oder nebeneinanderher zu leben als Paare in westlichen Gesellschaften. Gewalt in einer Ehe ist für viele Frauen, die dahingehend erzogen wurden, ihr

Schicksal zu erdulden, selten ein Trennungsgrund. Frauen sind oft stärker die Leidtragenden, da sie in einer dysfunktionalen Ehe weniger Optionen haben, Alternativen zu leben. Auch werden die Kinder (anders als in Deutschland) häufig dem Mann, nicht der Frau zugesprochen und Scheidung zieht für Frauen einen Statusverlust nach sich, den Männer in dieser Form nicht erfahren. «Das ist unser Leben, damit müssen wir zurechtkommen», sagen Frauen und sind sich bewusst, wie verwundbar sie sind im Hinblick auf die Anforderungen, die im Namen der Familie und Verwandtschaft an sie gestellt werden.[39] In Tamil Nadu gibt es den Ausdruck *sondam sudum* – «Verwandtschaft brennt». Die unhinterfragte Bereitschaft, sich für den Ehemann, die Kinder und die erweiterte Familie zu opfern, sich also einzufügen in «Umstände», gleichgültig, wie viel es ihnen als Mensch abverlangt, wird Mädchen und jungen Frauen früh vermittelt und zieht sich durch alle gesellschaftlichen Schichten.

Auch wenn der rasante gesellschaftliche Wandel in Indiens Metropolen zu offeneren Haltungen gegenüber alternativen Lebenskontexten führt, unabhängige Frauen andere Spielräume haben, ihre eigenen Bedürfnisse zu reflektieren und einzufordern, und sich der Fokus von der Großfamilie stärker auf das Paar und seine Wünsche verschiebt, wird die Eheschließung weiterhin als die alleinige Form des Zusammenlebens gewertet, die einem Paar gesellschaftliche Akzeptanz und Status vermittelt. Ehe, Familie und die Zeugung von Kindern sind und bleiben zentraler Baustein in der Identität indischer Männer und Frauen, der alle anderen Lebensvorstellungen, Wünsche und Ambitionen zu sekundären Faktoren werden lässt.

4. Status:
Alte Rollen, neue Rollen und die Frage der Ehrbarkeit

Es hat in der Geschichte Indiens stets Frauen gegeben, die weder bereit waren, ihr Leben nach kulturellen Rollenvorstellungen auszurichten noch sich den gesellschaftlichen Vorstellungen von Heirat, Ehrbarkeit, Weiblichkeit und Unterwürfigkeit anzupassen. Die im Sommer 2014 verstorbene Zohra Sehgal – sie wurde über 100 Jahre alt – ist das, was man als Antithese zu «der» indischen Frau ihrer Zeit bezeichnen könnte: eine Frau, die sich in einer männerzentrierten Gesellschaft Freiheiten nahm, die ihr nicht zustanden. Eine muslimische Frau, die mit achtzehn beschloss, Schauspielerin zu werden (Tanz und Schauspielerei werden in Indien bis heute mit «leichten», sexuell aktiven Frauen assoziiert), die in Deutschland Ballett studierte, Tänzerin wurde, in einer Kommune lebte, einen jüngeren Mann heiratete usw.[1] Auch in meiner indischen Familie gab es eine «Zohra»: die Tante meines Mannes, Kamla Chowdhry, die nach drei Monaten Ehe jung verwitwete (ihr Mann, ein Richter, wurde erschossen). Statt sich in ihr Schicksal einer jungen Witwe zu fügen, ging sie zum Studieren nach Amerika, machte anschließend in Indien Karriere und lebte offen mit Liebhabern, ohne jemals wieder zu heiraten.

Starke Frauen wie diese, die ein unabhängiges Leben nach eigenen Maßstäben leben, gab und gibt es in erstaunlich vielen indischen Familien, vermehrt in den Städten. Es gibt sie aber nicht nur in den ökonomisch unabhängigen oberen Schichten, sondern in allen Segmenten der indischen Gesellschaft. Oft sind sie in ländlichen, zutiefst patriarchalen Kontexten groß geworden und brechen aus vorgeschriebenen Rollenmustern aus. Solche Frauen zahlen meist einen hohen Preis für die Freiheiten, die sie für sich beanspruchen. Sie werden in die Isolation gedrängt und haben es besonders schwer, sich zu behaupten. Sie müssen (und können) damit leben, den traditionellen Weiblichkeits- und Rollenvorgaben nicht zu entsprechen. Bei unabhängigen Frauen, auch solchen, die unverheiratet bleiben oder geschieden sind, schwingt in der Haltung ihres Umfeldes unterschwellig stets mit, dass bei ihnen irgendwas nicht stimmen kann, eben weil Ehe und die Einordnung in gegebene Rollenmuster in Indien als Selbstverständnis betrachtet werden, als eine notwendige «Gegebenheit». Auf dem Kontinuum dieser Skala – die «ehrbare», sexuell unsichtbare und an männlicher Autorität orientierte Ehefrau am einen Ende der Skala und die «gefährliche», von männlicher Autorität unabhängige und sexuell aktive unverheiratete Frau am anderen Ende der Skala – gibt es viele Zwischenräume und unerwartete Lebensentwürfe. Ila, eine Frau, die im rechtsfundamentalistischen Spektrum angesiedelt ist, ist eine von ihnen:

Ila wuchs in einem ländlichen, äußerst konservativen Milieu in Madhya Pradesh (Zentralindien) auf und verweigerte sich einer Heirat mit Askese und sozialpolitischem Engagement. Sie hat sich mit vielen Entbehrungen ihre gesellschaftliche Anerkennung erkämpft, und ihre Lebensgeschichte passt sich in kein Modell indischer Weiblichkeit ein. Als ich Ila vor 15 Jahren kennenlernte, war sie bereits seit mehreren Jahren in einer leitenden Position der *Durga Vahini*, dem weiblichen Flügel der hindu-fundamentalistischen *Vishwa Hindu Parishad** (VHP). Als Rebellin und Trainerin in den militärischen Ausbildungscamps der *Durga Vahini* idealisiert sie weibliche Heldinnen wie Rani von Jhansi*, die gegen die britischen Kolonialherren kämpfte. Als Aktivistin mit einem ausgeprägten Unrechtsbewusstsein setzt sich Ila empathisch für unterprivilegierte Frauen in ihrem Umfeld ein und macht ihren Mund auch gegenüber männlichen Autoritäten auf, was, nebenbei bemerkt, ständig zu Spannungen mit den Männern der eigenen Organisation (VHP) führte. Als alleinstehende, unverheiratete Frau hat sie für sich selbst einen individualistischen und rebellischen Lebensweg eingeschlagen, propagiert aber dennoch öffentlich das Ideal der klassischen *pativrata* (der idealen Gattin) und Haushälterin, also der «guten» Frau, die sich dem Mann fraglos unterstellt (vgl. Kapitel 3).

Ila ist die jüngste Tochter einer brahmanischen Familie mit sieben Kindern. Anders als ihre Geschwister stand Ila immer morgens um vier Uhr mit der Mutter auf, um gemeinsam zu baden, zum Beten (*darshana**) in den Dorftempel zu gehen und anschließend, noch vor der Schule, Hausarbeit zu verrichten. Auch nach dem Unterricht half sie beim Einkaufen, Kochen und anderer Hausarbeit. Ihre Kindheitserinnerungen sind ausgefüllt mit dem Bild eines unberechenbaren, cholerischen, immer wieder gewalttätigen Vaters und einer strengen, oft traurigen und sehr religiösen Mutter. Während der Vater dafür sorgte, dass alle Geschwister die Schule besuchten, fühlte Ilas Mutter sich verantwortlich für die Vermittlung von Werten und Disziplin. Ohne es explizit formulieren zu können, zeichnete sich in Ilas vielschichtigen Erzählungen nicht das Klischeebild einer verständnisvollen, warmen und schützenden Mutter ab, sondern das Bild einer disziplinierten, gefühlsarmen Frau, die ihren Kindern wenig emotionale Stabilität vermitteln konnte. Ila hatte ein nahes Verhältnis zu ihren beiden sehr viel älteren Schwestern; ihre Brüder hingegen erlebte sie als faul, dickköpfig und von der Mutter bevorzugt. Gewalt überschattet viele Szenen ihrer Kindheit, die in unseren Gesprächen immer wiederkehren. Die Autorität und Lieblosigkeit des Vaters, die Frustration der Mutter und das Erlebnis, als Mädchen einen anderen Platz in der Familie als die Brüder zugewiesen zu bekommen, haben in Ila früh ein starkes Unrechtsbewusstsein entwickelt. Als Ilas ältere Schwestern verheiratet wurden und das Elternhaus verließen, war sie 10 beziehungsweise 14 Jahre alt. Die extremen Schwierigkeiten, mit denen beide Schwestern konfrontiert waren, um sich an das neue Lebensumfeld der Schwiegerfamilie anzupassen, schockierten Ila zutiefst. Nach mehreren Jahren Ehe verwitwete die älteste Schwester. Überfordert von den Problemen des Alltags und ihrer dreijährigen Tochter, wurde sie zeitweilig verrückt. In diesen Monaten übernahm Ila die Pflege ihrer Nichte.

Als Ila mit 16 Jahren schließlich mit ihrer Familie brach und ihr Heimatdorf verließ, war ihr Anliegen, Sozialarbeit für diejenigen zu leisten, die sich ebenfalls von der Gesellschaft (als Frau) betrogen fühlten: Dazu zählten auch Stammesangehörige (*adivasi**), die in Ilas Umfeld als Menschen zweiter Klasse behandelt wurden und werden. Doch es war ein steiniger Weg: Mit dem Verlassen des Elternhauses begann für sie eine der schwierigsten Zeiten ihres Lebens, die sie veränderte und innerlich stark werden ließ. Sie lernte, ihren Mund aufzumachen, zu streiten, zu kämpfen und zu überleben. Sie wohnte ungefähr drei Stunden von ihrem Elternhaus entfernt und hatte weder Geld noch Arbeit noch irgendeine Unterstützung aus der Familie oder der dörflichen Gemeinschaft. Ila schaffte es, sich aus ihrer Not selbst zu befreien: Sie begann, mit der Unterstützung unterschiedlicher Organisationen ihre Visionen umzusetzen. Mit ihrem herausragenden Engagement verschaffte sie sich immer mehr sozialen Respekt. Allmählich brach so auch das Eis mit der Familie, die wieder Kontakt zu ihr aufnahm.

Als Ila Anfang zwanzig war, starb plötzlich die jüngere der Schwestern. Ihre Familie war der Überzeugung, dass es sich um einen Mitgiftmord handelte (vgl. Kapitel 6), doch weigerten sich ihre Eltern, rechtliche Schritte gegen den Ehemann einzuleiten, um dem nur wenige Monate alten Enkelsohn nicht auch noch den Vater zu nehmen. Ila hat den ungesühnten Tod der Schwester nie verwunden, er wurde zum entscheidenden Wendepunkt in ihrem Leben: Sie nahm sich vor, niemals zu heiraten. Als dann Mitglieder der Hindu-Organisation VHP auf Ila zukamen und ihr anboten, als Vollzeitaktivistin mit ihnen zu arbeiten, nahm sie an und beschloss, in sexueller Askese zu leben. Durch ihre neue Arbeit und Kontakte wurde Ila in den folgenden Jahren stark von der Ideologie der VHP beeinflusst. Sie hatte in ihrer Jugend bei dem Versuch, aus dem patriarchalen Milieu ihrer Familie auszubrechen, die Erfahrung gemacht, dass dies nicht gelingt, wenn man ganz in die soziale Isolation treibt. Die Mitglieder der VHP gaben ihr Unterkunft, Arbeit und die Möglichkeit, durch Engagement und «Aufopferung für die Nation» allgemeinen Respekt zu gewinnen (vgl. auch Kapitel 11). Ihre Einbindung in die VHP ermöglichte ihr, einen respektierten Platz in der Gesellschaft zu finden und gleichzeitig ihre Wut öffentlich wirksam zu machen. So fühlt sie sich gegenüber der VHP zu Dankbarkeit und Loyalität verpflichtet, auch wenn ihre persönlichen Einstellungen zu Kaste, Frauenrollen und weiblicher Selbständigkeit häufig im Konflikt mit den konservativen Ideologien der Organisation stehen.

In Opposition zur Familie und zur dörflichen Gemeinschaft galt für Ila, was Margaret Cormack bereits 1953 in ihrer Studie über indische Frauen bemerkte: Freiheit ist aufregend – aber nicht auf Kosten der sozialen Akzeptanz.[2] Indem sie einen Rahmen gegenseitiger Solidarität bieten, erschaffen Bewegungen wie die VHP Möglichkeiten für Frauen aus einem zutiefst konservativen Umfeld, ihre Subjektivität auszudrücken *und* gesellschaftlichen Status zu gewinnen. Das Ideal der sich leidenschaftlich für die Familie aufopfernden Mutter wird – wie im Fall von Ila – übertragen auf das Ideal der freiwilligen «Ganzzeitaktivistin» und Asketin, die sich zum Wohl der Nation aufopfert.[3]

Auch Birubalas Geschichte ist ein Beispiel einer starken, eigenwilligen Frau, die ohne Rücksicht auf Verluste ihrem Unrechtsbewusstsein folgte. Birubala ist heute 60 Jahre alt und Witwe. Sie stammt aus Thakurbilla, einem Dorf im Grenzgebiet Assam-Meghalaya (Nord-Ost-Indien), und zwar aus einer *adivasi*-Gemeinschaft. Als Mutter eines geistig behinderten Sohnes hat sie früh erfahren, wie Aberglaube und Voreingenommenheit Menschen, die anders sind, ausschließen, wobei oft Quacksalber ihren Einfluss auf die Dorfbevölkerung nutzen. In ihrem Umfeld hat sie auch erlebt, dass Frauen geächtet und als Hexen (*dayan**) gebrandmarkt und verfolgt wurden. «Fünf Frauen, die ich kannte, sind gefoltert und aus dem Dorf geworfen worden.» Das war der Anfang ihrer Lebensmission, Frauen aufzuspüren und zu retten, die verhöhnt, gequält und schließlich, um ihr Land betrogen, aus den Dörfern gejagt werden.

Diese moderne Form der Hexenverfolgung findet sich in verschiedenen Regionen Indiens, insbesondere in abgelegenen, wirtschaftlich unterentwickelten Regionen und (sogenannten) Stammesgesellschaften in Nord-Ost-Indien, in West- und Mittelindien, wo Menschen mit wenig Zugang zu medizinischer Versorgung und Schulbildung einen tief verwurzelten Glauben an Schamanen und Quacksalber hegen.[4] Meistens sind es Witwen, die als *dayan* gebrandmarkt und für Unglück im Dorf verantwortlich gemacht werden: sei es eine ausgebliebene Ernte, ein ausgetrockneter Brunnen oder der Tod eines Kindes. Nicht selten spielen ökonomische Interessen eine Rolle.[5] Insbesondere in Situationen, in denen alleinstehende, meist verwitwete Frauen ungeschützt sind, nutzen entfernte Verwandte oder andere Dorfbewohner, die es auf den Landbesitz dieser Frauen abgesehen haben, die örtlichen *ojhas** (Mediziner bzw. Quacksalber, die u. a. Austreibungen vornehmen und in den Dörfern teilweise machtvolle Positionen innehaben) für ihre Interessen. Polizeiuntersuchungen ergaben, dass viele *ojhas* Bestechungsgelder angenommen haben, um dann eine Frau als Hexe zu brandmarken. Die Hexen werden geschoren, ihre Gesichter geschwärzt, mitunter Nase und Ohren abgeschnitten, ihre Zähne herausgebrochen, sie werden nackt durchs Dorf getrieben, ausgepeitscht und häufig getötet. Jedes Jahr sterben in Indien schätzungsweise 200 Frauen als Hexen.[6]

Birubalas Engagement für diese Frauen machte sie selbst zu einer geächteten Frau. Fast ihr gesamtes Dorf stellte sich gegen sie. Da sie aber eine politische Funktion als Mitglied der örtlichen *Mahila Samiti** bekleidete, hatten die Dorfbewohner ein wenig Angst vor ihr: Sie war politisch vernetzt und hatte somit ein gewisses Maß an Macht. Das schützte sie davor, selbst gefoltert und verfolgt zu werden. «Immer wenn ich etwas hörte», sagt Birubala, «bin ich viele Kilometer gelaufen, um die Frauen zu retten. Es gab so viele Fälle. Für sie zu kämpfen bedeutete, für mich selbst zu kämpfen. Ich kämpfte für Frauen und ich bekämpfte das Patriarchat, denn die meisten Quacksalber waren Männer und die meisten Hexenjagd-Opfer waren Frauen.» Der Wendepunkt für Birubalas Position im Dorf kam, als die indische Armee einige unschuldige Jungen mitnahm und sie als Rebellen brandmarkte. Birubala setzte sich mit der gleichen Leidenschaft für die Freilassung der Jungen ein wie für die «Hexen» – und sie bewirkte ihre Rückkehr. Es gelang ihr sogar durchzusetzen, dass die Regierung eine Straße zum Dorf baute. Dieses selbstlose Engagement für das Recht und für die Gemeinschaft bewirkte den Wandel in der Haltung der Dorfbewohner, in deren Mitte sie heute einen besonderen Status und Verehrung genießt.[7]

Bibul, ein Mann aus Birubalas Dorf, erzählt, dass er zunächst der Auffassung war, «dass die Dorfältesten Recht hatten, weil Birubala sich gegen die kollektive Entscheidung des Dorfes gestellt hat». Heute weiß er den Mut dieser ungewöhnlichen Frau zu schätzen und ist als Dorfvorsteher ein leidenschaftlicher Unterstützer ihrer Anliegen. Dies zeigt auch, warum es so schwierig ist, Veränderungen der dörflich-patriarchalen Strukturen zu bewirken. Es ist das Kollektiv, das entscheidet und für seine Mitglieder einsteht, und diese Entscheidungen sind für alle Mitglieder bindend. Für die Familie gilt dies ebenso wie für das Clan-, Kasten- oder Dorf-Kollektiv. Deshalb werden beispielsweise sozial engagierte Menschen, die sich für die Rechte von Außenstehenden einsetzen, nur dann erfolgreich sein, wenn sie langfristig, wie Birubala, das Kollektiv für sich gewinnen können. Wie Kapitel 9 (Armut) noch zeigen wird, ist die Zersplitterung der Gesellschaft durch Kaste und Religion in unzählige Kollektive einer der entscheidenden Gründe, warum die ärmsten Schichten sich in einer Demokratie wie Indien als schiere Menschenmasse weniger erfolgreich für die Durchsetzung ihrer Rechte organisieren lassen.

Und was passiert, wenn junge Menschen in einem zutiefst patriarchalen Milieu gegen das Familienkollektiv und das Dorfkollektiv eine eheliche Verbindung, eine Liebesheirat eingehen? Menschen aus diesen Segmenten der Gesellschaft, in der Kaste und Ehrvorstellungen (*izzat*) bis heute starkes Gewicht haben, laufen weg oder werden verfolgt und mit dem Tod bedroht, wenn sie es wagen, gegen den Willen und die kollektive Entscheidung des (Dorf-)Clans zu verstoßen. Häufig gehen sie gemeinsam in den Freitod. Zu stark ist der Druck patriarchaler Strukturen und die Macht der Dorfräte (*panchayats**). In einer Kultur, in der strenge Geschlechtertrennung üblich war, ermöglicht die steigende Zahl gemischter Schulen und Colleges auf dem Land jungen Menschen zwar immer häufiger, sich zu begegnen; stammen die Liebenden aber aus dem gleichen Clan (*gotra**), ist eine Heirat ausgeschlossen.[8] Immer wieder liest man in der Zeitung von tragischen Geschichten verliebter Paare aus ländlichen Regionen, die von ihren Familien zu Tode gefoltert wurden, weil sie einander liebten, aber das gleiche *gotra* hatten.

Da ist die Geschichte von Dharmendra (22) und Nidhi (21) aus Garnavati, einem Jat-Dorf in Haryana (Nordindien), die sich in der 10. Klasse kennenlernten, an ihrer Liebe gehindert wurden, ihre Beziehung aber mithilfe moderner Technologien wie Handys aufrechterhalten konnten. Schließlich brannten sie nach Delhi durch, in der Hoffnung, sich ein neues Leben aufzubauen. Wie viele junge Paare tauchten sie in der Anonymität der Großstadt unter, immer in der Angst, von Clan-Mitgliedern aufgespürt und verschleppt zu werden.[9] Schließlich wurde den beiden über einen Freund vermittelt, dass ihre Familien die Situation überdacht hätten und nun mit einer Heirat einverstanden seien, sie wurden also gebeten, ins Dorf zurückzukehren. Was sie nicht wussten: Der Vater des Jungen hatte indessen sein Einverständnis gegeben, dass die Familie des Mädchens seinen Sohn töten könne, sofern sie zuerst ihre eigene Tochter umbrächten. Das zurückgekehrte junge Paar wurde auf grausamste Weise im September 2013 von der Familie des Mädchens hingerichtet.[10]

Statistiken zeigen, dass 94% der sogenannten «Ehrenmorde» in Indien von der Familie des Mädchens verübt werden, was an tief verinnerlichten Vorstellungen anbindet, dass Reinheit sowie der Status von Familie, Gemeinschaft und Nation über den Körper der Frau definiert werden (siehe auch Kapitel 11). In einem Ehrenmord in Tamil Nadu (Südindien) tötete der Vater einer jungen Frau (Meghala, 19), die gegen ihren Willen verheiratet worden war, zwar nicht seine Tochter, aber ihren Liebhaber

Sivakumar. Dessen Bruder kommentierte: «Das Mädchen wäre diejenige gewesen, die es verdient hatte, getötet zu werden».[11]

Laut der *All India Democratic Women's Association* werden in Indien jährlich mehr als 1000 Ehrenmorde verübt, 90% davon in zutiefst patriarchalen Dorfgemeinschaften der Bundesstaaten Haryana, Punjab und Uttar Pradesh (alle in Nordindien).[12] Die Dunkelziffer von Ehrenmorden verliebter Paare, die als Selbstmorde deklariert werden, ist weit höher, wie Daten aus Tamil Nadu (Südindien) andeuten, die über den *Right-To-Information-Act* (RTI) über einen Zeitraum von zwei Jahren gesammelt werden konnten.[13] Immer geht es um die Ehre des Clans und des Dorfes (also der Missachtung der Entscheidung des Kollektivs), der sich die Familien unterordnen, obwohl sie ihre Kinder sehr geliebt haben. «Meine Enkelin war ein gehorsames, gutes Kind, die gern zu Hause war. Sie musste den Preis dafür zahlen, die *Jat**-Normen (patriarchaler Clan in Nordindien) verletzt zu haben», sagt Nidhis Großmutter und schaut schluchzend weg.[14] In einem anderen Fall vergiftete eine junge Frau, die einen Mann aus dem gleichen Dorf liebte, aus Notwehr ihre gesamte Familie, weil sie wusste, dass diese sie umbringen würde.[15] Obgleich in den Städten zunehmend sogenannte «Intercaste-Heiraten» stattfinden (siehe Kapitel 3), ist es auf dem konservativen Land unverzeihlich, wenn im gleichen *gotra* geheiratet wird oder eine höherkastige junge Frau wie Survana (22) gegen den Willen der Familie ihre Affäre mit einem kastenlosen Dalit aufrechterhält. Der 24-jährige Govindaraju wurde am Leben gelassen, musste aber mit ansehen, wie Survana von ihrem Vater im Viehstall erhängt wurde. 300 Dorfmitglieder und einige Dalits waren anwesend – niemand griff ein.[16]

Diese extremen Beispiele, in denen Eltern sich den kollektiven Ehrvorstellungen unterordnen und ihre rebellierenden Kinder umbringen, verdeutlichen, dass man sich in konservativen Umfeldern auch heute noch vornehmlich an Rollen und Rollenbildern orientiert, nicht an Individuen und individuellen Lebenskontexten. Ehre und Status des Einzelnen und des Kollektivs sind untrennbar verwoben mit Rollen und Rollenakzeptanz, die (wie bereits in anderen Zusammenhängen gezeigt wurde) höherwertig sind als das Subjekt. In eine Rolle, die eine Gruppe oder Kultur einem zuschreibt, fügt man sich ein, als «Subjekt» hingegen fällt man heraus. Umgekehrt betrachtet: Wenn junge Frauen (und Männer) sich heute vermehrt als Individuen wahrnehmen – als «Hybrid verschiedener Sinnmuster und Spuren historisch vergangener Subjektformen»[17] –, werden sie immer weniger gewillt sein, die Rollen, die von der Gemeinschaft an sie herangetragen werden, zu erfüllen. Die Metropolen des 21. Jahrhunderts ermöglichen, neue Formen der Liebe zu erproben, nicht aber das konservative Land.

Die Bedeutung in der indischen Kultur, in verschiedenen Kontexten und Lebensstadien Rollen zu erfüllen, lässt sich auch am Beispiel des indischen Films gut beobachten: Rollen im indischen Kino, in Fernseh-Soaps etc. werden in Indien selten anhand eines Charakters entwickelt, sondern orientieren sich überwiegend an klassischen Stereotypen.[18] Eine Studie zu Geschlechter-Ideologien im indischen Fernsehen zeigt, dass Frauen hauptsächlich als unterstützende Randfiguren, Zuhörerinnen und Versorgerinnen porträtiert werden, deren Ausdruck sich auf passive Verhaltensmuster wie Seufzen, Schweigen, Tagträumen beschränkt, während den Männern die Lösung von Problemen vorbehalten ist (z. B. in *Sailaab* und *Ghutan*, beliebte Seifenopern der Mittneunziger Jahre).[19] Das Fernsehen erreicht nicht nur in den Städten fast alle Haushalte (auch in den Slums), sondern sogar bis zu 90% aller Frauen auf dem Land.[20] Oft läuft der Fernseher den ganzen Tag. Die Art und Weise, wie Frauen (und Männer) in den beliebten lokalen und überregionalen Seifenopern porträtiert wurden, hat sich dabei in den letzten Jahrzehnten nicht wesentlich verändert und hinterlässt Spuren in der Vorstellungswelt der Geschlechter, die hier bereits zur Genüge ausgeleuchtet wurden: Die «gute Frau» ist verheiratet, keusch, verletzbar und eine alles-gebende Mutter. Sie ist lebendig und emotional, hat sich aber den gesellschaftlichen Zwängen unterzuordnen, während die «schlechte Frau» den Niedergang der Moral verkörpert; sie ist die Verursacherin von Problemen, ohne zu deren Lösung aktiv beizutragen.[21] Wie Studien gezeigt haben, bestärken 63% indischer Nachrichten solche Klischees, während lediglich 9% stereotype Rollenvorstellungen herausfordern.[22]

Es sollte an dieser Stelle allerdings bemerkt werden, dass Frauen oft gar nicht gewillt sind, ihr Selbstbild infrage zu stellen, indem beispielsweise Rollenerwartungen gleichwertiger verteilt werden: In ihrer Selbstwahrnehmung würde es ein ebenso negatives Bild auf sie wie auf ihren Mann werfen, wenn sie ihn kochen oder den Boden wischen lassen würde.[23] Zwei Drittel berufstätiger Frauen aus fünf Megacities sagen, Männer helfen nicht im Haushalt mit, und auch die Männer geben zu, lieber zu entspannen als Wäsche zu legen.[24] Es ist insofern nicht nur die mangelnde Bereitschaft der Männer, im Haushalt zu kooperieren, sondern oft auch die Ambivalenz der Frauen, Verantwortung für die Versorgung der Familie abzugeben. Zum einen wollen Frauen sich in ihrer Identität genauso wenig infrage stellen lassen wie Männer, zum anderen trauen sie Männern oft nicht zu, den Haushalt und die Versorgung von Kindern zu bewältigen. Auch wenn die urbane Generation zunehmend eine stärkere Beteiligung ihrer Partner bei der Kindererziehung wünscht, belastet sich die moderne Superfrau oft unnötig damit, stets auf die Bedürfnisse anderer zu achten und die an sie herangetragenen Rollen zu erfüllen, denn in ihrer Selbstwahrnehmung soll sie sich vornehmlich durch die Versorgung anderer «genährt» fühlen. Es wäre begrüßenswert, wenn das indische Kino und Fernsehen, das die Macht hätte, Geschlechterrollen infrage zu stellen, sich ein Beispiel an Schweden nähme. Als erstes Land weltweit hat es jüngst ein Bewertungssystem eingeführt (den sogenannten Bechdel Test), nach dem in Filmen vielfältigere weibliche Charaktere und ihre Perspektiven berücksichtigt werden sollen, um die Geschlechtergleichheit zu fördern.[25]

Der Mangel an Status, auf der Leinwand und in der sozialen Realität, betrifft primär Frauen, die in der Vorstellungswelt von konservativen Männern (und Frauen!) zu selbstsicher, zu unabhängig, zu sexuell explizit öffentlichen Raum besetzen und «sichtbar» werden; von Männern, für die es nur die zwei bereits beschriebenen Kategorien von Frauen gibt: ihre unverdorbenen Mütter und Schwestern, also jungfräuliches «Heiratsmaterial», das sich in die Welt der Männer einpasst, sexuell unerfahren ist und ihren Schutz verdient; und Frauen, die wie Bollywoods «Item Girls»[26] als promisk eingestuft werden und Freiwild sind. Junge Paare aus zutiefst konservativen Umfeldern, die gegen den Willen des Kollektivs heiraten, fallen ebenfalls in diese Kategorie «ohne Status».

Die Botschaft bis hin zum Mord lautet: Junge Frauen, die Autonomie über ihren Körper und ihre Sexualität einfordern, Frauen, die sich im öffentlichen Raum nicht unsichtbar machen und den mentalen Beziehungskategorien von Gattin, Mutter, Tochter, Schwester nicht entsprechen, sind gefährlich und müssen durch die Autorität des Mannes, auch die geschlechtliche, in ihre Schranken gewiesen werden. Es sind diese Prägungen, die unterhalb des Bewusstseinsstroms fließen, unter denen Frauen – auch die Frauen, die sich vom alten Verhaltenskodex freizumachen versuchen – alltäglich zu leiden haben. Ihr Status im öffentlichen Raum wird beständig infrage gestellt, vom voyeuristischen Blick bis hin zur körperlichen Grenzüberschreitung, was die Würde und den Selbstwert eines Individuums auf Dauer beeinträchtigt.

Wie aber verschieben sich die Verhältnisse von Macht und Status, wenn Frauen mithilfe von Bildung und Beruf ökonomisch unabhängig sind?

Kiran, eine aufgeschlossene, intelligente und attraktive Frau Mitte dreißig hat es in ihrer beruflichen Karriere weit gebracht. Sie wurde in einer Kleinstadt in Uttar Pradesh (Nordindien) von einem ungewöhnlich liberalen Vater erzogen, der seiner Tochter das gleiche Selbstverständnis mitgeben wollte, das üblicherweise Söhne erfahren: Er erzog sie mit Respekt und Liebe, forderte sie zur Eigenständigkeit heraus, gab ihr stets Rückhalt und vermittelte ihr ein hohes Selbstwertgefühl. Kiran, die allen Erwartungen des Vaters entsprach und die häufiger Konflikte mit der Mutter hatte, weil diese versuchte, sie in weibliche Rollenbilder zu pressen, erfüllte nur eines nicht: zu heiraten. Nicht, dass sie etwas gegen eine Heirat einzuwenden hätte, sie fand schlicht nicht den richtigen Mann auf Augenhöhe. Bis sie ungefähr dreißig war, gab es nicht allzu viel Druck, die Familie wusste auch von ihrem (ausländischen) Freund. Nun aber, sagt Kiran, wo sie das heiratsfähige Alter überschritten hat und alleinstehend ist, bereut ihr Vater bitterlich, sie so frei erzogen zu haben. Es kommt zu starken Konflikten, da ihr Vater nicht versteht, warum sie «ihren Weg» einfordert. Kiran hat zwar mit ihrem Status als Single kein Problem, sehnt sich aber nach Intimität und echter Partnerschaft, die in ihrem Umfeld – Delhi – so schwer zu finden ist. Savita Rao, eine alleinstehende, kinderlose 49-jährige Geschäftsfrau aus Chennai erzählt, «Leute fragen mich nach meinem Mann und Kindern, und wenn ich ihnen sage, dass ich weder noch habe, sagen sie mir, wie leid es ihnen tut. Ich antworte: für mich oder für dich?»[27]

Frauen wie Savita oder Kiran müssen viel aushalten, um «bei sich» zu bleiben. Sie werden zwar von vielen für ihre Stärke und ihr Selbstbewusstsein bewundert, aber beständig daran erinnert, dass sie anders sind. Dabei zeigen die Statistiken eigentlich, dass es gar nicht so wenige alleinstehende Frauen gibt: Über 11% der Gesamtbevölkerung Indiens zwischen 20 und 49 Jahren sind Single-Frauen, viele von ihnen geschieden (insbesondere in der Kategorie der 45–49-Jährigen).[28] Sie gehen aus, feiern, haben einen breiten Freundeskreis, versorgen sich selbst, fahren mit Freundinnen in den Urlaub, haben Affären. Die Suche dieser Frauen nach alternativen Lebensmodellen – das ist zur Zeit fast nur in den Metropolen möglich – zeigt eine selbstbewusste, kluge Generation, deren ökonomische Unabhängigkeit ihnen ermöglicht, sich von alten Wertvorstellungen abzuwenden. In der «öffentlichen Meinung» wird ihr Status dafür gnadenlos abgewertet. In dieser emotionalen Spaltung zwischen eigenen Vorstellungen und äußeren Rollenerwartungen werden sie zu einer Vorreiter-Gruppe urbaner Mittelschicht-Frauen.

5. Macht:
Die vergöttlichte Mutter und die Muttergöttin

Wann hat eine Frau nach indischer Tradition Macht? Das wohl machtvollste Bildnis von Weiblichkeit ist das der «Mutter-Göttin» in menschlicher wie auch göttlicher Form. Im Folgenden soll auf die komplexe Vorstellungswelt von Mutterschaft sowie auf die Ambivalenzen weiblicher Macht eingegangen werden, die eine entscheidende Rolle in der Dynamik des Geschlechterverhältnisses und weiblicher Rollenvorstellungen in der indischen Tradition spielen.

«Tradition» unterlag zu allen Zeiten gesellschaftlichen Wandlungsprozessen. Unter Tradition kann die individuelle und kollektive Erinnerung einer Gemeinschaft verstanden werden, wobei traditionelle Wertesysteme als verlässlicher und verbindlicher Rückbezug der eigenen Identität aufgefasst werden. Was aber eine Gemeinschaft als ihre Tradition festlegt, erfolgt stets aus einem Rückblick und sagt nicht immer etwas Verbindliches über die tatsächlichen Verhältnisse der Vergangenheit aus; vielmehr spiegeln sich in der Selektion und in der Rekonstruktion von Tradition soziale Fragen und Machtverhältnisse der Gegenwart.[1] Es gibt jedoch kaum einen Aspekt im gesellschaftlichen Leben Indiens, der so stabil geblieben ist wie die Ideologie der Mutterschaft mit all ihren psycho-sozialen Konsequenzen. Mutterschaft und Weiblichkeit werden inhärent gleichgesetzt. Obwohl in der hinduistischen Vorstellungswelt die komplexe Ideologie weiblicher Sexualität und Mutterschaft nicht auf ein binäres Modell der «schlechten, unreinen Vagina» und der «guten, reinen Brust» reduziert werden kann, orientiert sich die Identität von Frauen unterschiedlichster Hintergründe in der sozialen Realität an dieser Polarität – selbst die der modernen, städtischen Frauen –, und auch Männer haben dieses binäre Modell in ihrem Urteil und Verhalten gegenüber Frauen zutiefst verinnerlicht.

Assoziationen von Mutterschaft mit Nahrung, Wohlstand und Reinheit, die am deutlichsten in der Gleichsetzung der Mutter mit der Heiligen Kuh zum Tragen kommt, finden sich in unendlich vielen Varianten hinduistischer Mythen, wobei die Muttermilch als das reinste Körperprodukt der Frau mit dem Samen des Mannes verglichen werden kann. Es ist die Muttermilch, die die weibliche Sexualität stets reinigt und transformiert.

Ob berufstätig oder Hausfrau, ob städtische Mittelschichtfrauen oder Frauen vom Land – für sie alle hat ihre Rolle als Mutter den höchsten Rang, und es gibt kaum eine Frau, die zugunsten ihrer Karriere oder anderer Gründe auf Kinder verzichten würde. Sowohl innerhalb der Familie als auch gesellschaftlich gewinnen Frauen mit der Geburt von Kindern, vorzugsweise Söhnen, Status und Anerkennung. Kinderlos zu bleiben ist (wie Ehelosigkeit) ein Stigma, das einer Frau ein Leben lang anhängt und nicht selten auch eine Ehe bedroht. Insbesondere in der traditionellen Großfamilie, in der jung eingeheiratete Bräute sich als «Fremde» in der neuen Familie unterordnen müssen, macht erst Mutterschaft die junge Frau zu einem vollen Familienmitglied.[2] Kinder werden als Erfüllung im Leben einer Frau betrachtet, schon deshalb, weil von einer Nur-Ehefrau erwartet wird, sich unterzuordnen und zu dienen, während sie als Mutter nährt, dominieren darf und das Recht auf Verehrung genießt. Sie kann Gehorsam, Liebe und Hingabe von ihren Kindern erwarten, insbesondere von den Söhnen, und wird in ihrer Rolle als Mutter weit stärker glorifiziert als in irgendeiner anderen Rolle.[3]

Jahrhunderte hat das Gebären von Söhnen, die das Geschlecht erneuern und die die obligatorischen Familienriten für die Ahnen fortführen können, die soziale Stellung von Frauen maßgeblich bestimmt, nicht nur in Indien. So ist der Sohn (ideell) nicht nur verantwortlich für die Altersversorgung der Eltern, sondern auch für die Todeszeremonien von Vater und Mutter rituell unersetzbar. Wer keinen Sohn hat, gefährdet nach traditionellen Vorstellungen die eigene Erlösung nach dem Tod. Dass Söhnen gegenüber Töchtern der Vorzug gegeben wird, begründet sich jedoch nicht nur rituell, sondern auch ökonomisch, nämlich aufgrund der hohen Mitgiftforderungen, die eine Familie bei der Verheiratung von Töchtern erfüllen muss (vgl. Kapitel 6). In der städtischen Mittelschicht, in der rituelle Normen an Bedeutung verlieren, wird argumentiert, dass es vornehmlich die ökonomische und weniger die rituelle Notwendigkeit ist, mindestens einen Sohn zu gebären, da eine Familie mit zwei, höchstens drei Kindern es sich heutzutage nicht leisten kann, nur Töchter großzuziehen, deren Verheiratung ein Vermögen kostet. Die Chance, mit der Aufweichung religiöser und ritueller Normen sowie steigenden Bildungsmöglichkeiten den gesellschaftlichen Status von Frauen gegenüber Männern auszugleichen, scheint an der finanziellen Bürde der Verheiratung von Töchtern zu scheitern.

Möglicherweise ist aber die Betonung der ökonomischen Aspekte auch eher eine «sozial erwünschte» Antwort, denn in Statistiken werden erst an dritter Stelle wirtschaftliche Gründe bei der Bevorzugung der Geburt von Söhnen angegeben. Abgesehen vom gesellschaftlichen Status, Mutter eines Sohnes zu sein, fördert das emotionale Wohlbefinden von Frauen den Wunsch nach und die Bevorzugung von Söhnen. Wie noch gezeigt wird, ist die Beziehung zwischen Müttern und Söhnen im indischen «Familiendrama» von ganz besonderer Bedeutung. Möglicherweise ist diese emotionale Erfüllung durch Söhne eine Antwort auf Amartya Sens Frage,[4] warum Bildung und weibliches Mitspracherecht in Familienangelegenheiten nicht zu einem Rückgang der Abtreibung von Mädchen geführt haben. Im Gegenteil, in den Bildungsschichten Nordindiens ist die Geschlechterverteilung zwischen neugeborenen Mädchen und Jungen besonders ungleichgewichtig. Studien konnten zeigen, dass es weniger die Männer als Frauen in diesen Schichten sind, die weibliche Föten abzutreiben wünschen[5] (in den ärmeren Schichten oder Familien, in denen Frauen kaum Mitspracherecht haben, liegt die Entscheidung bei den Männern und Schwiegereltern). Frauen wollen Söhne, und gebildete Frauen der Mittelschicht, die nicht mehr als ein oder zwei Kinder großziehen möchten, können dank moderner Technologien bei der Familienplanung entsprechend nachhelfen, auch wenn die Geschlechtsbestimmung im Mutterbauch seit 1996 gesetzlich strafbar ist und Ärzten dafür hohe Gefängnisstrafen drohen (vgl. Kapitel 7).

«Mögest du die Mutter von 100 Söhnen sein» ist eine von vielen nordindischen Redensarten, die Mädchen und Frauen stets daran erinnern, dass ihr Geschlecht zweitrangig ist. In der heutigen Zeit sozialer Netzwerke übernimmt Facebook die Verbreitung derartiger Wertvorstellungen. So hat eine indische Bekannte im Frühjahr 2014 folgende Mitteilung auf Facebook gestellt: «Dein Sohn wird deine Hand nur für kurze Zeit halten, aber er wird dein Herz für immer halten. Wenn du einen Sohn hast, der dein Leben lebenswert macht, indem du einfach für ihn da bist und auf den du stolz bist, dann markiere diese Mitteilung mit der Gefällt-mir-Taste und teile sie.» Diese Mitteilung wurde in kürzester Zeit drei Millionen Mal geteilt und über 120 000 Mal mit «gefällt mir» markiert. Zwar werden Mädchen von ihren Müttern meist genauso wie ihre Brüder geliebt, wenn sie auf die Welt kommen, sie können aber niemals die Rolle eines Sohnes in der Aufwertung des Status der Mutter (und der Familie) erfüllen. Vidya, eine junge Frau aus Bhopal, die behütet und geliebt ohne Brüder aufwuchs, erzählt mit Stolz, dass ihr Vater vor anderen stets sagt: «Meine Töchter sind meine Söhne.» Ohne es zu bemerken, bringt sie zum Ausdruck, dass sie geliebt wird *wie* ein Sohn, *trotz* ihres Geschlechts.

Es ist in vielen sozialwissenschaftlichen Studien darauf verwiesen worden, dass die intensivste und machtvollste Beziehung in Indien die zwischen Mutter und Sohn ist. Die emotionale Erfüllung durch Kinder, insbesondere Söhne, die klaglose Opferbereitschaft der Mutter für die Familie sowie die fehlende Loslösung der Kinder vom Elternhaus fördern eine «Familiendynamik», die ich in meiner eigenen (indischen) Familie zur Genüge beobachten konnte: Mütter können eine beachtliche moralische Macht ausüben, insbesondere gegenüber

Söhnen, die sie ein Leben lang verhätschelt haben. Frieda Das bezeichnete dieses Verhältnis 1932 als «Mutterkomplex».[6] Der Psychoanalytiker und Schriftsteller Sudhir Kakar umschreibt den Konflikt, der aus dieser komplexen Mutter-Sohn-Beziehung entsteht, als «mütterliche Fesselung» (*maternal enthrallment*).[7]

Ein indischer Mann erlebt seine Mutter fast immer als «gute Mutter». Der Anteil der Männer, die ihren Müttern auf bewusster Ebene Abneigung, Angst oder Verachtung entgegenbringen oder von ihnen erfahren haben, ist in Indien verschwindend gering. Auch in der Kunst, in beliebten Bollywood-Verfilmungen, in den Autobiographien indischer Männer, in Geschichten und Legenden sowie in indischer Literatur verschiedenster Sprachen wird der gütige und beschützende Aspekt der Mutter voller Nostalgie und ohne die geringste Spur von Infragestellung hervorgehoben. Dieses idealistische Bild der «guten Mutter» ist allerdings eine größtenteils männliche Konstruktion, denn indische Töchter «sentimentalisieren» ihre Mütter nicht auf diese Weise. Für Töchter ist die Mutter keine anbetungswürdige Gestalt auf einem Sockel, sie ist eine irdischere Erscheinung – nicht immer gütig, aber ständig da.[8] Die emotionale Besitzergreifung von Söhnen und die maßlosen Forderungen, die an die Söhne gestellt werden, bei gleichzeitiger Überhäufung mit mütterlicher Liebe und Zuwendung, geben dem Sohn kaum die Möglichkeit der Rebellion und Befreiung. Der einzige Weg, der ihm bleibt, ist Idealisierung und Respekt, gepaart mit einer tiefen – dem Bewusstsein selten zugänglichen – Ambivalenz gegenüber ihrer bedrohlichen Sexualität.

Der Stolz der Mutter, einen Sohn geboren zu haben, zeigt sich beispielsweise auch darin, dass Frauen die Genitalien des kleinen Sohnes küssen, ihn verhätscheln, seine Großartigkeit hervorheben, seine Bedeutung im Leben der Schwester bzw. deren Abhängigkeit von einem Bruder betonen – all dies formt die Vorstellungen von Männlichkeit. In der Welt des Sohnes steht die Mutter für eine Weiblichkeit, die zugleich selbstlos und besitzergreifend, beherrschend ist.[9] Diese internalisierte Vorstellung machtvoller Weiblichkeit legt Strukturen an, in denen sich der zum Mann werdende Junge vor der Intimität der «allesverschlingenden Frau» schützen muss. Vereinfacht gesagt, erhält er die Integrität seines Selbst und seiner Maskulinität, indem er Kontrolle (über Frauen) ausübt. Die bewunderte und zugleich gefürchtete Macht der Mutter muss in Schach gehalten werden, um als Mann zu bestehen.

Auch die Mythen um die «Große Göttin» (*devi**) greifen auf die tief internalisierten, nicht-verbalen Kindheitserfahrungen machtvoller, umsorgender Mütter zurück.[10] Eine von Ann Grodzins Gold in den 80er Jahren aufgenommene (von Frauen mündlich erzählte) Geschichte aus Rajasthan (Nordwest-Indien) veranschaulicht diesen Konflikt von Söhnen und ihren Müttern:

«Sie (Shakti*) ging mit gefalteten Händen zu Brahma* und sagte, ‹heirate mich›. ‹Mutter, du bist meine Mutter, wie kann ich dich heiraten?› Sie antwortete, ‹du Arschloch!› Und sie schnitt seinen Kopf mit ihrem Diskus ab und verbrannte ihn. Dann ging sie zu Vishnu* und dasselbe ereignete sich. Schließlich ging sie zu Shankar (Shiva), der sich dachte, ‹sie hat meine beiden Brüder getötet. Wenn ich mich weigere, tötet sie auch mich. Sie ist meine Mutter, ich werde allem zustimmen und am Leben bleiben.› Er sagte, ‹natürlich heirate ich dich, aber erstmal beruhige dich. Ich heirate dich, aber zuerst musst du mir etwas versprechen.› Sie hatte drei Augen. ‹Gib mir das mittlere.› Also gab sie Shankar das mittlere. ‹Nun lass uns heiraten.› ‹Erst erwecke meine Brüder wieder zum Leben und die 33 Millionen Götter und Göttinnen und die 52 Bhairujis*, so dass sie alle die Hochzeit genießen können.› Also klatschte sie in die Hände und brachte Brahma und Vishnu ins Leben zurück und erschuf die Götter und Göttinnen und Bhairujis.»[11]

Diese Erzählung veranschaulicht, wie das Thema «Zerstörung – Verhandlung – Wiederherstellung» zu einem entscheidenden kulturellen Paradigma der Anerkennung weiblicher Macht und ihrer Kontrolle durch männliche Autorität wird. Es sind die Wiederholungen von spezifischen Themen – die weiblich-mütterliche Aggression in der hier zitierten Geschichte kommt in einer Vielzahl anderer Mythen zum Ausdruck –, die über gesellschaftliche Konflikte und Wertvorstellungen einer Kultur Zeugnis ablegen. Die aus dem Mutterkonflikt resultierende Notwendigkeit männlicher Kontrolle ist ein Thema, das sich wie ein roter Faden durch Indiens Kulturgeschichte zieht und, wie wir gesehen haben, auch im modernen Indien von großer Aktualität ist. Hinzu kommen die inzestuösen Wünsche der Mutter nach dem Sohn (und umgekehrt). Indiens Mythologie ist gespickt mit Geschichten der sexuell aktiven und somit gefährlichen Frau, die kontrolliert werden muss, um Machtverhältnisse im Gleichgewicht zu halten. Ich möchte hier zur Veranschaulichung eine weitere Geschichte erzählen, die dem uralten vedischen *Jaiminiya Upanishad Brahmana** entnommen ist:

Die Dämonin Dirghaijihvi – übersetzt «Langzunge» – tat nichts anderes, als Soma* zu lecken (eine ausgepresste, weißliche Flüssigkeit, vermutlich ein Pilz, die als Ritualtrank zu ekstatischen Zuständen geführt haben soll; die Assoziation von Soma mit Sperma braucht keiner weiteren Erläuterung).[12] Langzunges nicht endender Appetit für Soma gefährdete jedoch die kosmische Ordnung, da ohne Soma keine Opfer mehr durchgeführt werden konnten. Die Götter wollten das Soma für sich allein, und so wurde der gutaussehende Jüngling Sumitra von Gott Indra* (dem indischen Zeus) zu Langzunge geschickt, mit der Absicht, sie zu verführen. Sie schickte ihn nach Hause mit den Worten, «du hast nur einen Penis, ich aber habe Mösen an jedem Körperglied, an diesem Glied und an jenem Glied».[13] Als er von Langzunges Zurückweisung hörte, stattete Indra Sumitra mit einer Vielzahl an Penissen aus, um Langzunge befriedigen zu können. Diesmal hatte der Jüngling Erfolg. Einmal in sie eingedrungen, blieb er aber in ihr stecken (wie Rüden nach dem Sexualverkehr), so dass es für Indra ein Leichtes war, die Dämonin zu töten. So wurde das kosmische Gleichgewicht wiederhergestellt.

Langzunges Unzähmbarkeit, ihre ungewöhnlichen sexuellen Kräfte müssen von Indra, einem virilen Gott, der mit seinen Söhnen und Verehrern stets in sexuelle Kompetenzkämpfe verwickelt ist, kontrolliert werden, indem er sie tötet. Diese kurze, amüsante Geschichte einer Frau, die Vaginen am ganzen Körper trägt und sich paart wie die Hunde, thematisiert die Abwertung der sexuell aktiven Frau und gleichzeitig die Angst vor dieser weiblichen Lust. Ein in Nord- und Zentralindien verbreitetes Schimpfwort lautet «Penis deiner Mutter» und entstammt genau dieser düsteren, emotionalen Vorstellungswelt indischer Männer zur Mütterlichkeit. Frauen in der Phantasie mit einem Penis auszustatten ermöglicht Männern, die furchterregenden, weiblichen Genitalien (in Indien primär die der Mütter) zu leugnen.[14] Die humorvolle Bemerkung Wendy Donigers, dass Frauen und Dämonen gefährlich sind und dämonische Frauen am gefährlichsten,[15] macht auf die potenziell destruktive Macht aufmerksam, die (unabhängigen) Frauen und Göttinnen in der hinduistischen Vorstellungswelt zugeschrieben wird.

Diese Macht, die an die sexuelle Potenz von Frauen gekoppelt ist und eine starke Ambivalenz gegenüber der weiblichen Sexualität im heranwachsenden Sohn erzeugt, ist in sozialwissenschaftlichen Studien ausgiebigst behandelt worden. Sie ist eng mit der Ideologie von Reinheit und Unreinheit verwoben. Es ist die unreine, ungezähmte Frau (und Göttin), die mit ihrer *shakti** (Energie, Macht) die gesellschaftliche Ordnung, ja die Ordnung des Universums gefährdet. Sie kann dabei sowohl destruktiv als auch schöpferisch wirken. Rituelle Unreinheit ist jedoch selbst in ihren negativsten Ausformungen Ausdruck von Macht, und Macht (*shakti*) ist in der hinduistischen Vorstellungswelt das entscheidende Kriterium für Göttlichkeit. Entsprechend wird alles verehrt, das diese Macht hat.[16] Die Gleichsetzung des Heiligen oder Verehrungswürdigen mit dem Machtvollen und ihre gleichzeitige Untrennbarkeit von dem brahmanischen Konzept der Reinheit und Verunreinigung wurzelt in dem aktiven und schöpferischen Potenzial, das dem Prinzip der *shakti* zugeschrieben wird.

Shakti ist dabei keineswegs nur auf Weiblichkeit, also Frauen und Göttinnen, beschränkt, vielmehr ist es ein Schlüsselbegriff für das weibliche Prinzip. Aufbauend auf der Samkhya-Philosophie*, die sich zwischen dem 5. und dem 2. Jahrhundert vor Christus auszuformen begann und eine der sechs Schulen indischer Philosophie ist, bilden sich die zwei «Urprinzipien» aus *prakriti** (Natur) und *purusha** (Bewusstsein), wobei das dynamische, aktive Prinzip (*prakriti*) weiblich ist. Sie ist das Schöpferische, aus dem alles entsteht (anders als im europäischen Denken, wo das aktive Prinzip mit dem Männlichen assoziiert wird). Obwohl mit der weiblichen Sexualität und dem Prinzip der *shakti* sowohl Macht als auch potenzielle Gefahr und Gewalt verbunden werden, ist zu betonen, dass in der hinduistischen Mythologie (sexuelle) Aggression und weibliche Gewaltbereitschaft nicht notwendigerweise negativ bewertet werden. Das *Devi-Mahatmya** (5./6. Jahrhundert) belegt eindrucksvoll, dass die Bewertung sexueller Aggression stets kontextgebunden ist: Während im Durga-Mythos die Göttin Durga* mit ihrer *shakti* die Dämonen besiegt und die Ordnung der Welt wiederherstellt, verliert die Göttin Kali* aufgrund ihres unkontrollierten Siegestanzes die Kontrolle über ihre *shakti* und beginnt, die Ordnung des Universums ernsthaft zu gefährden.

Die Nähe zwischen Leben und Tod, Schöpfung und Zerstörung ist nicht zufällig: Die Notwendigkeit, die Ordnung des Universums zu erhalten und vor dem zerstörerischen Potenzial von Frauen (bzw. Göttinnen) zu schützen, basiert auf der kollektiven kulturellen Voreingenommenheit, dass die *shakti* der Frauen (bzw. Göttinnen) die der Männer (bzw. Götter) überragt. Es herrscht also in Indien ein kultureller Glaube, dass Frauen in ihrer Kraft, Moral und Unbezwingbarkeit den Männern letztendlich überlegen sind. Diese Vorstellung, die tief in der indischen Psyche verankert ist, bleibt oft ungesehen in Studien, die sich mit der bestehenden Ungleichheit zwischen Männern und Frauen in politischer und ökonomischer Hinsicht befassen. Im erwähnten Durga-Mythos erschaffen die Götter mit ihren versammelten Kräften die Göttin Durga, da nur eine Frau in der Lage ist, jenen Dämonen zu vernichten, der die Ordnung der Welt gefährdet – ein populäres Exempel für diese kulturelle Vorstellung von weiblicher Macht, die aber durch männliche Kontrolle kanalisiert werden muss. Auch Lindsey Harlan macht darauf aufmerksam, dass es in Perioden kosmischer Unordnung stets einer Göttin bedarf, um wieder Ordnung und damit Heil herzustellen.[17] Die Verbindung von ritueller Unreinheit und *shakti*, die mit organischen Prozessen (vor allem mit weiblichen Körperprozessen wie Menstruation, sexuellen Flüssigkeiten etc.) assoziiert wird, hat ein kulturelles Paradigma hervorgebracht, das bis heute zu starken Repressalien gegenüber Frauen führt, ihnen aber gleichzeitig ermöglicht, sich selbst als stark und machtvoll wahrzunehmen, insbesondere in ihrer Rolle als Mutter.

Während in unterschiedlichsten religiösen Texten des Hinduismus die Frau als Mutter mit ihrer Fähigkeit zu gebären stets große Verehrung genießt, werden körperliche Prozesse wie die Menstruation und der Körper, der gebiert, mit Ambivalenz betrachtet. Körperlichkeit in Form von Begehren, romantischen Gefühlen und Sexualität steht in hinduistischen Mythen meistens in Opposition zur Mutterschaft. So wird beispielsweise Radha*, Liebhaberin des Gottes Krishna*, stets mit der romantischen Liebe, aber fast nie mit Mutterschaft assoziiert. Als sie einmal doch gebiert (ein Ei), stößt sie es ärgerlich von sich und wird verflucht, ihr Leben lang kinderlos zu bleiben.[18] So wenig sich die Mutter ihrer Sexualität bewusst sein darf, so wenig darf die sexuelle Frau Mutter sein, was unmittelbar mit der ungelösten Bindung zwischen Mutter und Sohn in der indischen Gesellschaft zusammenhängt. Es gibt wohl kaum eine Kultur, in der weibliche Sexualität eine so beständige, potenzielle Bedrohung für die Integrität eines Mannes darstellt wie in der hinduistischen Tradition. Die Mutter-Sohn-Beziehung sieht eine emotionale Ablösung des Sohnes von seiner Mutter nicht vor und verwickelt beide in ein Abhängigkeitsverhältnis mit weitreichenden Konsequenzen. Zur Stabilisierung männlicher Integrität steht das Bild der respektablen, fürsorglichen Frau als «milchspendende Brust» an einem Ende der Skala, während die bedrohliche, unreine *Vagina dentata* (Vagina mit Zähnen) am anderen Ende der Skala die fragile Ordnung der Männer gefährdet. Anders ausgedrückt, der «mütterliche Fluss» ist gut, der «sexuelle Fluss» ist schlecht.[19]

Die emotionale Falle, in der sich Söhne wiederfinden, drückt sich auch in dem indischen Sprichwort aus, dass die Schuld gegenüber einer Mutter niemals zurückgezahlt werden kann.[20] Der Sohn bleibt sein Leben lang das Objekt mütterlicher Zuwendung, wobei ihm bereits in frühester Kindheit vermittelt wird, an seine Mutter grenzenlose Forderungen stellen zu können. Diese Grenzenlosigkeit gegenüber der mütterlichen Opferbereitschaft und Zuwendung führt in Indien sehr häufig zu einem männlichen Narzissmus, der untrennbar an die Idealisierung der Mutter gebunden ist.[21] Obwohl die Mutter als omnipotentes Selbstobjekt nicht nur von Söhnen, sondern genauso von Töchtern gefürchtet wird, können Töchter sich mit ihr geschlechtlich identifizieren und auf diesem Weg an der Macht der Mutter teilhaben, während Söhne sich mit ihr identifizieren, sich aber, wenn die geschlechtliche Unterschiedlichkeit zum Tragen kommt, von ihr lösen müssen. Wenn die Teilhabe an der Macht des mütterlichen Selbstobjektes nicht durch Identifizierung erlangt werden kann, muss sie mit anderen Mitteln erlangt werden: mit der Kontrolle von Frauen und weiblicher Sexualität.[22] «Sexuelle Macht bedeutet für viele Männer nicht nur sexuelle Kompetenz – also die Möglichkeit, sexuell aktiv zu sein –, sondern auch sexuelle Kontrolle.»[23] Erst die Idealisierung mütterlicher Zuwendung und weiblicher Selbstaufgabe, bei gleichzeitiger Kontrolle der (gefürchteten) weiblichen Macht, erlaubt dem Sohn, zum Mann zu werden. Das impliziert, dass ein Mann sexuell reif wird, ohne sich ganz von seiner tief internalisierten (unbewussten) weiblichen Identität lösen zu müssen.[24]

Diese kulturellen Kontexte des «indischen Familiendramas» führen dazu, dass indische Männer tendenziell ihre Unabhängigkeit von der Mutter unterdrücken, während Männer westlicher Kulturen eher ihre Abhängigkeit von der Mutter unterdrücken.[25] Auch macht sich die ungelöste Mutter-Sohn-Beziehung in der sehr viel offeneren Phantasie von Männern bemerkbar, weiblich sein zu wollen – eine Phantasie, der in der indischen Kultur mehr Raum zugestanden wird als in der westlichen Kultur. So kann der große Nationalheld Mahatma Gandhi problemlos verkünden, dass er geistig zu einer Frau geworden sei und dass es guten Grund für einen Mann gebe zu wünschen, als Frau wiedergeboren zu werden.[26] Mythen geschlechtlicher Wandlung, die Identifizierung bedeutender indischer Mystiker mit «der großen Mutter», Androgynität und transvestitische Phantasien sind in der hinduistischen Mythologie und Poesie sehr viel verbreiteter und weniger negativ besetzt als im Westen.

Die Macht der Frauen (und Göttinnen) und ihre rituell stärkere Unreinheit wird mit geschlechtsbedingten Körperprozessen begründet, da rituelle Unreinheit im Allgemeinen mit den organischen Prozessen des Lebens, so auch Geburt, Tod und Menstruation, assoziiert wird. Vorstellungen weiblicher Verunreinigung sind also von den physiologischen Prozessen im Körper der Frauen nicht zu trennen: Eine Frau ist rituell unrein, wenn sie menstruiert, wenn sie Geschlechtsverkehr hat und selbst im glücksverheißenden Moment der Geburt eines Kindes. Körperprozesse ritueller Verunreinigung und der Aspekt der erwünschten weiblichen Fruchtbarkeit und Gebärfähigkeit sind entsprechend zwei Seiten einer Medaille, die beim Mann Ambivalenz hervorrufen.

Zur Illustration ein Beispiel von vielen: Man weiß, dass es in der Geschichte Keralas (Südindien) matrilineare Vererbungslinien gegeben hat und die Bedeutung der Göttin und ihrer Macht (*shakti*) bis heute zentral im religiösen Leben Keralas ist. Wie auch im Nachbarland Tamil Nadu (bis ins 10. Jahrhundert war Kerala Teil der tamilischen Kultur) glaubte man, dass Frauen mit *ananku** (einer heiligen, sexuellen Kraft, einem Vorläufer des Konzepts der *shakti*) gefüllt sind, das von besonderer Wirkkraft während der ersten Regelblutung und der monatlichen Menstruation ist. Die Rituale für die Göttin Bhagavati*, die in ganz Kerala Verehrung genießt, sind gekoppelt an die Kräfte von *ananku* und dem weiblichen Menstruationszyklus.

Der weibliche Körper und die weibliche Sexualität wurden dementsprechend öffentlich zelebriert,[27] man glaubte, dass die besonderen (und gefährlichen) weiblichen Kräfte verehrt werden müssen, um kontrolliert werden zu können. Bis vor einem halben Jahrhundert wurde in Kerala die Menstruation der Erdgöttin mit dem Ritual *uccaral* gefeiert[28] – das Blut der Göttin, obgleich gefährlich, hatte eine glücksbringende Kraft, die Wohlstand brachte.

Nach brahmanischen Vorstellungen hingegen, die sich über die Jahrhunderte mit dem alt-drawidischen Konzept von *ananku* verbanden, ist Menstruationsblut verunreinigend, so dass menstruierende Frauen die Tempel in Indien während dieser Zeit nicht betreten dürfen, auch sollen sie sich in diesem Zeitraum von religiösen Ritualen fernhalten. Wie tief Frauen diese negativ besetzten Körpervorstellungen noch heute verinnerlicht haben, spiegelt sich in einer Facebook-Nachricht, die 2014, kurz vor dem großen Fest zu Ehren des Elefantengotts Ganesha*, gepostet wurde: «So viele Frauen nehmen kurz vor Ganesh Charturthi Medikamente, um ihre Menstruation zu verschieben, um an den festlichen Aktivitäten teilzunehmen, ohne zu begreifen, dass ihr Körper nicht unrein ist, Menstruation nicht verunreinigend ist. Gott wird niemals zornig auf etwas sein, das natürlich ist …».

Traditionell darf eine menstruierende Frau nämlich weder den häuslichen Altar (*puja-ghar**), einen Tempel oder andere heilige Orte besuchen noch Götterbilder berühren. Alles was mit ihr in Kontakt kommt, auch Menschen oder Speisen, ist verunreinigt. Obgleich jüngere Frauen diese Verbote weniger oder gar nicht beachten, sich teilweise darüber lustig machen oder darüber hinwegsetzen, vermeiden viele von ihnen den Kontakt mit den Göttern während dieser Tage. Diese tief verinnerlichte Ambivalenz gegenüber dem eigenen Körper, besetzt mit einem Gewalt- und Machtpotenzial, hat Paul Hershman mit einem Satz auf den Punkt gebracht: Das, was am schmutzigsten ist, ist am mächtigsten.[29] Der Umkehrschluss – dass das, was am reinsten ist, somit am schutzbedürftigsten ist – legitimiert in der hinduistischen Gesellschaft nicht nur, Jungfrauen und keusche Gattinnen unter männlichen Schutz zu stellen; auch der männliche Same – sein reinstes Körperprodukt – muss vor dem unstillbaren und aggressiven Verlangen der Frauen geschützt werden. Unzählige mythologische Geschichten, die den Samenverlust von Männern oder Göttern mit seiner körperlichen Schwächung gleichsetzen, verweisen auf dieses kulturelle Paradigma und geben Aufschluss darüber, warum sexuelle Enthaltsamkeit und Askese in der indischen Kultur eine so unvergleichlich hohe Anerkennung und gesellschaftliche Akzeptanz genießen. Interessanterweise wird in der traditionellen ayurvedischen Medizin die Gesundheit von Männern mit Macht – also Potenz – assoziiert (und der Markt ayurvedischer Produkte ist entsprechend ausgerichtet), die Gesundheit von Frauen dagegen mit ihrer Gebärfähigkeit, wobei es im letzten Jahrzehnt eine Verschiebung zu ayurvedischen Produkten für die weibliche Attraktivität gegeben hat.[30]

Mütterliche Macht und weibliche *shakti*, die Verehrung der Muttergöttin und die Existenz von Göttinnenkulten, korrelieren keineswegs mit dem Status von Frauen in der sozialen Realität, auch wenn Mutterschaft den Status einer Frau innerhalb der Familie und der Gesellschaft definitiv erhöht. Zwar können mit der rituellen Verehrung weiblicher Macht Rückschlüsse auf das Verhältnis zwischen den Geschlechtern gemacht werden, die Konstruktion des sozialen Geschlechts (*gender*) wird jedoch durch mehr als diese Faktoren bedingt (vgl. Kapitel 7).

In ihrer ursprünglich dominanten Rolle, Leben zu geben und Leben zu nehmen, verehrt als Beschützerin und Ernährerin und gefürchtet in ihrer Rolle, Tod, Krankheit, Dürre und andere Naturkatastrophen zu schicken, genießt die indische Muttergöttin insbesondere in Ritualen und Praktiken ländlicher Regionen Indiens bis heute große Verehrung: Als schützende Dorfgöttin, als Gruppe der sieben Mütter (*saptamatrika**), als kinderlose Pockengöttin, als Schlangengöttin etc. Auch in tantrischen Ritualen spielt die weibliche *shakti* eine dominante Rolle. Selbst die Aufnahme einer so gefürchteten Muttergottheit wie Kali in das Pantheon brahmanischer Göttinnen und die gegenwärtige Tendenz, ihre «wilden» Aspekte zu domestizieren, können ihre Funktion als Mediatorin zwischen Leben und Tod nicht verdecken: In der indischen Vorstellungswelt ist die Göttin die große Mutter, der Respekt und Verehrung bis hin zur Unterwerfung gewährt wird.

Diese Überhöhung der Muttergöttin bringt uns zu Quellen religiöser Macht von Frauen. Obgleich das Konzept weiblicher Askese im hinduistischen Kontext eigentlich nicht vorgesehen ist, gibt es (und gab es schon immer) eine große Zahl weiblicher Asketen (*sadhvi**), von denen sich viele «Nischenexistenzen» geschaffen haben. Einige haben hohen Status sowie lokale und überregionale Berühmtheit erlangt. Interessanterweise betrachten diese Frauen, die der Heirat und Familie entsagt haben, um spirituelle Ziele zu verfolgen, sich selbst überwiegend als «Mütter».[31] Asketinnen und weibliche Gurus werden als lebende Vorbilder idealer Mutterschaft verstanden, was bereits ihre Ansprache verrät: *mataji* (*ma/mata*) – Mutter. Eine der gegenwärtig bekanntesten weiblichen Gurus ist die südindische *Mata Amritanandamayi Devi* (geboren 1953), die von ihren Verehrern liebevoll *Amma* (Mutti) genannt wird. Diese kinderlose Asketin mit Millionen Anhängern im In- und Ausland umarmt täglich Tausende von Menschen und überträgt ihre Kraft auf diesem Wege. Eine weitere hochverehrte Asketin war Anandamayi Ma (1896–1982), die auch von Kamala Nehru und deren Tochter, der indischen Premierministerin Indira Gandhi, verehrt wurde. Sie gründete in der ersten Hälfte des 20. Jahrhunderts einen eigenen Ashram, der keiner traditionellen Abstammungslinie angegliedert ist und auch heute noch unter ausschließlich weiblicher Führung steht. Sie initiierte eigene Schülerinnen, sah sich selbst als Inkarnation der Göttin Kali und verweigerte die Anerkennung von Kasten. Anandamayi Ma, die mit zwölf Jahren verheiratet worden war, löste den Bund ihrer Ehe nicht, was ihr viel Anerkennung in der Bevölkerung brachte.[32] Wie viele weibliche Gurus vertrat sie den Weg der Hingabe (*bhakti**). Anthropologische Studien der letzten drei Jahrzehnte haben gezeigt, dass *bhakti* ein zentrales Element weiblicher Religiosität ist.

In der urbanen Mittelschicht Indiens hat sich in den letzten 20 Jahren eine neue Welle der *bhakti*-Religiosität verbreitet, in der, ähnlich wie im christlichen Protestantismus, die individuelle Kommunikation mit Gott und das persönliche Gottesverhältnis ins Zentrum religiöser Aufmerksamkeit gerückt werden. Die *bhakti*-Religiosität ermöglicht, ähnlich wie die Hinwendung zu religiösen Lehrern neureligiöser Bewegungen, einer wirtschaftlich starken Mittelschicht, die sowohl traditionsverhaftet als auch am stärksten von gegenwärtigen Globalisierungsprozessen betroffen ist, einen individuelleren Zugang zu ihren religiösen Traditionen ohne den Verlust der Gemeinschaft. Anandamayi Ma wurde zum Ende ihres Lebens in ganz Indien als große Mystikerin des 20. Jahrhunderts gefeiert.

Weitere Frauen, die über ihre religiöse Funktion als «Mutter» breite Verehrung genossen, waren Sri Sarada Devi (1853–1920), die Partnerin des berühmten Mystikers Ramakrishna, die stets als «heilige Mutter» angesprochen wurde, außerdem Mira Alfassa, genannt «die Mutter» (1878–1973), spirituelle Partnerin Sri Aurobindos,[33] sowie Sri Mataji Nirmala Devi (1923–2011), die Begründerin des Sahaja Yoga. Mächtige weibliche Gurus, deren Anhängerschaft in die Millionen geht, sind jedoch im Vergleich zu ihren männlichen Kollegen dünn gesät. Dies gilt auch in Bezug auf das Priesteramt: Die bedeutenden Tempel in Indien liegen fast ausschließlich in den Händen männlicher Priester und ihrer Familien. Allerdings gibt es auch hier Ausnahmen, wie beispielsweise der Schlangentempel *Mannarshala* (Kerala), in dem seit Generationen Frauen das prestigereiche Priesteramt ausüben.

Gelehrte weibliche Gurus, Priesterinnen, Asketinnen und Mystikerinnen sind kein Phänomen der Moderne, sie wurden in der vielfältigen Geschichte Indiens immer wieder bezeugt. Eine der bekanntesten ist Akka Mahadevi* (12. Jahrhundert). Sie gehörte der Virashaiva Bhakti-Bewegung an und zog auf der

Suche nach Gott nackt durchs Land. Ihre Nacktheit, ein für Frauen (nicht aber für Männer) unzulässiges Mittel der asketischen Praxis, soll viel Widerstand in der asketischen Gemeinschaft erregt haben. Sie forderte patriarchale Kritiker heraus, indem sie sich ihnen in ihrer Poesie mit ihrem Körper widersetzte: «Bruder, du wirst angezogen von der Schönheit dieser wogenden Brüste, dieser übersprudelnden Jugend. Ich bin keine Frau, Bruder, keine Hure.» In Karnataka, dem Bundesstaat ihrer Herkunft, wird sie als große Dichterin gefeiert, auch eigene Tempel sind ihr gewidmet.[34]

Eine Reihe weiterer berühmter Asketinnen, die ihren Platz im kulturellen Erbe gebildeter Inder haben, sind beispielsweise Mirabai (15./16. Jahrhundert), eine der am meisten verehrten «Poesie-Asketinnen» des nordindischen Raumes;[35] Andal, die vermutlich im 9. Jahrhundert lebte und die einzige Frau unter den zwölf *alvar**, Heiligen aus Südindien, ist;[36] dann Muktabai (13. Jahrhundert), berühmt als Heilige der Sant-Tradition;[37] und schließlich Lalleshvari, die im 14. Jahrhundert in Kashmir für ihre Poesie gefeiert wurde.[38]

Weitgehend unsichtbar bleibt hingegen die große Anzahl der weniger berühmten Asketinnen und Gurus, die dem häuslichen Leben von Ehe und Familie entsagt haben, wandernd durchs Land ziehen oder der Gemeinschaft dienen. Sie etablieren sich häufig in kleinen, lokalen Einzugsbereichen, wo ihnen ein Tempel gebaut wird und sie ihren Status als *mataji* (Mutter) in relativer Unabhängigkeit genießen können. Askese ist für diese Frauen, die überwiegend aus den unteren Gesellschaftsschichten stammen, oft der einzige Weg, grausamen Familienverhältnissen oder ihrer Verheiratung zu entfliehen. Viele von ihnen haben schwere Schicksale mit Gewalt und Armut durchlebt.

Da ist zum Beispiel Maheshwari, eine Frau von Mitte 60, die in Pondicherry (Südindien) seit über 30 Jahren unter einem imposanten Banyan-Baum lebt. Maheshwari stammt aus dem tamilischen Dorf Vitur, über Generationen waren Familienmitglieder Tempeldiener des bekannten Durga-Tempels im nahegelegenen Mailam, wo auch sie der Göttin diente. Sie wurde jung verheiratet, doch schon bald darauf ereignete sich ein schwerer Brandunfall, der ihre Hände und Füße verstümmelte. Maheswari ist es unangenehm, über dieses Ereignis zu sprechen, und es muss offenbleiben, ob es sich womöglich um einen Mitgiftanschlag handelte (vgl. Kapitel 6). Ihre Wunden entzündeten sich, so dass man sie heute, ohne Finger und Zehen, für eine Leprakranke hält, wenn man den Hintergrund ihrer Geschichte nicht kennt. Sie selbst glaubt, was ein Wahrsager ihr vermittelte: Sie sei als Tempeldienerin für die Göttin geboren worden und hätte niemals heiraten dürfen – der Brandunfall sei die Strafe der Göttin. Ihr Mann ließ sie mit zwei kleinen Söhnen allein, sie weiß bis heute nicht, ob er lebt oder gestorben ist. Deshalb trägt sie auch weiterhin ihren *tali**, eine besondere Kette, die als Symbol für eine verheiratete Frau gilt.

Als die Eltern starben, verließ sie mit ihren Kindern das Dorf und lernte Tempelgesänge (*paratam**), in denen Geschichten aus dem Epos *Mahabharata* besungen werden; damit verdiente sie sich auf Tempelfesten ihren Lebensunterhalt. Durch einen tragischen Unfall verlor sie ihren jüngeren Sohn, er lief während eines Tempelfests vor einen Bus. Schließlich erreichte sie mit ihrem älteren, damals etwa fünfjährigen Sohn den Banyam-Baum, der zu jener Zeit vernachlässigt mitten im Dschungel stand. Maheshwari erzählt, dass die Göttin sie gerufen habe. Anfangs hatte sie Angst gehabt, sich als alleinstehende Frau im Dschungel niederzulassen, und die Anwohner des nahe gelegenen Dorfes versuchten mit allen Mitteln, sie zu verjagen. Doch die Göttin habe sie beschützt, es sei ihr nie etwas passiert. Sie befreite den Baum von Termiten und begann der Göttin zu huldigen, von der sie sagt, ihr gehöre der Baum. Im Laufe der Zeit kamen Pilger, um sich von der Göttin segnen zu lassen und um die Erfüllung ihrer Wünsche zu erbitten, Männer wie Frauen. Auf die Frage, was über die Jahre anders geworden sei, antwortet Maheshwari: «Welche Veränderungen in den Dörfern passieren, kann ich nicht beurteilen, hierher aber kommen die Leute seit über 30 Jahren immer mit den gleichen Wünschen, beispielsweise einen guten Ehemann zu bekommen oder weil sie Kinder haben möchten.» Sie glaubt, die Kraft der Göttin helfe jedem, der mit der richtigen Hingabe zu ihr betet.

Im Verlauf der Jahre hat Maheshwari sich von den Spenden der Gläubigen eine kleine Hütte und einen soliden Tempel für die Göttin gebaut. Sie lebt sehr bescheiden von den Gaben der wenigen Pilger, die zu ihr finden, und ist der Überzeugung, es sei ihr Schicksal gewesen, der Göttin hier zu dienen. Selten verlässt sie ihren Baum. Sie sitzt in seinem Schatten und singt oder betet, fegt oder verrichtet Hausarbeit. Ihr Sohn ist inzwischen verheiratet und lebt in der Nähe, während sie weiter, bis an ihr Lebensende dem Baum und der Göttin dienen werde.

Frauen wie Maheshwari, die über ihre Religiosität einen Ausweg aus bedrückenden Lebensumständen gefunden haben und in ihrer neuen Position als religiöse «Mutter» Unabhängigkeit gewinnen, finden sich oft, wo Menschen aus sozial schwächeren Schichten leben. In einem Slumgürtel in Sangam Vihar (Süd-Delhi) wurde mir vor vielen Jahren während meiner Feldforschungen eine etwa 70-jährige, kleine, gedrungene Frau vorgestellt, die jeden Freitag von der Göttin Santoshi Ma* besessen wird, einer Göttin, die in den 70er Jahren über einen Kinofilm Popularität in ganz Nordindien gewann. Ihr bescheidener Tempel, in dem die alte Frau auch lebt, wurde mit der finanziellen Hilfe ihrer Verehrer und Verehrerinnen errichtet – fast ausnahmslos ärmere Frauen, Männer und Kinder. Die meisten Besucher, die sie respektvoll mit *mataji* ansprechen, kommen zu ihr, weil sie sich Heilung von Krankheiten oder Hilfe bei Familienstreitigkeiten versprechen. *Mataji* hört sich alle Probleme geduldig an, bindet den Besuchern ein gesegnetes Band um das Handgelenk und wickelt einige schwarze Körner *urad** in Zeitungspapier, die sowohl dem Schutz der Gläubigen als auch der Lösung ihrer Probleme dienen. An den Tagen ihrer Besessenheit kommt es vor, dass sie auf Gläubige einprügelt und diese beschimpft – Ausdruck der *shakti* der Göttin –, worauf die im Tempel anwesenden Menschen respektvoll die Hände falten und im Chor *jai mataji, jai mataji* («Heil dir, Mutter») rufen. Auffallend viele junge Mädchen aus dem näheren Einzugsgebiet zwischen 16 und 20 Jahren suchen ihren Rat und fasten für die Göttin, um einen guten Ehemann zu erhalten, sagt *mataji*.

Nach all den Jahren Dienst an der Göttin sieht sie sich in der Rolle der «guten Mutter», die der Gemeinschaft helfend zur Seite steht und ihr privates Leben zugunsten von Santoshi Ma aufgegeben hat. Täglich ist ihr kleiner Tempel gefüllt mit Menschen, die sie mit allem Nötigen versorgen und ihr eine Position innerhalb der Gemeinschaft geben, von der sie als Hausfrau und Mutter in den schweren Jahren zuvor nicht zu träumen gewagt hätte.

In ihren zugewiesenen Rollen als Tochter, Braut, Gattin, Schwester, Schwägerin bestehen zwischen Frauen unterschiedlicher Kasten, Klassen und Regionen erhebliche Unterschiede im Status und in ihrer Entwertung als Subjekt. In ihrer Rolle als Mutter hingegen – innerhalb der Familie und als spirituelle Leitfigur in religiösen Kontexten – gewinnen Frauen Status und Macht unabhängig von ihrer sozialen Position, Herkunft oder Kaste. Zunehmendes Alter und Mutterschaft sind, sofern eine Frau verheiratet und nicht verwitwet ist, ihr größter Schutz innerhalb ihrer Familie und in der Gesellschaft – emotional, psychisch und körperlich.

6. Gewalt: Mitgift und häusliche Brutalität

Wer Macht über andere hat, kann potenziell Gewalt ausüben. Gewalt von Frauen gegen Frauen ist in Indien ebenso Alltag wie männliche Gewalt gegen Frauen. Unterdrückende und entwertende Strukturen werden auch von Frauen reproduziert, und zwar über das Verhalten älterer – und damit innerhalb der Familie mächtigerer – Frauen, die unter diesen Strukturen als junge Menschen selbst gelitten haben. Üblicherweise sind es die gefürchteten Schwiegermütter und ältere Schwägerinnen in Großfamilien, die ihre Frustrationen an dem schwächsten Glied der Familie auslassen: der neu eingeheirateten Braut. Nicht umsonst werden die ersten Jahre nach der Eheschließung, die in westlichen Liebesheiraten gewöhnlich die besten sind, in Indien oft als die schwierigsten Ehejahre betrachtet. Für die Mehrheit junger Frauen, die in Großfamilien einheiraten, bedeutet Ehe nicht nur den Verlust des Elternhauses und ihrer vertrauten Umgebung,[1] sie müssen sich als Fremde auch in vollkommen neue Verhältnisse einpassen und werden nicht selten bis zur Geburt des ersten Kindes (und oft darüber hinaus) wie Dienstmädchen hin und her geschubst, insbesondere von den weiblichen Mitgliedern der neuen Familie.

Shobana, die in eine Großfamilie in Delhi einheiratete, erzählt: «Mein Mann schlägt mich nicht, aber er verhindert nicht, dass seine Schwestern das tun. Er hat mir gesagt, dass er mich nur geheiratet hat, weil seine Mutter das so wollte, damit sie jemanden bekommt, der den Haushalt macht.»[2] Ein 17-jähriges Mädchen der Kastenlosen, die ihre Schulbildung beenden möchte, meint: «Ich möchte nicht heiraten, ich möchte meine Träume erfüllen. Wenn ich heirate, muss ich tun, was die Schwiegereltern verlangen. Das heißt, kochen und sauber machen.»[3]

Auch weibliches Dienstpersonal in städtischen Haushalten und in der Landwirtschaft wird oft misshandelt – von Männern wie von Frauen –, dazu gehört auch sexuelle Gewalt. Ein Dienstmädchen wurde umgebracht, weil sie den Lippenstift ihrer Hausherrin ausprobierte; eine Hausbedienstete wurde für eine Woche ohne Essen eingesperrt, während das Ärzte-Ehepaar in Bangkok Urlaub machte; die Ehefrau eines Ministers der Bahujan Samaj Party* in Delhi folterte im November 2013 ihr Dienstmädchen Rakhi zu Tode, weil sie nicht gut genug putzte;[4] kastenlose Arbeiterinnen auf dem Land (insbesondere Nordindien) werden auf den Feldern und im Haushalt ganz selbstverständlich von hochkastigen Männern der Region vergewaltigt, die dies als ihr Recht betrachten (vgl. Kapitel 8). «Dalits sind darauf angewiesen, für die hochkastigen Landbesitzer zu arbeiten. Sie werden gezwungen, niedrige Löhne hinzunehmen. Wenn sie es nicht tun, werden sie vergewaltigt, einige sind auch getötet worden»,[5] resümiert eine Landarbeiterin. Frauen mit niedrigem Status – ob durch Kaste oder aufgrund ihrer Position in der Familienhierarchie – sind somit am meisten gefährdet, psychisch, emotional oder körperlich verletzt zu werden.

Macht in Indien ist nicht ausschließlich an die Kaste und das Geschlecht gebunden, sondern auch sehr eng an das Alter (vgl. Kapitel 5). Die in den Medien dominierenden Debatten über Vergewaltigung und sexuelle Gewalt verstellen ein wenig den Blick auf die ominösen Todesfälle von Frauen im «reproduzierfähigen Alter», also in der Zeit nach ihrer Verheiratung. Wie Debraj Ray und Siwan Anderson in ihren herausragenden Studien zu «fehlenden Frauen» herausgearbeitet haben, sterben in Indien jährlich mindestens 100 000 Frauen bei sogenannten «Feuerunfällen».[6] Diese so häufige Form von Haushaltsunfällen aufgrund offener Feuerstellen und Kerosinherde, in denen der Sari oder der Brust-Schal der in der Küche arbeitenden Frauen Feuer fängt, ist nicht selten kaschierter Mord an jung verheirateten Frauen, die nicht genug Mitgift in die Ehe gebracht haben. Und sehr oft sind Frauen der «neuen» Familie an den Schikanen beteiligt oder initiieren sie sogar. Es ist insofern nicht zufällig, dass sich die ersten Kampagnen der feministischen Bewegung Indiens gegen häusliche Gewalt in den 70er und 80er Jahren auf Mitgiftmorde und die Rolle der Schwiegermütter als Gewalttäter konzentrierten.[7] Aufschlussreich ist, dass das Tihar Gefängnis in Delhi seit knapp zwei Jahrzehnten einen speziellen Flügel für Schwiegermütter hat, genannt «*Saas-Nanand-Barrak*» (Schwiegermutter-Schwägerin-Baracke). Er ist hoffnungslos überfüllt. Dort finden sich Frauen, die in die emotionale und körperliche Ausbeutung junger Bräute oder in Mitgiftmorde verwickelt sind.

Die Bezeichnung «Mitgiftopfer» bezieht sich sowohl auf die körperliche Bedrohung als auch auf psychische und emotionale Gewalt gegenüber verheirateten Frauen, die nicht genug Mitgift (*dahej**) in die neue Familie gebracht haben. Misshandlungen von Frauen bis hin zu ihrer Ermordung sind Alltag in der Mittelschicht des städtischen Milieus (sehr viel weniger auf dem Land), insbesondere in Nordindien. Sie zählen zu den schlimmsten Formen häuslicher Gewalt und sind – was oft übersehen wird – ein Phänomen der Moderne. In Sozialstudien berichten Gewaltopfer immer wieder, dass die nicht eingelösten Forderungen nach Gütern, die als Mitgift versprochen wurden, ein Hauptgrund für körperliche Misshandlung seien.[8] Statistiken aus dem Jahr 2012 sprechen von über 100 000 registrierten Fällen körperlicher und psychischer Misshandlung junger Frauen («*cases of cruelty*»), die überlebt haben; sie belegen, dass oft die Schwiegermütter und Schwägerinnen der jungen Ehefrauen die Initiatoren dieser Grausamkeiten sind.[9] Die Selbstmordrate von Frauen, die die Torturen und Gängeleien der neuen Familie nicht länger ertragen, aber keine Möglichkeit haben, in ihr Elternhaus zurückzukehren, ist erschreckend hoch. «Ich kann nicht zu meiner Familie zurückkehren. Zurückzukehren bringt ihnen Schande. Ich habe eine Schwester, die verheiratet werden muss. Es wird schwierig werden, für sie jemanden zu finden, wenn ich zurückkomme. Die Leute würden mir vorwerfen, meinen Mann verlassen zu haben.»[10]

Durchschnittlich bringt sich ungefähr alle vier Stunden eine

Frau in Indien um, und viele «Unfälle» junger Bräute bleiben unaufgeklärt. (Es muss aber an dieser Stelle erwähnt werden, dass sich in Indien weit mehr Männer das Leben nehmen als Frauen, nämlich jährlich 160 000 im Vergleich zu knapp 100 000 Frauen.[11])

Oft werden junge Ehefrauen ermordet, um sie loszuwerden, denn dann kann mit einer zweiten Heirat eine zweite Mitgift eingefahren werden. Durchschnittlich wird allein in Delhi eine Frau pro Tag Opfer eines Mitgiftmordes, die Dunkelziffer ist nicht mit berücksichtigt. Schätzungen aus den 90er Jahren sprechen von mindestens 4000–5000 Mitgiftmorden pro Jahr indienweit;[12] 2010 wurden 8391 Fälle registriert (also alle 90 Minuten, ohne Dunkelziffer, NGOs in Indien beziffern die Zahl der Todesfälle dagegen auf mindestens 30 000). Offizielle Schätzungen von 2013 gehen von einem Mitgiftmord pro Stunde aus.[13] Mit anderen Worten, Mitgiftmorde und die Erpressung und Misshandlung junger Frauen wegen Mitgiftforderungen sind in den urbanen Zentren Nordindiens weiter signifikant im Steigen begriffen. Es gibt guten Grund für das Inkrafttreten eines Gesetzes, das die Polizei seit 1986 zwingt, bei angezeigter Gewalt oder dem Tod einer Frau, die weniger als sieben Jahre verheiratet ist, massive Nachforschungen anzustellen, um aufzuklären, ob Mitgift eine Rolle gespielt hat. Die meisten Fälle häuslicher Gewalt wegen Mitgiftforderungen werden von den Frauen allerdings nie polizeilich angezeigt.

Wie lässt sich das Ausmaß der Gewalt bei zu wenig mitgebrachter Mitgift in die Ehe erklären, und welche Frauen sind am stärksten gefährdet?

Das System der Mitgift basiert auf zwei Konstanten: der niedrigere Status der Brautfamilie im Vergleich zur Familie des Bräutigams und die Tatsache, dass Frauen traditionell üblicherweise keine unbeweglichen Güter (Land, Häuser etc.) erben können. In einer agrarischen Gesellschaftsordnung, in der Land und andere Immobilien stets an die Söhne weitergegeben wurden, ersetzen Mitgift und die Ausrichtung der Hochzeit gewöhnlich den Erbteil der Frau. Allerdings ist die Mitgift damit nicht der Besitz der eingeheirateten Braut, sondern gehört der Familie des Bräutigams und wird von den Familienältesten verwaltet. Nur der ganz persönliche Besitz einer Frau – traditionell Schmuck und Kleidung – unterliegt ihrer eigenen Kontrolle und wird entsprechend als *stridhana** von der Mitgift unterschieden.

Die Mitgift einer Braut der unteren Mittelschicht besteht heutzutage aus Haushaltsgegenständen und Möbeln, aus Bargeld, Gold und teuren Konsumgütern, beispielsweise Kühlschränke, Farbfernseher, Computer, Waschmaschinen und Motorräder. In der mittleren Mittelschicht bis oberen Mittelschicht kommt der Kauf eines Autos, einer Wohnung usw. oft noch hinzu. Die Familie der Braut verschuldet sich nicht selten über Jahre, um den Mitgiftforderungen nachkommen zu können. Der einseitige «Gabentausch» von der Familie der Braut zur Familie des Bräutigams kann Familien, die keine Söhne haben, aber mehrere Töchter standesgemäß verheiraten möchten, leicht in den finanziellen Ruin treiben. Selbst die Durchsetzung eines gesetzlichen Verbots der Mitgift (*Dowry Prohibition Act*, 1961) hat die hohen Mitgiftforderungen bei der Verheiratung von Mädchen nicht einschränken können, denn die Mehrheit indischer Familien ist der Überzeugung, dass ein Mädchen ohne eine große Mitgift keinen guten Mann bekommt. Hinzu kommt, dass der Umfang der Mitgift das Prestige der Brautfamilie zum Ausdruck bringt, so dass es für die meisten Familien nicht infrage kommt, ihre Tochter ohne Mitgift zu verheiraten.

Statt einer zu erwartenden Aufweichung der Mitgiftforderungen im Zeitalter der Moderne ist eine Verschärfung des Mitgiftsystems im städtischen Umfeld zu beobachten: Mit dem wirtschaftlichen Aufstieg der Mittelschicht und einer wachsenden Konsumhaltung ist der einseitige Fluss von Geld und Gütern von der Brautfamilie zur Familie des Bräutigams zu einem boomenden Geschäft aller Klassen geworden. Ökonomische Interessen im brahmanischen Allianz-Heiratssystem haben immer schon eine wichtige Position eingenommen, sie konnten die Familien in den wirtschaftlichen Ruin treiben und ließen Mädchen zu einer unerwünschten Last werden.

Die Ursprünge der hierarchischen Ungleichheit, bei der die Brautfamilie zum Geber und die Familie des Bräutigams zum Empfänger wird, sind komplex und werden häufig als eine Form der Abgrenzung der oberen Kasten gegenüber sozial schwächeren Schichten beschrieben – wobei niedrigere Kasten meistens keine Mitgift, sondern den Brautpreis kannten.[14] Es galt sowohl als Zeichen von Würde als auch hoher Kastenzugehörigkeit, für die Verheiratung der Tochter keine Gegengaben aus dem Hause des Bräutigams zu akzeptieren, denn Gegengaben könnten als ein Verkauf der Tochter (dem Brautpreis niedriger Schichten) gedeutet werden. Ironischerweise bewirkt diese ursprünglich noble Absicht, dem Verkauf der Braut entgegenzuwirken und somit die Ehre der Familie zu wahren, heute das Gegenteil. Sie hat zu einer weiteren Entwertung von Frauen geführt, indem ökonomische und statusgebundene Interessen über den Körper der Frauen verhandelt werden.

Statistiken des Home Ministry und eine Flut von Dokumentationen machen unmissverständlich klar, dass die Zahl getöteter junger Ehefrauen, die nicht genug Mitgift in ihre neu eingeheiratete Familie brachten, trotz der vielen Aufklärungskampagnen der letzten zwei Jahrzehnte weiter im Steigen begriffen ist.[15] Somit stellt sich die Frage, auf welche Weise der Entwertung der Frau entgegengewirkt werden kann und wie diese gesellschaftliche Haltung gegenüber Frauen, die von Männern und Frauen gleichermaßen vertreten wird, sich korrigieren lässt – und das fängt bei der Erziehung der Söhne an.

Zunehmende Gewalt gegen junge Ehefrauen hat auch damit zu tun, dass die Verheiratung in den Metropolen oft über anonyme Institutionen (wie beispielsweise Zeitungsannoncen) verläuft, statt über Reputationen aus dem Verwandtschafts- und Bekanntenkreis, so dass das Überprüfen des familiären Hintergrunds und Rufs einer Familie schwieriger wird. Das Wohlergehen der Braut in gänzlich fremden Familien ist damit immer weniger gesichert.[16] So wurde beispielsweise Pravartika Gupta in ihrem Schlafzimmer verbrannt, wo sie mit ihrer einjährigen Tochter schlief, weil ihre Eltern die Raten der versprochenen

15 000 englischen Pfund für ein Auto nicht schnell genug zahlen konnten.[17] Auch Fälle wie Monika, eine schwangere Frau aus Lucknow, die von ihrer Schwiegerfamilie erhängt wurde, oder Asma aus Muzaffarnagar, die zu Tode geprügelt wurde, weil die Mitgift nicht reichte, sind trauriger Alltag.

Die Gesetzeslage zum Schutz von Frauen ist in Indien ausgezeichnet: Immoral Traffic (Prevention) Act (1956), The Dowry Prohibition Act (1961), The Indecent Representation of Women (Prohibition) Act (1986), The Comission of Sati (Prevention) Act (1987), The Protection of Women from Domestic Violence Act (2005) und andere.[18] Die Umsetzung hingegen – vorurteilsfreie Hilfeleistung, Zugang zu Institutionen, Sorgfalt in der Dokumentation von Fällen – ist meistens so mangelhaft, dass Frauen entweder Jahrzehnte kämpfen müssen, bis ihnen Recht zugestanden wird, oder Täter und Täterinnen aufgrund der schlechten Beweislage nicht verurteilt werden können. Die Ignoranz institutioneller Autoritäten, die sich weigern, Familien am unteren Ende der sozialen Leiter wahrzunehmen und ihnen zu helfen, trägt maßgeblich zu der ungestraften Gewalt bei. Schutz in Indien haben nur diejenigen, die gut vernetzt und damit mächtig sind.

Wie Rajeshwari Sunder Rajan herausstellte, drücken die Mitgiftmorde und die Gewalt gegen Frauen als weitverbreitetes Phänomen die gesellschaftlich sanktionierte Gewalt gegen Frauen aus, die verstärkt wird durch die Ideologie der *pativrata*, also der Verehrung und Unterwerfung der Frau unter den Ehemann (vgl. Kapitel 3).[19] Allerdings sind Frauen auf dem Land oder in der städtischen Unterschicht sehr viel seltener Mitgiftopfer als Frauen der urbanen Mittelschicht, auch wenn sie in ihrer Sozialisation der Armut mehrheitlich körperlicher (insbesondere sexueller) Gewalt durch den Ehemann ausgesetzt sind. In den unteren Schichten und auf dem Land hält man sich bei Heiratsallianzen strikter an traditionelle Konventionen und greift stärker auf Reputationen aus dem Verwandtschafts- und Bekanntenkreis zurück, was stärkere Kontrolle und somit Schutz für die Frauen bedeutet.[20] Auch wurde festgestellt, dass

Ehen der unteren Schichten – entgegen allgemeiner Voreingenommenheit – oft egalitärer sind als die der konservativen Mittelschicht (sieht man von der häuslichen Gewalt einmal ab, der Frauen aller Schichten ausgesetzt sind).[21] Die Beziehung zwischen den Geschlechtern ist in den unteren Schichten eher auf Augenhöhe, weil Frauen zum Einkommen beitragen, sich sehr viel unabhängiger bewegen können und weniger den patriarchalen Reinheits- und Keuschheitsvorstellungen der oberen Kasten Folge leisten als Frauen der konservativen Mittelschicht.

Die meisten Frauen, die unsägliche häusliche Gewalt erfahren, ziehen nicht die Konsequenz, den Ehemann zu verlassen. Das gilt für Frauen der Mittelschicht in ökonomischen Abhängigkeitsverhältnissen, noch schwerer ist es für ungebildete Frauen der unteren Schichten, sich aus gewalttätigen Ehen zu lösen, denn sie brauchen den männlichen Schutz in einer Gesellschaft, die ihnen anderweitig allen Schutz versagt. Sie können sich nicht auf ein Rechtssystem verlassen, in dem Vertreter von Institutionen wie Polizei, lokale Dorfregierung (*panchayat*), Gerichte hochkastige Täter und Clan-Brüder decken und Menschen der untersten Schichten als gesellschaftlichen Abschaum betrachten. Sie wurden sozialisiert mit der Vorstellung, dass sie ohne den Schutz des Vaters, des Bruders, des Ehemannes übervorteilt und missbraucht werden, und haben im täglichen Leben oft auch solche Erfahrungen gemacht. Seema beispielsweise, eine einfache Frau aus einem Slum in Bhopal, die sich mithilfe eines Mikrokredits eine kleine Existenz aufgebaut hat, erzählt, dass sie natürlich allein zur Bank gehen könne, um für sich Geld abzuheben, aber lieber ihren Ehemann mitnehme, um sicherzugehen, dass sie ihr Geld von dem Bankangestellten auch ausgehändigt bekommt.[22] Es sind diese alltäglichen Kämpfe und die Angst vor sozialer Isolation, die Frauen der unteren Schichten sehr genau abwägen lassen, ob sie ihre Männer verlassen. Alleine zu leben oder mit einem anderen Mann bietet keine Garantie dafür, dass sich ihre Situation verbessert – trotz aller Gewalt, die diese Frauen in einer Ehe auszuhalten haben. Nicht viele haben den Mut, wie Saraswati, sich nach Jahrzehnten aus einer gewalttätigen Ehe zu lösen und sich ohne den Schutz eines Ehemannes ein eigenes Leben aufzubauen:

Saraswati wurde mit 16 verheiratet und zog aus einem nordindischen Dorf zu ihrem Mann nach Delhi. Mit dem Tag ihrer Ehe begannen die Schläge, weil sie nicht so viel *dahej* (Mitgift) mitgebracht hatte, wie erwartet wurde. Das machte sie in den Augen ihres Mannes wertlos. 23 Jahre ertrug sie die körperliche Gewalt und sagt heute: «Ich weiß nicht, was schlimmer ist, ohne ihn zu leben oder mit ihm gelebt zu haben.» Ihr Mann gab ihr keine Rupie, um den Haushalt zu führen. Oft hatte sie nicht einmal genug zu essen für sich und ihre Kinder, so dass sie begann, tagsüber heimlich zu arbeiten, um etwas dazuzuverdienen. Rückblickend staunt sie selbst, wie hart sie in dieser Zeit gearbeitet hat, um alle Pflichten zu meistern. Als der Ehemann herausfand, dass sie ohne sein Wissen außer Haus arbeitete, fragte er, ob sie ihn damit nun auch noch seiner Männlichkeit berauben wolle? Nach über 20 Jahren Ehe entschied Saraswatis Mann, in das Dorf seiner Eltern zurückzukehren. Sie weigerte sich mitzugehen, denn sie wollte ihren drei Kindern ausreichende Bildung ermöglichen, um ihnen das eigene Schicksal zu ersparen, und das konnte nur in der Großstadt gelingen. Er verließ sie, und Saraswati schaffte es allein: Sieben Tage die Woche arbeitete sie Vollzeit als Wächterin in einem Einkaufszentrum, managte den Haushalt, sorgte dafür, dass ihre drei Kinder pünktlich zur Schule kamen, etc.[23]

Wie tief patriarchale und besitzergreifende Denkstrukturen in der indischen Psyche verankert sind, zeigt sich auch daran, dass bis heute nur ein Drittel indischer Frauen das Recht hat, ohne Erlaubnis der Schwiegereltern oder des Ehemannes außer Haus zu gehen, etwa um Einkäufe zu erledigen. Auch besucht, Umfragen zufolge, nur ein Viertel der Frauen ihre Freunde und Familie selbständig, ohne vorher Erlaubnis einzuholen.[24] Dieser Indikator mangelnder Autonomie ist ein Durchschnittswert – die Bewegungsfreiheit von Frauen ist regional sehr unterschiedlich. Frauen in Nordindien sind weit stärker betroffen als Frauen der östlichen und südlichen Bundesstaaten.

Körperliche, sexuelle, verbale, soziale, ökonomische oder emotionale Gewalt, die über Jahre oder Jahrzehnte erduldet wird, beeinträchtigt Frauen zutiefst und nimmt ihnen das Vertrauen, auf eigenen Beinen stehen zu können. So sagte eine Mahar-Frau, die mit drei Kindern in einer gewalttätigen Ehe lebt: «Ich bleibe bei meinem Mann, weil man in unserer Tradition für immer mit dem Mann lebt. Ich habe manchmal Angst, dass die Götter mich strafen, wenn ich ihn verlasse. Aber ich bleibe auch, weil ich drei Kinder habe.»[25]

Finanzielle Abhängigkeit, die Zukunft der Kinder, Angst vor Vergeltung und weiterer Schikanierung, gesellschaftlich verankerte Haltungen gegenüber Heirat, Angst vor Armut, Angst, dass die Zukunft unverheirateter Geschwister beeinträchtigt wird, Angst vor sozialer Ausgrenzung und sozialem Stigma, das mit dem Scheitern der Ehe verbunden ist – all das lässt Frauen in unglücklichen und/oder gewalttätigen Ehen ausharren. Sie sehen ihre Situation allerdings nicht immer als Abhängigkeit und Hilflosigkeit, sondern treffen rationale Entscheidungen, nachdem sie alle Optionen gegeneinander abgewägt haben.

Studien zeigen, dass Frauen, die in einer Familie mit Gewaltverhältnissen aufwuchsen oder bereits als Kinder misshandelt wurden, mit größerer Wahrscheinlichkeit auch als Erwachsene in gewalttätigen Verhältnissen bleiben. Und je länger Frauen in gewalttätigen Ehen leben, desto unwahrscheinlicher wird es, dass sie sich aus ihnen lösen.[26] Die meisten Frauen, die ihre Männer schließlich doch verlassen, gehen erst dann, wenn die Gewalt auf die Kinder überspringt oder sie – so wie Saraswati – die Zukunft ihrer Kinder bedroht sehen. Fast nie geht es um sie selbst oder ihr eigenes Leiden. Für Opfer häuslicher Gewalt ist es oft schwierig zu lernen, unabhängig zu leben, denn ihnen wurde ein Leben lang vorgeschrieben, was sie zu tun haben, wie sie es zu tun haben und wann sie was zu tun haben.

Frauen in Gewaltverhältnissen sehen sich jedoch nicht nur – wie es so gern in den Medien und Sozialstudien dargestellt wird – als Opfer ihres Schicksals, oft sind sie beides in einer Person: duldsame Opfer und kraftvolle, selbstbestimmte Persönlichkeiten. Es ist erstaunlich, unter welchen Umständen Frauen – insbesondere Frauen aus ärmsten Verhältnissen – es schaffen, sich neue Lebenswelten aufzubauen. So entfesselte die heute 54-jährige Kalpana Saroj ihre Kräfte gerade wegen des Unrechts, das ihr als junger Mensch angetan wurde. Sie wuchs in einer Zeit und Region auf (Maharashtra), in der Mädchen, die bei ihren Eltern statt mit dem Ehemann lebten, als ein «Paket Gift» (*zeher ki pudiya*) betrachtet wurden. Sie wurde mit zwölf Jahren verheiratet und dann von der Schwiegerfamilie so geschlagen und ausgehungert, dass der Vater, der sie ein halbes Jahr nach der Heirat besuchte, sein Kind nicht wiedererkannte. Er nahm sie mit sich zurück in sein Dorf, wo das Mädchen von den Dorfbewohnern verantwortlich für das Scheitern der Ehe gemacht wurde: «Sie ist von der Schwiegerfamilie zurückgekehrt, bestimmt ist es ihr Fehler.» Kalpana versuchte, sich mit Düngemittel das Leben zu nehmen, wurde gerettet, entschloss sich, zur Schule zu gehen, und entschied – gegen den Willen der Familie –, allein in die Großstadt zu ziehen, um Geld zu verdienen. Es folgt eine sagenhafte Geschichte harter Arbeit und Disziplin. Eine Geschichte der Solidarität mit Menschen der untersten Schichten, mit denen sie über Kreditanleihen zunächst kleine Geschäfte aufbaute, sich gegen Drohungen bis hin zum Mord wehrte, beispielsweise indem sie sich einen Waffenschein besorgte, usw. Kalpana ist heute eine wohlhabende, erfolgreiche Geschäftsfrau, die rückblickend sagt, dass es auf ihrem Weg ebenso viele Unterstützer gab wie Kritiker, denen zufolge Frauen wie sie nicht in der Lage seien, irgendetwas zu erreichen.[27]

Studien zur häuslichen Gewalt gegen Frauen zeigen, dass Männer in Indien besonders dann handgreiflich werden, wenn Frauen die soziale Ordnung herausfordern: sich beispielsweise verbal zur Wehr setzen, der Essenzubereitung und anderen «weiblichen Pflichten» nicht gut genug nachkommen, sich nicht ausreichend um die Kinder kümmern, die Schwiegereltern nicht respektvoll genug behandeln oder nicht kontrollierbar sind, z. B. indem sie außer Haus arbeiten.[28] Gewalt als Form der Disziplinierung von Frauen ist so tief im Selbstverständnis verankert, dass nicht nur die Männer, sondern auch über 50% verheirateter Frauen zwischen 15 und 49 Jahren es richtig finden, geschlagen zu werden, wenn sie ihren häuslichen Pflichten nicht gut genug nachkommen.[29] Auch im UNICEF Report 2012, in dem Jugendliche befragt wurden, ob es rechtmäßig sei, eine Ehefrau zu schlagen, wenn sie ihre Pflichten vernachlässigt, stimmten 57% der männlichen Jugendlichen (15–19 Jahre) und 53% der Mädchen dem zu.[30] Volkstümliche Sprichwörter Nordindiens (wo der Status von Frauen niedriger ist und somit mehr Gewalt gegen Frauen vorherrscht als in den südlichen Bundesstaaten) spiegeln die Haltung der Gewaltanwendung: «Es ist besser, das Weibervolk unter dem Absatz eines Schuhs zu halten» (*randni jat khasdane tale rakhelij bhali*), sagt ein Sprichwort in Gurjarat (Nord-West-Indien) und ein anderes: «Gerste und Hirse verbessert man mit Salz, Frauen mit einem Stößelschlag» (*usi jawar bajri muse nar padhri*).[31]

Das Ausmaß häuslicher Gewalt ist bedrückend: Statistisch betrachtet, erlebt in Indien jede fünfte Frau ab 15 Jahren körperliche Gewalt, entweder durch ihren Ehemann oder andere Familienmitglieder,[32] wobei dies stark von Bundesstaat zu Bundesstaat variiert: Während in Himachal Pradesh (statistisch betrachtet) nur 6% Frauen häusliche Gewalt erleiden, sind es in Bihar 59%.[33] Diese regionalen Differenzen sind unter anderem damit zu erklären, dass Indien kulturell und sprachlich so facettenreich ist wie Europa, wo die Lebensverhältnisse zwischen Schweden und Süditalien ja ebenfalls stark divergieren. Die Weltgesundheitsbehörde (WHO) schätzt, dass weltweit 29 bis 62% der Frauen körperliche oder sexuelle Gewalt innerhalb der Familie und von Partnern erfahren.[34] Bedenkt man, dass Frauen in den meisten Fällen aus Scham – auch bei sich wiederholender Gewalt – mit niemandem darüber sprechen, kann davon ausgegangen werden, dass wohl eher der höhere statistische Wert gilt. «Das Problem in Indien ist», sagt eine Aktivistin eines Beratungszentrums für Frauen, «dass man in unserer Kultur alle Probleme in den vier Wänden seines Hauses belässt.»[35] Es ist sehr heikel, sich in häuslichen Unfrieden einzumischen, da dies als Familienangelegenheit bewertet wird, die niemanden etwas angeht. Private Wahrheiten werden in Studien meist nicht offengelegt. Es ist ein langer Weg, das Vertrauen derjenigen zu gewinnen, die über Generationen erfahren haben, dass sie emotional, psychisch und körperlich ausgebeutet werden und dass alles, was sie sagen, gegen sie verwendet werden kann. Oft haben Antworten die Tendenz, Erwartungshaltungen zu entsprechen.[36] Was Frauen tatsächlich denken, tun, erleben, kann in statistischen Erhebungen und Interviews somit erheblich von der sozialen Realität abweichen. Das sollte stets mitgedacht werden. Viele Frauen sind weit unabhängiger, auch in ihrem Denken, als sie zugeben mögen.

Häusliche und sexuelle Gewalt, die Millionen von Frauen als selbstverständlich erdulden und die entsprechend oft im Zentrum der medialen Aufmerksamkeit steht, darf allerdings nicht den Blick dafür verstellen, in wie vielen Ehen aller Schichten der Umgang miteinander liebevoll, unterstützend und harmonisch ist. Durch alle Kasten und Klassen lässt sich beobachten, wie Männer sich um ihre Kinder kümmern, ihre Töchter und Frauen verwöhnen, Arztbesuche mit den Kindern erledigen, mit ihnen spielen und eine ganz andere Präsenz im Familienleben zeigen als viele Väter westlicher Kulturen. Väter übernehmen nicht selten Aufgaben im Haus, geben dies aber nicht zu, um einen Gesichtsverlust zu vermeiden. «Mein Mann bringt mir jeden Morgen Tee und fegt das Haus, bevor er zur Arbeit fährt. Meine Nachbarn dürfen das niemals erfahren, sie würden sich darüber lustig machen», erzählt eine Frau der Mittelschicht in Delhi.[37] Und eine Dalit-Frau, die sich zur Sozialarbeiterin ausbilden ließ, sagte: «Mein Mann hat sich zeitweise von der Arbeit freigenommen, so dass ich alle Veranstaltungen besuchen konnte. Aber schon bald hat seine Familie ihn unter Druck gesetzt. Sie lachten ihn aus und stellten ihn als Mann infrage, weil er die Hausarbeit machte und sich um die Kinder kümmerte. Und ich wurde (im Dorf von den anderen Frauen) stigmatisiert. Ich war die Ehefrau, die ihren ehelichen Pflichten nicht nachkam.»[38]

7. Entwertung:
Die «fehlenden Frauen»

Besorgniserregend ist das Ausmaß der Brutalität, mit der viele Frauen in Indien behandelt und zugerichtet werden (vgl. auch Kapitel 10). Diese Unmenschlichkeit basiert partiell auf den tief internalisierten Haltungen einer seit Jahrhunderten horizontal in Kasten gespaltenen Gesellschaft. An dieser Stelle sollte nicht vergessen werden, dass Formen unmenschlicher Gewalt nicht nur Frauen, sondern ebenso Millionen von Männern der untersten Schichten widerfährt. Auch wenn Indiens Verfassung und sein Rechtssystem sehr progressiv sind, was oft übersehen wird, wenn über den Opferstatus von Frauen debattiert wird, so sind die über Jahrhunderte tradierten Feudal- und Kastenstrukturen mit verantwortlich, dass sich Schutz und gleiches Recht für Millionen Menschen am Rand der Gesellschaft oft nicht umsetzen lassen – was Frauen, Männer und Kinder gleichermaßen betrifft.

Die unmenschliche Brutalität des «In-die-Grenzen-Weisens», wenn das Kollektiv in seiner Ehrbarkeit verletzt wird, soll im Folgenden mit einem grauenvollen Beispiel aus der Perspektive der Täter kontextualisiert werden. Roshini, ein 15 Jahre altes Mädchen der dominanten Jat-Kaste in einem Dorf in Uttar Pradesh (Nordindien), brannte mit ihrem 20 Jahre alten Freund Brijendra durch, der der niedrigen Jadav-Kaste angehörte. Man erwischte sie. Brijendra und ein Freund, der dem Paar half zu fliehen, wurden an den Füßen aufgehängt, mit Stöcken zusammengeschlagen, ihre Lippen und Genitalien versengt, und im Morgengrauen wurden sie dann, gemeinsam mit dem Mädchen, erhängt. Als die Väter zusammenbrachen, die gezwungen wurden, ihre eigenen Kinder am Baum aufzuknüpfen, vollendeten andere Dorfbewohner die Tat.

«Es ist leicht für uns im Westen, in dieser abscheulichen Gewalt nichts anderes als Bestialität zu sehen und sie entsprechend zu verurteilen. Jedoch sind diejenigen, die diese grauenhaften Taten begingen, keine professionellen Mörder, sondern zweifellos friedfertige Bauern, die gewöhnlich nicht gewalttätiger sind als wir selbst», schreibt Robert Deliege. Die Ausbrüche solch bestialischer Gewalt, in denen sich das Kollektiv im Recht sieht, verweisen auf ein *systemisches* Problem im Selbstverständnis einer Gesellschaft, die Frauen, die sich außerhalb der ihnen zugeschriebenen Rollenbilder bewegen, grundlegend entwertet. Aus ihrer Sicht hatten die Dorfbewohner guten Grund, sich so grausam zu verhalten, überzeugt davon, dass sie das Richtige taten. So sagte einer der Dorfbewohner zur Polizei: «Wenn wir nicht so grob gewesen wären, wäre unsere gesamte Gemeinschaft geschändet worden. Niemand hätte mehr Jat-Mädchen aus diesem Dorf geheiratet.» Die Mutter des Mädchens, die darum bettelte, ihre Tochter am Leben zu lassen und dafür ihre Familie aus dem Dorf zu treiben und ihr Haus abzufackeln, bekam zur Antwort: «Sie ist nicht deine Tochter, sie ist unsere.»[1] Diese Reaktion bezeugt die Bedeutung des Kollektivs, auf die bereits in früheren Kapiteln eingegangen wurde. Das Kollektiv bestimmt die Regeln und ordnet das Zusammenleben. Nicht die Wünsche des Einzelnen, sondern der Konsens des Kollektivs – Familie, Kaste, Dorfgemeinschaft – zählt und wird notfalls mit äußerster Gewalt erzwungen, um die soziale Ordnung intakt zu halten.

Dabei darf nicht vergessen werden, dass Macht und Machtmissbrauch in Indien an sozialen Status, gesellschaftliche Positionen, Netzwerke und Alter gekoppelt ist, nicht immer und unbedingt an Geschlecht. Die hochkastige Frau hat höheren Status als ein Mann niedriger Kaste, eine ältere Frau innerhalb ihrer Familie ist mächtiger als ein jüngerer Mann derselben Familie. Frauen in Indien sind mit größerem Selbstverständnis in Führungspositionen – und werden in diesen Positionen weniger infrage gestellt als Frauen im Westen. Preetha Reddy etwa leitet seit über einem Jahrzehnt die größte Kette indischer Privatkrankenhäuser (Apollo); Kiran Mazumdar-Shaw ist Vorsitzende der großen Industriefirma Biocon; die größte Privatbank Indiens, ICICI Bank, wird von einer Frau geleitet, Chanda Kochhar;[2] Mamata Banerjee, Jayalalitha und Mayawati sind führende weibliche Minister in einflussreichen Bundesstaaten. Frauen in Führungspositionen werden respektiert.

Sind Frauen jedoch in machtlosen Positionen – ökonomisch abhängig oder verarmt, in der dienenden Rolle als junge Tochter, Braut oder Schwägerin, dann sind ihre Chancen, in einem gewaltfreien, gleichberechtigten Kontext zu leben, gering, denn viele Arten von Gewalt sind – nicht nur in Indien – geschlechtsspezifisch. Gewalt, die fast ausschließlich die Gesundheit, Sicherheit und das Leben von Mädchen und Frauen betrifft. Sprechen Siwan Anderson und Debraj Ray von über 25 Millionen «fehlenden» Frauen in Indien, so verweisen sie auf die Auswirkungen dieser geschlechtsspezifischen Gewalt.[3] Sie schätzen, dass pro Kalenderjahr über zwei Millionen Mädchen und Frauen in Indien sterben, die in anderen Lebenskontexten noch am Leben sein könnten.[4] Neben Mitgiftmorden und den meisten Fällen von häuslicher Gewalt (vgl. Kapitel 6) sind dies die Abtreibung weiblicher Föten, schlechtere Versorgung von Mädchen, Zwangsprostitution, der Handel mit «Sklavenbräuten» (*bonded brides*), Hexenjagden auf Witwen (vgl. Kapitel 4), Säureanschläge, um nur einige aktuelle Formen der Gewalt zu benennen, die das Leben von Frauen bedrohen und dazu beitragen, dass die Überlebenschancen vieler Mädchen und Frauen schlechter sind als die der Jungen und Männer. Die «fehlenden Frauen» Indiens sind eine Begriffsprägung des Ökonomen Amartya Sen, der bereits vor 25 Jahren mit seinem Aufsatz *More Than 100 Million Women Are Missing* (1990)[5] auf diese Missstände aufmerksam machte. Sie «fehlen», weil sie nie zur Welt kamen, schlechter versorgt wurden, extremer Gewalt unterlagen. Sie fehlen, obwohl weltweit gilt, dass Frauen tendenziell biologisch eine längere Lebenserwartung haben als Männer. Mit anderen Worten, auch wenn es regional in Indien erhebliche Unterschiede im Umgang mit Frauen gibt, haben Frauen in Indien in allen Lebensabschnitten – von ihrer Zeugung bis ins hohe Alter – weniger Überlebenschancen als Männer, was sich als eine über Generationen tradierte systematische Entwertung von Frauen deuten lässt.

Beginnen wir mit der selektiven Abtreibung weiblicher Föten. Es wird oft behauptet, dass die hohe Zahl «fehlender Frauen» in Indien auf der selektiven Abtreibung weiblicher Föten beruht. Diese Annahme ist ungenau. Während in China, das ein vergleichbar niedriges Verhältnis von Mädchen zu Jungen wie Indien hat, tatsächlich 37–45% der «fehlenden Mädchen» selektiv abgetrieben werden, was u.a. mit der chinesischen Ein-Kind-Politik zusammenhängt, machen selektive Abtreibungen in Indien «nur» 12% der fehlenden Frauen aus, das sind also ca. 180 000 Mädchen pro Jahr.[6] Es gibt nur einen von insgesamt 29 Bundesstaaten in Indien, nämlich den wirtschaftlich wohlhabenden Punjab (Nordindien), in dem die Mehrheit dieser «fehlenden Frauen» tatsächlich auf der selektiven Abtreibung weiblicher Föten beruht, nämlich 60%. Auch gibt es nur zwei Bundesstaaten – Haryana und Rajasthan –, in denen die Mehrheit fehlender Frauen entweder nie geboren wird (gut über 40%) oder im Kindesalter (bis 15 Jahre) stirbt.[7] Mit anderen Worten, das Fehlen von Millionen von Frauen in Indien beruht nicht, wie so oft behauptet wird, überwiegend auf selektiver Abtreibung und Vernachlässigung im Kleinkindalter, sondern die Gründe der niedrigen Sexualproportion sind vielschichtiger und regional sehr unterschiedlich ausgeprägt. Mit Ausnahme der genannten drei Bundesländer gilt für alle anderen Bundesländer Indiens, dass ihre «fehlenden Frauen» überwiegend im Erwachsenenalter sterben, wobei die drei südindischen Bundesländer Kerala, Andra Pradesh und Tamil Nadu die geringste «Sterblichkeitslücke» aufweisen – ein Indikator, dass der Status von Frauen in Südindien signifikant höher einzuschätzen ist als der nordindischer Frauen.[8]

Es ist auffallend, dass die Lücke zwischen den Geschlechtern am größten in wirtschaftlich wohlhabenden Regionen ist,[9] nämlich in den nordindischen Bundesländern Punjab und Haryana, die von zutiefst patriarchalen Clan-Strukturen geprägt sind. Dass ausgerechnet dort so viel mehr Mädchen als in anderen Bundesländern abgetrieben werden und in der Altersgruppe 0–5 Jahre sterben, verweist darauf, dass Mädchen und Frauen keine Wertschätzung beigemessen wird. Von den zehn Distrikten in ganz Indien mit dem niedrigsten Verhältnis von Mädchen zu Jungen lagen 1991 vier in Haryana.[10] Neue Regierungsprogramme zum Schutz von Mädchen versuchen derzeit in ländlichen Regionen mit der niedrigsten Sexualproportion einzugreifen, indem Familien finanzielle Unterstützung in Form von Konten, Anlagen und Versicherungen bei der Geburt eines Mädchens gewährt wird. Es bleibt abzuwarten, ob dieser ökonomische Anreiz in den ländlichen Gebieten hilft, das Missverhältnis partiell auszugleichen. Was an der Datenlage überrascht, ist die Tatsache, dass Mädchen aufgrund ihres Geschlechts (im Vergleich zu anderen Faktoren wie Armut) die geringsten Überlebenschancen in der traditionsverhafteten, aufsteigenden Mittelschicht Nordindiens haben und nicht, wie so oft vermutet, in verarmten Familien. Gebildete Mütter dieser frauenfeindlichen Regionen diskriminieren wirksamer gegen Mädchen als ungebildete Mütter derselben Region.[11] Viele Frauen der Mittelschicht werden dabei massiv von ihrer Schwiegerfamilie unter Druck gesetzt, wobei Frauen, die ökonomisch abhängig sind, oft weniger Autonomie und Entscheidungsmacht im Haushalt haben als berufstätige Frauen, und somit am stärksten genötigt werden, männliche Nachkommen zu produzieren.[12] Ökonomisch unabhängige Frauen, wie beispielsweise Mitu Khurana, eine Ärztin aus Delhi, die mit Zwillingsmädchen schwanger war, können notfalls den Schritt wagen, sich zu trennen. Mitu zog zurück zu ihren Eltern und leitete gerichtliche Schritte gegen ihre Schwiegerfamilie ein. Sie erzählt von einem Beamten, der ihren Fall aufnahm und ihr riet: «Du verschwendest deine Jugend und dein Leben. Gib ihm doch einfach einen Sohn.» Dazu meint Mitu: «Wenn ich als Ärztin so unter Druck gesetzt werde, wie ergeht es erst ungebildeten Frauen?»[13] Hier aber irrt sie: In armen und wenig gebildeten Familien werden weniger Mädchen abgetrieben als in den gebildeten, aufsteigenden Schichten, und zwar meist erst dann, wenn bereits mehr als zwei Kinder weiblich sind. In dem Fall liegt die Wahrscheinlichkeit, dass ein Mädchen in eine Familie geboren wird, dann nur noch bei 20%. Kulwant beispielsweise, Mutter von drei Töchtern (24, 23, 20) und einem Sohn (16), erzählte, dass sie nach der Geburt ihrer dritten Tochter noch dreimal mit einem Mädchen schwanger wurde, aber von der Schwiegerfamilie gezwungen wurde, diese nach der Geschlechtsbestimmung per Ultraschall abzutreiben. Als sie ein weiteres Mal schwanger wurde, wehrte sie sich. «Meine Schwiegermutter sagte, dass mein Mann mich verlassen werde, wenn ich wieder eine Tochter gebäre. Glücklicherweise wurde es dann ein Sohn.» Kulwant hat noch immer lebendige Erinnerungen an ihre erste Abtreibung und beginnt zu weinen: «Das Baby war fast 5 Monate alt. Sie war wunderschön. Ich vermisse sie und die anderen, die wir getötet haben.»[14]

Statistiken aus dem Punjab zeigen, dass die Diskriminierung gegen Mädchen in den Jat-Clans am schlimmsten ausgeprägt ist. Die Jats sind nicht-elitäre Landbesitzer, deren patrilineare Clans seit dem 20. Jahrhundert im Norden Indiens und in Pakistan teilweise erheblichen Einfluss auf die politische Klasse haben und stark im Militär vertreten sind. Insgesamt umfassen die Jat-Clans heute ca. 82 Millionen Menschen. In einigen Regionen des Punjab haben Jat-Familien heute ausschließlich Söhne: Mädchen werden dort nur in Familien der *scheduled castes* gefunden – also niedrigkastiger, oft verarmter Bürger.[15] Möglicherweise hängt die hohe Anzahl von Abtreibungen weiblicher Föten in solchen Familien auch mit Landbesitz zusammen: Land (und andere unbewegliche Güter) werden traditionell stets an die männlichen Erben weitergegeben, um den Besitz in der Familie zu halten, da Frauen das Elternhaus mit der Ehe verlassen. Bei nur einem, maximal zwei Kindern muss die Erbfolge gesichert werden. Seit 2005 gibt es einen Absatz im *Hindu Succession Act*, der Frauen und Männern gleiche Rechte einräumt, Land zu erben, auch wenn dieses Recht selten von Frauen beansprucht wird. Bemerkenswert ist somit nicht nur, dass das Geschlechterverhältnis in ärmeren Haushalten ausgeglichener ist als in der Mittelschicht, sondern auch, dass sich die größte Geschlechterdifferenz in der Altersgruppe 0–6 Jahre in Nord- und Nordwest-Indien findet, was das signifikante Gefälle bezüglich der Wertschätzung von Mädchen und Frauen zwischen Nord- und Südindien untermauert.[16]

Es wird oft übersehen, dass Frauen der urbanen Mittelschicht Nordindiens nicht nur von ihren Männern und Schwiegermüttern zur Abtreibung eines Mädchens genötigt werden, sondern oft selbst eine selektive Abtreibung wünschen bzw. initiieren. Die urbane Mittelschicht hat mehr Zugang zu privaten Kliniken mit Ultraschallausrüstung (und kann diese Untersuchungen bezahlen), und sie will heute meistens nicht mehr als ein oder zwei Kinder großziehen, bevorzugt Söhne. Also wird spätestens, wenn die zweite Schwangerschaft wieder ein Mädchen ist, abgetrieben. Anders als erwartet, tragen Bildung und Status von Frauen in nordindischen Bundesstaaten mit ihren tief patriarchalen Clan-Strukturen nicht zur Geburt von mehr Mädchen und somit zur Verbesserung der Geschlechterproportion bei; Entwicklung und Bildung scheinen hier kontraproduktiv zu sein, sie machen die Geschlechterdifferenz noch größer.[17]

Als Reaktion auf die zunehmenden selektiven Abtreibungen mit der Einführung von Ultraschallgeräten in der Schwangerschaftsvorsorge wurde die Geschlechtsbestimmung von Föten in ganz Indien 1994 gerichtlich verboten und unter hohe Strafe gestellt (Pre-Conception and Pre-natal Diagnostic Tecniques Act, PCPNDT Act, unter dessen Schutz auch Mitu Khurana juristisch gegen ihre Schwiegerfamilie vorging). Maharashtra war der erste Bundesstaat, der schon 1988 ein solches Gesetz erließ,[18] andere folgten, und heute kann man in jeder Frauenarztpraxis ein demonstratives Schild finden, auf dem steht, dass die Geschlechtsbestimmung per Ultraschall verboten ist. Das neue Gesetz war jedoch ohne Wirkung, es konnte die Abtreibung weiblicher Föten nicht eindämmen, und es kommt nur in Ausnahmefällen zur Verurteilung angezeigter Ärzte. Von 1000 Anzeigen wurden nur 83 Ärzte schuldig gesprochen,[19] denn es gibt viele Wege, das Verbot juristisch zu umgehen, indem der Arzt bei der Ultraschall-Vorsorge beispielsweise lediglich eine zuvor abgesprochene Handbewegung macht.

Statistisch betrachtet, kommen in Indien auf 1000 Jungen der Altersklasse 0–6 nur 914 Mädchen (Zensus von 2011), während es beim Zensus von 1901 noch 972 Mädchen waren.[20] Puducherry (Pondicherry) und Kerala sind die einzigen Regionen, die einen «Mädchenüberschuss» haben (1084 Mädchen auf 1000 Jungen für Kerala),[21] während Haryana und Punjab stets in der niedrigsten Klasse, nämlich der 800-Grenze, lagen (Zensusdaten von 1971 bis 2011). Es kann in bestimmten Regionen Nordindiens, in denen die Geburt eines Sohnes einen besonders hohen Wert hat, also von einer systematischen Vernichtung von Mädchen gesprochen werden. Schaut man sich Daten seit der indischen Unabhängigkeit an, stellt man fest, dass die Geschlechterkluft (gender gap) nie so groß war wie im Zensus von 2011 – trotz steigenden Wohlstands und deutlich sinkender Armut in weiten Teilen des Landes. In einem Gruppeninterview mit Hausfrauen in Allahabad (2013) waren die teilnehmenden Frauen einer großen Wohnkolonie der Mittelschicht sich einig, dass es in ihrem Umfeld keine Präferenz von Söhnen gebe. Als sie jedoch genau nachzählten, zeigte sich Nachdenklichkeit und Überraschung auf ihren Gesichtern: 80% der Kinder in ihrer Wohnkolonie waren Jungen.

Insbesondere seit den 90er Jahren verbreitert sich die Kluft zwischen den Geschlechtern in vielen Regionen Nordindiens beständig weiter[22] und in zum Teil alarmierendem Ausmaß: In einigen Dörfern Nordindiens sank die Anzahl der Mädchen auf bis zu 25% aller Kinder im Dorf.[23] Wenn selektive Abtreibungen «nur» 12% der «fehlenden Frauen» ausmachen und ein großer Teil dieser Abtreibungen in Regionen Nordindiens stattfindet, wodurch sterben dann die übrigen fehlenden Frauen? Wie begründet sich die Geschlechterkluft? Die Sterblichkeit von Mädchen und Jungen bis fünf Jahre ist – wie zu erwarten – prozentual am höchsten in den von Armut betroffenen Bundesstaaten Madhya Pradesh, Orissa, Uttar Pradesh und Rajasthan. Mindestens die Hälfte der Mädchen unter fünf Jahren stirbt an Infektionen und Krankheiten, die mit Medikamenten und Impfungen leicht zu bekämpfen wären, und ein großer Teil junger Frauen stirbt während der Geburt. Faktoren also, die an Armut und mangelhafte hygienische Umstände gekoppelt sind.[24]

Dass jedoch in allen untersuchten indischen Bundesstaaten (mit Ausnahme von West Bengalen) stets mehr Mädchen als Jungen sterben, ist auf die Haltung von Müttern (und Vätern) zurückzuführen: Töchter in wirtschaftlich schlecht gestellten Familien werden von ihren Müttern oft weniger und kürzer gestillt als Söhne, sie werden im Krankheitsfall meistens später ärztlich versorgt, ihre Ernährung als Heranwachsende ist schlechter usw., so dass sie bei Krankheiten weniger Abwehrkräfte und Reserven haben oder Hilfe schlicht zu spät kommt. Gewöhnlich sind es die Frauen, die die Kinder versorgen und die für sich selbst – mit der gleichen internalisierten «Zweitrangigkeit», mit der sie ihre Töchter benachteiligen – nicht mehr als die Essensreste in Anspruch nehmen, die übrig bleiben, nachdem alle Männer der Familie gegessen haben. Bei der Essensverteilung in den Familien, insbesondere dort, wo wenig Nahrung zur Verfügung steht, werden Männer und Jungen also stark bevorzugt. Selbst in Bundesländern wie dem Punjab, der agrarwirtschaftlich sehr wohlhabend ist, nehmen Frauen, die täglich 15 Stunden harte körperliche Arbeit verrichten, nur zwei Drittel der Kalorienmenge zu sich, die Männer bekommen, die vergleichbar hart arbeiten.[25] Über längere Zeiträume trägt auch dies zu einem niedrigeren Sterbealter von Frauen bei. Vergleicht man die aktuellen Daten in Indien mit Daten aus den USA um 1900, so war das Geschlechterverhältnis in den USA vor 100 Jahren ungünstiger als in Indien oder China heute.[26] Dies lässt den Schluss zu, dass steigender Wohlstand, Bildung, bessere Ernährung und bessere medizinische Versorgung in weiten Teilen Indiens die Geschlechterkluft signifikant verringern können.

Was passiert aber in den tief patriarchalen Regionen wie dem Punjab und Haryana, in denen Mädchen systematisch abgetrieben und vernachlässigt werden, dort also, wo dann junge

Frauen im heiratsfähigen Alter fehlen? Wird ihr Status aufgrund der hohen Nachfrage steigen und zu einer Verbesserung der systematischen Entwertung von Frauen beitragen? Leider scheint das nur partiell der Fall zu sein. Frauen aus Kerala (das einzige Bundesland neben dem Unionsterritorium Puducherry, das einen Frauenüberschuss hat) werden an Männer in Haryana verheiratet, die keine Partnerin finden, wobei die Männer nicht selten einen Brautpreis zahlen müssen, statt eine Mitgift von der Brautfamilie zu bekommen. Die Männer müssen Land besitzen oder einen sicheren Job haben. Wie ergeht es diesen Frauen in der Fremde? «Die Männer hier erlauben Frauen nicht, außer Haus zu arbeiten. Sie dominieren ... Frauen hier können sich nicht sicher fühlen. Sie werden belästigt und manchmal angegriffen. Wo ich herkomme, können Frauen sicher in der Gegend umherlaufen», sagt Sreeja, die aus Kerala kommt. So wie Omna, deren Mann, ein Farmer, zwölf Jahre nach einer Braut suchte, bis er schließlich eine Frau aus Kerala heiratete. «Die Mädchen in Kerala essen Reis, wir essen Fladenbrote. Sie benutzen Kokosöl zum Kochen, wir haben das nicht. Sie essen Fleisch, wir sind Vegetarier. Ich habe ihr das alles klargemacht, bevor wir geheiratet haben.»[27]

Frauen wie Sreeja oder Omna, die 2000 Kilometer entfernt von ihrer Heimat leben und eine Intercaste-Heirat eingehen, weil in ihrem kulturellen Umfeld und dem ihres Mannes keine Partner zu finden sind, haben im Vergleich zu Hunderttausenden «Sklavenbräuten» Glück gehabt. Entwicklungen, über die kaum berichtet wird, legen Zeugnis ab von einem florierenden Handel mit solchen *bonded brides* und anderen Formen sexueller Ausbeutung von Frauen, die in den Punjab und nach Haryana gelockt, verkauft, verschleppt werden. Wie konnte es zu einer solchen Entwicklung kommen? Der Mangel an Frauen und der signifikante Überschuss an Männern im heiratsfähigen Alter korreliert mit einer davon unabhängigen Entwicklung in diesen auf Agrarwirtschaft angewiesenen Landstrichen: fehlende Arbeitskräfte auf den Feldern und auch in den Handwerksbetrieben. Dies betrifft nicht nur Agrarländer wie den Punjab, sondern viele Regionen Indiens. So vergammeln in Himachal Pradesh ganze Obsternten an den Bäumen, in Goa gibt es nicht genug Handwerker usw. Partiell ist das auf die 2006 in Kraft getretene «100-Tage-Regelung» (NREGA Gesetz) zurückzuführen, die der verarmten Landbevölkerung (offiziell sind dies bis zu einem Viertel der Gesamtbevölkerung Indiens) 100 Tage von der Regierung bezahlte Arbeit garantiert (vgl. Kapitel 9). Viele Männer und Frauen der ärmsten Segmente der Bevölkerung, die früher gezwungen waren, als billige Agrarkräfte in andere Bundesländer auszuwandern, um Geld zur Versorgung ihrer Familien in ihre Dörfer zurückzuschicken, kommen nicht mehr oder für kürzere Zeiträume, weil ihre minimalen Bedürfnisse über die 100-Tage-Regelung abgedeckt sind. Arbeiter und Arbeiterinnen in der Landwirtschaft sind nun während der Erntezeiten kaum zu bekommen und mit steigender Nachfrage teurer geworden. Dies hat in den frauenfeindlichen, auf Agrarwirtschaft angewiesenen Regionen Nordindiens dazu geführt, Feldarbeiterinnen aus den ärmsten Regionen Indiens zu kaufen, die gleichzeitig als Sex-Objekte missbraucht werden.

Diese jungen, unerfahrenen «Sklavenbräute» ohne Schulbildung und ohne Netzwerke werden mit falschen Versprechungen, oft Heiratsversprechen, aus ihrer Heimat mit den gleichen Methoden weggelockt wie Mädchen, die in die Prostitution verkauft werden. Einmal in den Händen der Mittler, sehen sie ihre Familien nur in den seltensten Fällen wieder. In Haryana gibt es für solche Mädchen inzwischen eine eigene Bezeichnung: *paro** («von anderswo») oder *molki** («gekauft»). Man verkauft sie gegen einen «Brautpreis» an landbesitzende Familien, die sie primär für die Bestellung der Felder erwerben, als *bonded farm labourers*.[28] Es ist keine Zuspitzung, diesen Handel mit Menschen als modernen Sklavenhandel zu beschreiben. «Die reichen Großgrundbesitzer (*zamindars*) behalten die Frauen gewöhnlich nicht für sich selbst, denn diese werden aufgrund ihres niedrigen Status von den lokalen *panchayats* (Dorfräten) nicht als legale Heiratspartner akzeptiert»,[29] berichten Aktivisten. Das hindert diese reichen Familien jedoch nicht, sie sexuell auszubeuten. Gewöhnlich werden die gekauften Bräute von den Großgrundbesitzern mit ihren Arbeitern verheiratet und sowohl von ihren neuen Ehemännern als auch den Großgrundbesitzern und ihren männlichen Familienangehörigen sexuell missbraucht. 66% der Familien, die in diese Formen des Frauenhandels involviert sind, kommen aus den Jat-Clans.[30]

Die Mädchen sind kulturell entwurzelt, haben kaum eine Möglichkeit des Kontakts mit ihrer Familie zu Hause. Wer sind sie und wo kommen sie her? Wieso gelingt es den Schleppern immer wieder, Mädchen, aus oft denselben Dörfern, in die Sklaverei zu schleusen? In Lakhimpur, einem verarmten Distrikt des Bundesstaates Assam (Nordostindien), bekannt für seine Teeplantagen, verschwinden geschätzte 40 Mädchen jeden Monat spurlos. Illegale Agenturen in Delhi und Mumbai arbeiten mit lokalen Schleppern zusammen (Männern wie Frauen), die inzwischen bis zu 10 000 Rupien pro Mädchen verdienen (ca. 150 Euro, was in diesen Regionen sehr viel Geld ist). Den jungen Mädchen werden über diese «Vertrauenspersonen», die oft aus ihrem oder einem benachbarten Dorf kommen, Arbeitsplätze, eine gute Heirat, hoher Lohn, ein Leben in der Stadt oder schlicht eine Reise in die Großstadt versprochen. 75% aller Opfer dieses illegalen Menschenhandels werden mit angeblichen auf sie wartenden lukrativen Jobs hereingelegt.[31] Fast jedes Dorf im Distrikt Lakhimpur kann eine Geschichte über verschwundene Mädchen erzählen.

Safeera Khatoon, deren Tochter Shanu seit 2010 verschollen ist, erzählt: «Shanu war gerade 16, als Haseena Begum, die damals in unserem Dorf lebte, mich bat, sie mit ihr nach Delhi zu schicken. Ich weigerte mich, weil ich von anderen Mädchen gehört hatte, die nach Delhi gingen und nie wieder zurückkamen. Aber eines Tages nahm Haseenas Schwester meine Tochter mit zu Haseena und von dort hat Haseena sie nach Delhi gebracht.»[32] Safeera ging mehrfach zu Haseenas Haus, bekam aber nie eine Antwort auf ihre Fragen. Die örtliche Polizei weigerte sich, eine Anzeige aufzunehmen. Rabia, einem Mädchen aus dem Dorf Lukumpur, gelang es, nach vier Jahren zurückzukommen. Sie war 15, als Anita Beg, eine lokale Schlepperin, ihr eine Reise nach Delhi schmackhaft machte. Sie wurde vergewaltigt, körperlich misshandelt und als verkaufte Arbeitskraft in Delhi, Mumbai, Ahmedabad und Chandigarh ausgebeutet. «Jeder hier weiß es. Meine Mutter hat große Erniedrigungen hinnehmen müssen. Niemand wird mich nun heiraten», sagt sie mit gebrochener Stimme. «Ich habe mich nicht wirklich erholt, mein Unterleib schmerzt ständig. Ich habe Angst, nie wieder gesund zu werden.»[33]

Die Schließung zahlreicher Teeplantagen zwischen 2005 und 2010, die viele Familien im Distrikt Lakhimpur in bittere Armut führte, machte es lokalen Schleppern einfach, den Mädchen ein besseres Leben vorzugaukeln. Lakhimpur ist nur ein Beispiel von vielen, wie es dazu kommen kann, dass trotz der Rechtslage (beispielsweise Artikel 23 der indischen Verfassung, der Immoral Traffic Prevention Act von 1986 etc.) Hunderttausende junge Frauen in Indien noch immer in die Sklaverei verschwinden; oft steckt die örtliche Polizei mit den Schleppern unter einer Decke. Der Aktivist Kailash Satyarthi, der 2014 den Friedensnobelpreis bekam, sagt, «das Strafrecht macht es der Polizei nach Paragraph 370 und 370(A) des IPC zur Pflicht, nicht nur die Fälle verschwundener Mädchen aufzunehmen, sondern auch die Handlungen lokaler Schlepper und der Agenturen unter die Lupe zu nehmen.»[34] Meistens jedoch unternehmen sie nichts.

Aufgrund der komplexen Kasten- und Clanstrukturen können Menschen niedriger Kaste und Menschen in Armut (beides korreliert oft) keine institutionelle Hilfe für sich in Anspruch nehmen. Lokale Institutionen wie Polizei und Politiker decken die Schlepper in den Regionen, aus denen die Mädchen verschwinden, und auch die Großgrundbesitzer werden gedeckt, weil für alle Beteiligten entweder viel Geld im Spiel ist oder sie aus derselben Kaste stammen, sich also für die Rechte der verarmten Bevölkerung nicht verantwortlich fühlen. Es dominieren feudalistische Strukturen: Recht und Unterstützung bekommt, wer Macht hat. Wer trotzdem rebelliert und sich auf die Rechtsgrundlage des Staates verlässt, wird mit zum Teil unmenschlicher Gewalt bis hin zum Mord in seine Grenzen gewiesen (vgl. Kapitel 8). Es ist für Außenstehende oft schwer, diese Verhältnisse einzuordnen und zu verstehen, warum der Staat dabei versagt, seine Strukturen durchzusetzen, so dass Millionen von Menschen trotz einer eigentlich guten Rechtslage keinen Rechtsschutz haben.

Die sexuelle Ausbeutung kastenloser und niedrigkastiger weiblicher Arbeitskräfte im ländlichen Indien war und ist eine soziale Realität, die sich auch in dem Begriff *karewa* widerspiegelt; er wird in der Jat-Kaste für die sexuelle Beziehung mehrerer Männer zu einer Frau benutzt.[35] Die soziale Akzeptanz von *karewa* findet sich in der Folklore und in lokalen Sprichwörtern Nordindiens, *karewa* hat also eine lange Tradition.[36] Der Trend, Sklavenbräute – *paro* oder *molki* – zu erwerben, ist die moderne Variante von *karewa*, und es gibt keine Anzeichen dafür, dass sich dies – wie auch die Verschleppung junger Frauen in die Prostitution der Metropolen – in Bälde ändern wird.

Das so komplexe und regional divergierende Phänomen der «fehlenden» Frauen wie auch der in Sklaverei und Prostitution verschleppten Frauen ist schwer zu durchdringen. Wichtig ist zu unterscheiden, welche Faktoren eher durch Armut bedingt sind und welche Faktoren trotz Bildung und Wohlstand zu aktiver und bewusster Benachteiligung, Gewalt, Ausbeutung und Tötung von Mädchen und Frauen führen, insbesondere im nordindischen Raum.

Die Lücke, die zwischen den Geschlechtern klafft, ist in Bezug auf Ernährung, Gesundheitsversorgung, Bildung weltweit nach wie vor erschreckend breit. Von 133 auf Geschlechtergleichheit untersuchten Ländern (2013) belegt Indien den niederschmetternden Platz 101.[37] Die Weltgesundheitsorganisation (WHO) bezeichnet geschlechtspezifische Gewalt gegen Frauen als eines der größten Gesundheitsrisiken für Frauen weltweit. Die weibliche Opferrolle, die auch in westlichen Kulturen viel und gern hervorgehoben wird (Frauen als Opfer von Gewalt, als Opfer des Schönheitsideals, der biologischen Uhr, der gläsernen Decke, der Tradition, der Werbung etc.)[38] blendet jedoch Frauen als selbstbewusste und selbstbestimmte Persönlickeiten aus, auch in Kontexten der Ungleichheit und schlimmster sozialer Umstände.

Möglicherweise muss die feministische Bewegung ihren Ansatz, Frauen stets zu Opfern zu machen, neu überdenken. Nicht nur sind Frauen, wie gezeigt wurde, genauso wie Männer Initiatoren von Gewalt gegen Frauen und tragen zur Zementierung frauenfeindlicher Strukturen bei, auch der Ansatz, Frauen zu entmündigen, indem ihnen stets die Opferrolle zugewiesen wird, macht sie zu bedauernswerten Objekten, nicht zu handlungsfähigen Subjekten. Frauen, die in für uns unvorstellbaren Situationen zurechtkommen müssen, schaffen sich indessen oft Nischen der Solidarität und Nischen, die ihnen informelle Macht geben, auch wenn diese oft nicht gesehen werden. Als ein erster Schritt der Emanzipation steht diesen Frauen unser Respekt zu, indem wir ihre Lebenskontexte, Werte und Entscheidungen wahrnehmen. Es muss der politische Wille geschaffen werden, diesen Frauen Entwicklungsmöglichkeiten in öffentlichen Gremien und in der lokalen (wie auch überregionalen) Politik zu geben (vgl. Kapitel 9), denn eines wird bei der Vielfalt der heute zugänglichen Daten immer deutlicher: In den Ländern Südasiens, in denen Frauen am wenigsten in Parlamenten vertreten sind, sind die Indikatoren für einen positiven sozialen Wandel am niedrigsten.[39] Gewalt gegen Frauen einzudämmen und Möglichkeiten einer Aufwertung ihres gesellschaftlichen Status zu schaffen, lässt sich mit der aktiven politischen und ökonomischen Partizipation von Frauen im öffentlichen Leben am nachhaltigsten durchsetzen.

8. Vergewaltigung: Dominanz und Unterwerfung

Nach der brutalen Gruppenvergewaltigung von Nirbhaya protestierten im Dezember 2012 und den darauf folgenden Monaten Hunderttausende auf den Straßen Indiens, und die internationale Presse stand Kopf. Schon einmal, 1979, hatte eine überregionale Protestwelle gegen die Gewalt, der Frauen ausgesetzt sind, das Land überzogen. Auch diese Welle wurde durch eine Vergewaltigung ausgelöst, ein als *Mathura Rape Case* gut dokumentierter Fall: 1972 vergewaltigten zwei Polizisten ein 16-jähriges Mädchen in der Polizeiwache und machten das Opfer hinterher dafür verantwortlich. Sie wurden 1979 vom Obersten Gericht freigesprochen, was die landesweiten Proteste auslöste. Der Mathura-Fall wurde zu einem Wendepunkt der indischen Frauenbewegung, indem sie die Rechte von Frauen, Unterdrückung und Themen der Gewalt ins öffentliche Bewusstsein rückten.

Und trotzdem: 40 Jahre nach Mathura, als die Menschen wegen Nirbhaya auf die Straße gingen, tötete sich zur selben Zeit ein 17-jähriges Mädchen im Punjab mit Pestiziden. Wie Nirbhaya war sie Opfer einer Gruppenvergewaltigung geworden. Was sie in den Tod trieb, war die Indifferenz und Feindseligkeit der Polizei und anderer Institutionen bei ihrem Bemühen, die Täter anzuzeigen. Das Mädchen gab an, während des *diwali**-Festes von zwei Männern entführt und auf einem Feld in einem Pumpenhaus vergewaltigt worden zu sein. Nasib Singh, Polizeikommissar der Region, nahm ihren Fall gar nicht erst auf, sondern wurde zum ungefragten Vermittler, «die Sache» unter den Familien «zu bereinigen». Das Mädchen war am 19. Dezember mit Unterstützung ihrer Familie und Mitgliedern des Dorfrats zur Polizei gegangen, aber ihr Fall wurde erst am Tag nach ihrem Selbstmord registriert. Man hatte die Familie unter Druck gesetzt, sich mit den Familien der Täter zu einigen, und Mutter und Tochter gedroht, dass sie der Prostitution beschuldigt würden, wenn sie nicht kooperierten. Die Familien der Täter – verheiratete Männer – boten der Mutter des Opfers als Ausgleich für die Tat Geld für die Mitgift an, um die Tochter zu verheiraten und die Sache zu vergessen. Es waren diese Einstellungen und Erniedrigungen, die das Mädchen in den Tod trieben – die Aussichtslosigkeit, dass etwas gegen die Täter unternommen werden würde.[1]

Geschichten wie diese sind keine Ausnahme, sondern Alltag vieler Vergewaltigungsopfer. Auch wenn in Indien nicht häufiger vergewaltigt wird als anderswo auf der Welt (siehe weiter unten), werden Mädchen und Frauen in Kulturen wie Indien als Antwort auf die Tat mehrheitlich verantwortlich gemacht, beschämt, verachtet und bedroht, also ein zweites Mal traumatisiert und dazu gesellschaftlich isoliert. Eine junge Frau in Banda (Uttar Pradesh, Nordost-Indien), die von einem Politiker vergewaltigt wurde, landete im Gefängnis, weil sie es wagte, ihren mächtigen Peiniger anzuzeigen. Ein Mädchen aus Ranchi (Jharkand, Nordost-Indien) starb bei der Geburt des Kindes, das ihr Vergewaltiger gezeugt hatte – keiner der Dorfbewohner kam zur Beerdigung oder unterstützte die Familie.[2] Die Mutter eines 12-jährigen Mädchens wurde zu Tode geprügelt, als sie versuchte, ihre Tochter vor Belästigung zu schützen.[3] In Rajasthan wurde Bhanwari Devi, eine niedrigkastige Frau, von einer Gruppe Männer vergewaltigt, weil sie sich gegen eine Kinderheirat stellte und diese verhinderte. Während ihres einsamen Kampfes für das Recht wurde sie von Polizei und Justiz wiederholt erniedrigt, in ihrem Dorf wurden sie und ihr Mann über Jahre geächtet.[4]

Die meisten Mädchen und Frauen, die Opfer einer Vergewaltigung in Indien wurden, können Geschichten erzählen, in denen sie weder Schutz noch Empathie oder Unterstützung erhielten. Vergewaltigungen werden auf Polizeistationen nicht registriert, Beweismaterialien werden nicht sorgsam aufgenommen, die Frauen erhalten keinen Schutz, wenn Täter sie weiter bedrohen, das soziale Umfeld macht das Mädchen (mit-)verantwortlich für die Tat, Gerichtsprozesse dauern bis zu zwei Jahrzehnte.[5] In konservativen Kreisen werden die Opfer oft für die Beschmutzung der Familienehre verantwortlich gemacht, sozial isoliert, teilweise sogar mit den Tätern zwangsverheiratet, da kein anderer Mann sie mehr «nehmen» würde. Es geht selten um die Person, das Subjekt, die junge Frau und ihr Leiden, sondern um Ehre und Reinheit, die (nicht nur in Indien) über den Körper von Frauen verhandelt wird. Abgesehen von der Scham und Entwertung, die vergewaltigte Mädchen und Frauen erdulden, müssen sie in Regionen, in denen Kaste und feudale Machtstrukturen den Alltag der Menschen bestimmen, um ihr Leben fürchten, wenn sie es wagen, die Hierarchien infrage zu stellen, indem sie die Tat öffentlich machen. Dennoch gibt es immer mehr junge Frauen – insbesondere Dalits und (sogenannte) Stammesangehörige, die am häufigsten Opfer von Vergewaltigungen werden –, die sich aktiv zur Wehr setzen. Ihnen ist es zu verdanken, dass diese und andere Fälle an die Öffentlichkeit kommen. «Es verändert sich etwas in den Dalit-Gemeinschaften», sagt Brinda Karat, die der *All India Democratic Women's Association* vorsteht. «Es sind die jungen Dalit-Mädchen, die den Status quo herausfordern, anders als ihre Eltern noch vor zehn Jahren.»[6] Viele mutige Opfer leben über Jahre in Angst vor Vergeltung; manche, wie Imarti Bai Uike, bezahlen mit ihrem Leben dafür, dass sie sich gegen mächtigere Täter wehren.

«Hier haben sie Mama getötet», sagt deren 17-jährige Tochter. Ihre Familie kommt aus einem der «Stammesgebiete» der *Gond** in Madhya Pradesh (Mittelindien), Imarti war die Hauptverdienerin der Familie und versorgte fünf Kinder. Sie wurde erschossen, weil sie sich weigerte, die Anzeige der Vergewaltigung ihrer Tochter zurückzuziehen, weil sie für die Würde und das Recht ihrer Tochter kämpfte. Die Täter waren bekannte Kriminelle aus dem Umfeld des Dorfes, die sich mit Gewalt aus den umliegenden Dörfern nahmen, was sie brauchten, und bei Gegenwehr Ernten verbrannten, Frauen vergewaltigten und

Menschen töteten. Imarti kannte die Gangster, sie war schon einmal polizeilich gegen sie vorgegangen, als sie ihre ältere Tochter entführt und für 50 000 Rupien an einen Mann in Rajasthan verkauft hatten. Mit der Verhaftung des Täters nach der Vergewaltigung ihrer zweiten Tochter wurde die Familie von den Gangstern Nacht für Nacht bedroht, ohne polizeilichen Schutz zu bekommen. Die Drohungen jagten der Nachbarschaft so viel Angst ein, dass diese sich von Imarti und ihrer Familie distanzierten. Statt Beamte zu schicken, riet die Polizei Imarti lediglich, Fenster und Türen zu verschließen. «Aber wir haben nicht einmal Türen und Fenster», sagt ihre 17-jährige Tochter. «Mama bekam Angst. Hier hilft niemand niemandem.» Nach der Ermordung der Mutter hieß es in Polizeikreisen in Betul, die Tochter sei gar nicht wirklich vergewaltigt worden. «60–70% der Vergewaltigungsfälle sind gar nicht wirklich welche», behauptet Polizeihauptmann Solanki. «Die jungen Stammesmädchen gehen zur Arbeit außer Haus, leben mit Männern zusammen und sagen dann, sie wären vergewaltigt worden; oder sie brennen mit einem Mann durch, kommen zurück und zeigen die Männer wegen Vergewaltigung an.»[7]

Die entwertende Haltung und die Apathie der Polizei in Vergewaltigungsfällen, ganz gleich ob auf dem Land oder in der Stadt, ist eine der größten Herausforderungen für Indien, wenn hier strukturelle Veränderungen bewirkt werden sollen. Sensibilisierungsprogramme in speziellen Polizeischulungen werden bereits seit 2001 auf Einladung der Polizei von NGOs durchgeführt.[8] Für ein Umdenken reicht das aber nicht. Frauen, die in die zweite Kategorie fallen, also nicht mit der reinen, guten Mutterbrust assoziiert werden, sondern mit der unreinen, schlechten Vagina, wird unterstellt, dass sie «es» herausfordern und selbst schuld sind, wenn sie belästigt und vergewaltigt werden. Solche entwertenden Vorstellungen sind tief verankert und weit verbreitet. Raju, ein 45-jähriger Migrant der Unterschicht in Delhi, hat zu den steigenden Vergewaltigungszahlen und dem Status von Frauen in Indiens Metropolen Folgendes zu sagen:

«Die Wurzel des Problems sind die Frauen selbst. Der Spiegel meiner Riksha sagt mir alles, was die jungen Frauen und Männer da hinter meinem Rücken machen. Sie sind bereit, mehr zu bezahlen, weil sie Liebe machen wollen. In meinem Dorf in Uttar Pradesh trägt meine Frau ihren *ghungat** sogar vor meiner Mutter. Nun stellen Sie sich mal vor, jemand, der mit solchen strengen gesellschaftlichen Regeln aufwächst, kommt nach Delhi, wo die Frauen ihre Körper zur Schau stellen und die Männer mit ihrer Kleidung provozieren – was wird er tun? Man möchte anfangs wegschauen, aber wenn dir jemand eine Frucht auf einem Tablett anbietet, wirst du diese Einladung ausschlagen? Mädchen in Delhi sind wie Mangos. Was machst du mit der Frucht? Du isst sie, du saugst sie aus, du wirfst sie weg. Diese Frauen werden benutzt und über-benutzt. Manchmal haben sie zehn Freunde. Wie kann man Vergewaltigungen in einer solchen Situation verhindern? Die Diskussionen werden von den Eliten geführt, und darauf beschränkt es sich auch. Alle diese reichen Leute, die im Fernsehen sprechen ... wenn die Spaß haben wollen, dann können sie es sich leisten, eine Frau zu mieten und in ein Hotel zu gehen. Wo geht der arme Mann hin?»[9]

Obwohl sich das Bewusstsein in Indiens Gesellschaft gegenwärtig stark wandelt, ist Rajus Einstellung weit verbreitet. Sie unterscheidet sich grundsätzlich nicht von der Haltung vieler Polizisten, die mit Vergewaltigungsopfern umgehen, oder der fünf Männer, die Nirbhaya am 16. Dezember 2012 in einem fahrenden Bus vergewaltigten (siehe unten). Dieser Mangel an Respekt gegenüber Frauen, die der eigenen Vorstellung von «respektablen Frauen» nicht entsprechen, findet sich bei Indern aller Schichten, die in einem konservativen Milieu der Geschlechter-Ungleichheit aufgewachsen sind. Jede Frau, die nicht in die vorgegebenen Rollenbilder passt, ist potenziell eine Hure. Innerhalb der Polizei gibt es so große Vorbehalte gegen Frauen, die Vergewaltigungen zur Anzeige bringen, dass aufgrund ungenügender Beweisaufnahmen nur ein Viertel bis maximal ein Drittel angezeigter Vergewaltigungen zu einer Verurteilung führt:[10] Beweisaufnahmen der Polizei sind meistens ungenügend, Anzeigen (*First Information Reports*, FIR) werden, wenn eine Frau niedrigkastig ist, gar nicht erst aufgenommen, insbesondere auf dem Land.

Eine zweiwöchige Undercover-Aktion von Journalisten im Einzugsbereich Delhi (Versteckte Kamera, April 2012), mit der die Haltung von Polizisten gegenüber Vergewaltigungsopfern offengelegt werden sollte, brachte zutiefst verstörende Ergebnisse hervor. Stets wurde das Opfer verantwortlich gemacht: wegen ihrer Kleidung, weil sie einen Freund hat, weil sie eine Bar besucht, weil sie Alkohol trinkt, weil sie mit Männern arbeitet, auf Partys geht, Geld erpressen will usw. «Wenn Mädchen ihre Grenzen nicht wahren, wenn sie keine angemessene Kleidung tragen, dann führt das natürlich zu Interesse. Dieses Interesse macht Männer aggressiv, verleitet sie, es zu tun», lautet der Kommentar eines höheren Polizeibeamten aus Greater Noida (Nordost-Delhi). Die Mehrzahl der Polizisten vertritt die Haltung, dass tatsächliche Vergewaltigungsopfer nicht zur Polizei kämen, weil sie sich viel zu sehr schämen würden. Nur diejenigen mit «loose morals», also schlechtem Charakter, würden Anzeige erstatten. «Wenn eine Frau bis spät nachts im Büro arbeitet, dann braucht sie sich nicht wundern», oder «Wenn sie einen Freund hat, mit dem sie Sex hat, soll sie sich nicht beschweren, wenn seine Freunde mitmachen wollen», sind Bemerkungen von Staatsdienern, die in der Metropole des Landes Vergewaltigungsopfern helfen sollen. Frauen aus den verarmten Segmenten der Gesellschaft seien nur auf Geld aus, und wenn der Mann nicht zahlt, werde es als Vergewaltigung dargestellt. Frauen der oberen Segmente der Gesellschaft seien «leichte Mädchen», forderten sexuelle Übergriffe also heraus: «Diese Mädchen aus reichen Familien, die gehen mit jedem, der Geld hat, für 1000, 2000, 3000 Rupien.» [11]

Mit solchen Vorurteilen wird die Haltung von Polizisten erklärlich, nach der angeblich fast alle angezeigten Vergewaltigungen vorgetäuscht würden. «Nur 10% sind wirkliche Fälle»,[12] ist eine Einstellung, die in Polizeikreisen geläufig ist. Man traut

Vergewaltigungsopfern nicht und solidarisiert sich mit den Tätern. Auch wenn es natürlich Polizisten gibt, die professionelle und einfühlsame Haltungen vertreten, ist die stärker verbreitete Meinung, dass Vergewaltigungen nicht passierten, wenn die Frauen nicht «provozieren» würden.[13]

An dieser Stelle muss wiederholt werden, dass in Indien nicht häufiger vergewaltigt wird als in vielen anderen Ländern. So schlimm sich das anhören mag, das eigentliche Problem in Indien ist nicht die Zahl der Vergewaltigungsfälle im Vergleich zu anderen Nationen: In Südafrika geschehen, statistisch betrachtet, die meisten Vergewaltigungen weltweit, nämlich geschätzte 500 000 pro Jahr, das ist jede dritte Frau. Das eigentliche Problem in Indien ist ein gesellschaftliches, nämlich der Umgang mit den Opfern und die entsetzliche Brutalität, mit der Frauen insbesondere in Gruppenvergewaltigungen zugerichtet werden wie im Fall Nirbhaya.

Laut der *American Medical Association* (1995) ist sexuelle Gewalt die am häufigsten nicht-angezeigte Gewalttat weltweit.[14] Schaut man sich Statistiken an, so muss stets mitgedacht werden, dass es sehr schwierig ist, Dunkelziffern einzuschätzen. Die Schätzungen zu nicht-angezeigten Vergewaltigungen in Indien schwanken erheblich. In den USA wird angenommen, dass 65% bis 73% der Fälle nicht zu einer Anzeige kommen; in Indien sind es zwischen 54% und 90%. Im Schnitt wird in Indien angeblich alle 22 Sekunden eine Frau vergewaltigt, die meisten von ihnen niedrigkastig oder aus den Stammeskulturen.[15] Indien ist allerdings ein großes Land. Selbst wenn man eine Dunkelziffer von 90% nicht-angezeigter Vergewaltigungen für Indien in Betracht zieht und diese einrechnet in das Verhältnis von Vergewaltigungszahlen pro 100 000 Einwohner, schneidet Indien im Vergleich immer noch «besser» ab als viele andere Länder. Pro 100 000 Einwohner werden in Südafrika laut Statistik 115 Frauen vergewaltigt, in Schweden 66, in den USA 29, in Großbritannien 24, in Deutschland 10 und in Indien 2 (was verzehnfacht, also unter Einbezug der höchsten denkbaren Dunkelziffer, im Vergleich dennoch «durchschnittlich» wäre).[16]

Warum also hat sich Indien den Ruf eingehandelt, ein Land dämonischer Vergewaltiger zu sein, wenn dies ein offensichtlicher Trugschluss ist? Es ist schon höchst erstaunlich, dass eine Professorin der Universität Leipzig im März 2015 einen indischen Praktikanten mit der Begründung abweist, dass sie viele weibliche Studentinnen habe und bei all den Berichten über Vergewaltigungen einen indischen Mann als Praktikant nicht verantworten könne. Wie also lässt sich das Echo westlicher Medien erklären, Indien so schnell und radikal abzustempeln? Andere wichtige Themen, wie die Anti-Korruptions-Bewegung, die das Land ein Jahr vor den landesweiten Anti-Vergewaltigungs-Demonstrationen in ähnlich großem Ausmaß ergriffen hatte, riefen im Westen ein vergleichsweise geringes Interesse hervor. Spiegelt der Blick auf Indien lediglich eine mangelnde Kenntnis des Landes, oder kann es sein, dass der Westen auch davon ablenkt, bei sich selbst aufzuräumen? Möglicherweise ist es einfacher, Kulturen, die wir kaum verstehen, als archaisch und gewalttätig zurückzuweisen, statt die eigenen Perversionen, die ähnlich archaisch und gewalttätig sind, deutlicher zu thematisieren. Warum sonst wird in Amerika, einem Land, das den Verkauf von Kinderüberraschungseiern aus Sicherheitsgründen verbietet, das Waffengesetz aber nicht verschärft, die Gruppenvergewaltigung einer jungen Frau in Ohio, die ungefähr zur selben Zeit wie die brutale Vergewaltigung der Studentin in Delhi stattfand, nicht mit gleicher Vehemenz als «kulturelles Problem» diskutiert wie die Gewalttaten in Indien?

Oder trifft die Empörung möglicherweise doch einen empfindlichen Kern der indischen Identität, der sich von Vergewaltigungstaten in anderen Ländern unterscheidet? Vielleicht scheut Indien sich, die wesentlichen Fragen zu stellen. Warum es beispielsweise eine so außerordentliche Brutalität in indischen Vergewaltigungsfällen gibt, insbesondere bei Gruppenvergewaltigungen. Oder wie mit dem zutiefst ambivalenten Verhältnis, das indische Männer gegenüber Frauen hegen, umgegangen werden kann, um zu verhindern, dass Frauen, die den eigenen Rollenvorstellungen nicht entsprechen, als Freiwild betrachtet werden. Warum verändert sich strukturell seit Jahrzehnten so wenig zugunsten von Frauen, trotz einer guten Verfassung, großartiger Gesetze zum Schutz von Frauen und einer lebendigen Gesellschaftsdebatte, auf die Indien stolz sein kann?

Bei sexueller Gewalt geht es um Macht, nicht um Sex. Die respektlose, zutiefst mysogone Haltung von Männern, die mit außerordentlicher Brutalität Vergewaltigungen vornehmen, rühren an einem der tiefsten kulturellen Konflikte der indischen Gesellschaft: dem der Dominanz und Unterwerfung – weiblicher wie auch männlicher. Es wurde gezeigt, dass die internalisierte Vorstellung machtvoller Weiblichkeit (die Dominanz der liebenden, allesverschlingenden Mutter) Strukturen fördert, mit denen der zum Mann werdende Junge Wege finden muss, die Integrität seines Selbst und seiner Maskulinität zu erhalten: Die bewunderte und zugleich gefürchtete Macht der Mutter wird in Schach gehalten, indem der Mann die Kontrolle über Frauen behält, insbesondere die sexuelle Kontrolle (vgl. Kapitel 5). Frauen, die den gesellschaftlichen Vertrag der Unterwerfung nicht einhalten, lösen Aggressionen und Ängste aus, sie müssen mit Gewalt in ihre Schranken gewiesen und entehrt werden. Tatsächlich übersetzt sich Vergewaltigung in vielen regionalen Sprachen als «die Ehre stehlen».[17] Wer keine Ehre besitzt und beschämt wird, ist in den Augen des anderen nicht machtvoll: Das gespaltene Frauenbild der guten, milchspendenden Brust und der schlechten, zerstörerischen Vagina bleibt intakt, die gefährdete Ordnung wird wiederhergestellt.

Es sind eigentlich diese Themen, die von großer gesellschaftlicher Relevanz sind, zumal sie sich wie ein Leitfaden durch Indiens Kulturgeschichte ziehen. Sie bleiben jedoch in den Debatten überwiegend ausgespart. Stattdessen kreisen die Debatten um Mitschuld, Scham und die Ehre der Frau: Was trug sie am Tag der Vergewaltigung? Mit wem war sie wann und um wie viel Uhr unterwegs? Handelte es sich um ein «leichtes Mädchen» oder ein Mädchen aus gutem Haus? Nicht die Hintergründe des Täters stehen im Vordergrund, sondern die des Opfers. Vergewaltiger, die mit großer Brutalität vorgehen wie im Fall Nirbhayas, werden als pathologische Einzeltäter verhandelt, was nicht den Tatsachen entspricht (siehe unten). Sich nicht mit den gesellschaftlichen Wurzeln dieses starken Aggressionspotenzials gegenüber bestimmten Frauen auseinanderzusetzen, ist ebenso ein Aspekt der indischen «Schamkultur», wie den Ehrenkodex einer ganzen Nation an die sexuelle Reinheit der Frau zu binden.

Eben weil die Ehre der Frau (und somit die Ehre ihrer Familie, ihres Clans, der ganzen Nation) an ihre Sexualität gekoppelt ist, lassen sich Frauen aus Angst vor öffentlicher Beschämung zum Schweigen bringen. Sie fürchten die soziale Isolation und die Auswirkungen auf andere Familienmitglieder, wie beispielsweise noch zu verheiratende Geschwister, die dann niemand mehr ehelichen will. In einer Video-Umfrage, in denen Männern auf der Straße die Frage gestellt wurde, ob sie ein vergewaltigtes Mädchen heiraten würden, antworteten fast alle mit Nein.[18] Eine Vergewaltigung zerstört damit nicht nur das Opfer, sondern den Ruf der gesamten Familie. Dies sind Gründe, warum viele Gewaltopfer keine Anzeige erstatten, es sei denn, sie leiden unter anhaltenden Schikanen, die nicht länger zu ertragen sind oder die in wiederholte Todesdrohungen münden.[19] Anhand der Statistiken der letzten Jahre zeichnet sich jedoch ab, dass immer mehr Frauen bereit sind, Anzeige zu erstatten, und den Mut haben, die Gewalt öffentlichzumachen. Sie wenden sich von den patriarchalen Normen der Entwertung und Schuldzuweisung ab und werden von Opfern zu Überlebenden.

Ein 16-jähriges Mädchen aus dem Dorf Dabra (Hisar) fiel im September 2012 einer Gruppenvergewaltigung von acht hochkastigen Jat-Männern ihres Dorfes zwischen 20 und 50 Jahren zum Opfer, die dann noch vier weitere Freunde dazuholten. Die Männer erzwangen ihr Schweigen, indem sie die Vergewaltigung mit ihrem Handy filmten. Das Video zirkulierte dennoch, jemand zeigte ihrem Vater den Clip. Abgewiesen von der Polizei und bedroht von den Tätern, brachte der Vater sich um. Am selben Tag ging das Mädchen zur Polizei und brach ihr Schweigen. Sie sagt, dass der Tod ihres Vaters sie dazu gezwungen habe, ihre Angst zu überwinden. Nach einem zweijährigen Kampf sind vier der Täter im Gefängnis, die anderen vier auf Kaution frei. Das Mädchen, das fünf jüngere Geschwister hat, geht weiter zur Schule, arbeitet für eine NGO und steht anderen Vergewaltigungsopfern bei. Sie ermutigt sie, ihre Rechte einzufordern und ihr Leben in die eigene Hand zu nehmen. Sie möchte Jura studieren.[20]

Immer mehr junge Frauen in Dörfern, Kleinstädten und den Metropolen verändern die Art und Weise, wie sie mit Gewalt und Vergewaltigung umgehen wollen: in der Zurückweisung des sozialen Stigmas, aber auch durch zunehmende Solidarität mit anderen. Auch in den sozialen Netzwerken wie Facebook wird mit Informationsaustausch, Wut und Satire reagiert. Ein User kommentierte am 2. März 2015 das Verbot der Dokumentation *India's Daughter*, «wenn wir nicht anfangen über die Freiheit und Würde von Frauen zu sprechen, statt über ihre Sicherheit und ihren Schutz, werden wir nicht weit kommen, unsere komplett verrottete gesellschaftliche Haltung zu verändern». Zwei junge Frauen aus Bombay rappen gegen Vergewaltigung, ihr Clip wurde bereits am ersten Tag über 25 000 Mal angesehen. Auch wurde ein Drei-Minuten-Video von einer Gruppe Comedians (*All India Bakchod*) gedreht, die die widersprüchlichen Aussagen der Politiker aufs Korn nehmen. Das Video *It is your fault* («Es ist dein Fehler») führt vor, warum Frauen die Schuld auf sich nehmen sollen, wenn sie vergewaltigt werden. Es wurde in kürzester Zeit über vier Millionen Mal angeklickt.[21] Nicht umsonst endet der Clip mit dem Kommentar: «Wenn du es leid bist, durch Vergewaltigung gedemütigt zu werden, kannst du zur Polizei gehen und dich stattdessen von ihnen demütigen lassen.»

Nicht alle können auf Solidarität hoffen oder werden mit so viel Liebe und Unterstützung von ihrer Familie aufgefangen wie die heute etwa 50-jährige Sohaila Abdulali. Sie hat als 17-Jährige ebenfalls eine Gruppenvergewaltigung durchlitten. Während der Debatten nach Nirbhayas Vergewaltigung im Dezember 2012 verbreiteten sich Ausschnitte ihres Zeitungsartikels in der *New York Times* wie ein Lauffeuer auf Facebook, ein Indikator, wie indische Frauen – und auch viele liberal denkende Männer – sich die Lage wünschen: aufgefangen und geheilt zu werden und sich zu weigern, die Ehre der Frau über ihre Vagina zu definieren.

«Mit 17 war ich erst ein Kind. Das Leben hat mich reich damit beschenkt, überlebt zu haben. Ich stolperte nach Hause, verwundet, traumatisiert, in eine sagenhafte Familie. Mit ihnen an meiner Seite hat sich so viel für mich geöffnet. Ich habe wahre Liebe gefunden. Ich habe Bücher geschrieben. Ich sah ein Känguru in der Wildnis. Ich bin mit Bussen gefahren und habe Züge verpasst. Ich gebar ein wunderbares Kind. Das Jahrhundert wechselte ... Vergewaltigung ist grausam. Aber es ist nicht wegen all der Dinge grausam, die Frauen eingehämmert wurden. Es ist grausam, weil du verletzt wirst, weil du Angst hast, weil jemand anderes Kontrolle über deinen Körper ausübt und dir in der intimsten Art und Weise weh tut. Es ist nicht grausam, weil du deine ‹Ehre› verlierst. Es ist nicht grausam, weil dein Vater oder Bruder damit entehrt werden. Ich verweigere mich der Vorstellung, dass meine Ehre in meiner Vagina sitzt, genauso wie ich mich der Vorstellung verweigere, dass das Gehirn von Männern in ihren Genitalien steckt.»[22]

Der Glaube an die Macht des Weiblichen innerhalb einer zutiefst patriarchal strukturierten Gesellschaft einerseits und die Gleichsetzung von sexueller Abstinenz mit Noblesse und Reinheit andererseits, macht weibliche Keuschheit zum dominanten kulturellen Paradigma. Nicht nur Status und Ehre (*izzat**) der Frau, sondern auch die des Mannes (und des Ahnengeschlechts) wird von der Keuschheit der Tochter bzw. Ehefrau abhängig gemacht.[23] In diesem Kontext lässt sich vielleicht der Vater des 16-jährigen Mädchens aus Dabra, der sich nach der Vergewaltigung seiner Tochter das Leben nahm, besser verstehen.

Warum aber brach ausgerechnet mit der Vergewaltigung Nirbhayas im Dezember 2012 der Damm, warum löste sie Demonstrationen im ganzen Land aus, die über Wochen anhielten und eine Debatte in Gang setzten, die bis heute (2015) in den indischen Medien anhält? Wer ist Nirbhaya und was macht ihren Fall besonders, wenn doch brutalste Gruppenvergewaltigungen keine Ausnahme sind?

Nirbhaya (wörtlich «furchtlos») ist nicht der wirkliche Name der jungen Frau, die am 16. Dezember 2012 in einem fahrenden Bus in Delhi Opfer der Gruppenvergewaltigung wurde und zehn Tage später an den Folgen starb.[24] Nirbhayas Familie kam vom Land in die Metropole, um den Traum der Mittelschicht zu träumen. Die Eltern lebten bis 1983 im Dorf Bhallia (Uttar Pradesh, Nordindien), es hat 1100 Einwohner, die überwiegend Landwirtschaft betreiben. Delhi ist für diese Dorfbewohner nach wie vor Welten entfernt. Mädchen aus der Region werden selten ermutigt, zur Schule zu gehen. Die Hälfte von ihnen besucht die Oberstufe, jedoch nicht länger als bis zu ihrer Verheiratung. Die Eltern von Nirbhaya haben 70% ihres Landbesitzes verkauft, um nach Delhi gehen zu können. «Wir haben das Leben in der Großstadt kennengelernt. Für Menschen wie uns ist es voller Mühsal und Härte»,[25] sagte der Vater, der Doppelschichten als Verlader am Flughafen fuhr und nachts als Wachmann arbeitete. Er beschreibt seine Tochter als sehr unabhängig und gleichzeitig liebevoll und aufmerksam gegenüber ihrer Familie. Sie hatte eine Ausbildung zur Physiotherapeutin absolviert, gab Kindern aus ihrer Nachbarschaft Nachhilfe und war in ihrem Heimatdorf für viele Mädchen ein großes Vorbild.[26]

An jenem schicksalhaften Abend hatte sie sich gemeinsam mit ihrem Freund *Life of Pi* im Kino angesehen. Das Paar war anschließend von sechs jungen Männern unter einem Vorwand in einen Bus gelockt worden. Während sie ihren Freund zusammengeschlugen und fesselten, wechselten sich die Männer ab, Nirbhaya zu vergewaltigen, und malträtierten ihre Eingeweide mit einem Eisenrohr. Anschließend wurde das Paar aus dem fahrenden Bus auf die Straße geworfen. Die Ärzte, die die junge Frau behandelten, bevor sie ihren inneren Verletzungen erlag, sagten, sie hätten nie zuvor einen Körper gesehen, der mit solcher Brutalität zugerichtet wurde. Die Vergewaltiger wurden in einem Schnellverfahren im September 2013, neun Monate nach der Tat, zum Tode verurteilt, das Urteil wurde vom höchsten Gericht im März 2014 bestätigt.[27]

Abu Azmi, Führer der sozialistischen *Samajwadi*-Partei*, kommentierte nach der brutalen Gruppenvergewaltigung, dass Frauen nicht ausgehen sollten, ohne in Begleitung von Männern zu sein, die aus ihrer Verwandtschaft stammen. Er stimmte Mohan Bhagwat zu, dem Führer der rechtsnationalistischen RSS (*Rashtriya Svayamsevak Sangh**), dass die meisten Vergewaltigungen angeblich in Städten, nicht Dörfern passieren. «Solche Dinge (wie die Vergewaltigung der Studentin) passieren durch den Einfluss der westlichen Kultur.»[28] Eine weitere Perle seiner Weisheit: «Frauen sollten sich auf die Rolle der Hausfrau beschränken und sich um die Männer kümmern, das ist der soziale Vertrag.»[29] Babu Lal Gaur, Minister der BJP in Madya Pradesh, vertrat die Haltung, dass «Vergewaltigungen manchmal richtig und manchmal falsch» seien,[30] während Mulayam Singh Yadav, Führer der derzeit regierenden Partei in Uttar Pradesh, fragte: «Jungs machen Fehler. Aber müssen sie dafür gleich gehängt werden?»[31]

Die Liste der verstörenden Bemerkungen, die zeigen, wie tief die Feindlichkeit gegenüber solchen ihrer Meinung nach «nicht respektablen» Frauen verankert ist, lässt sich beliebig verlängern: Der Sohn des indischen Präsidenten, Abhijit Mukherjee, nannte die wütenden jungen Frauen, die in über Wochen anhaltenden Demonstrationen Schutz und Sicherheit vor männlicher Gewalt innerhalb und außerhalb des Heims forderten, *«dented and painted»*,[32] was so viel heißt wie: Frauen, die sich sexuell anbieten und zu viel Make-up tragen. Der hinduistische Guru Asaram Bapu, der inzwischen selbst wegen Vergewaltigung im Gefängnis sitzt, verkündete seine Meinung, die Studentin hätte den Vorfall stoppen können, wenn sie Mantras rezitiert und die Angreifer «Bruder» genannt hätte.[33] Auch Frauen teilen solche Einstellungen: Die Wissenschaftlerin Anita Shukla aus Gwalior meinte, «wenn das Mädchen (Nirbhaya) sich einfach hingegeben hätte (statt sich zu wehren), als sie von sechs Männern umrundet war, hätte sie ihre Innereien nicht verloren. Warum war sie überhaupt nachts um zehn Uhr mit ihrem Freund unterwegs?»[34]

Solche und andere Kommentare, die in den aufgeklärten Schichten der indischen Bevölkerung mit Empörung aufgenommen und in den Medien entsprechend kommentiert und aufgespießt werden, spiegeln dennoch die Einstellung von Millionen Männern und Frauen, insbesondere in traditionsverhafteten Regionen. Lässt man sich auf diese Haltung zur Probe einmal ein, nach der die «gute, tugendhafte, unverdorbene» Frau unter den Schutz männlicher Familienangehöriger zu stellen ist, schleicht sich dennoch ein markanter Denkfehler ein: Sie übersieht, dass die meisten sexuellen Übergriffe und Vergewaltigungen (weltweit wie auch in Indien) von Familienangehörigen und Männern, die dem Opfer bekannt sind, verübt werden, nicht etwa von Fremden.

Die Vorstellung, Frauen vor «dem Blick» anderer, fremder Männer schützen zu müssen, findet sich in zutiefst patriarchal geprägten Gesellschaften. In muslimischen Kulturen werden Frauen mit der Burka im öffentlichen Raum unsichtbar gemacht, in der altindischen Hindu-Tradition der oberen Kasten wurde *purdah** (Vorhang) praktiziert: eine Tradition, in der die «ehrenwerte», reine (in der Regel hochkastige) Frau vom öffentlichen Raum ausgeschlossen blieb, und falls sie diesen in Ausnahmefällen doch betreten musste, dann nur tief verschleiert, also «unsichtbar» und in männlicher (schützender) Begleitung. *Purdah* ist – wie die Burka – nicht nur eine körperliche Verschleierung, sondern schließt auch eine Reihe von Verhaltensnormen im privaten wie auch öffentlichen Raum mit ein.[35] Obwohl *purdah* in einigen nordindischen Bundesstaaten auch heute noch praktiziert wird, gehört diese Tradition überwiegend der Vergangenheit an. Sie lebt aber in der indischen Psyche weiter. So werden im indischen Kino wie auch im öffentlichen Raum – auf Straßen, in Parks, in Cafés – Männer zu aktiv schauenden Subjekten und Frauen zu passiv beschauten Objekten,[36] denen nachgestellt werden darf. Nach dieser Logik tragen Frauen für die Verletzung ihrer Würde selbst Verantwortung, nämlich dann, wenn sie sich für den «Blick» fremder Männer «sichtbar» machen, sich also freiwillig mit ihrer Körperlichkeit in männlichen Raum begeben.

Diese Haltung erklärt jedoch noch nicht die extreme Gewalt, mit der Männer wie die Vergewaltiger von Nirbhaya vorgehen, ohne Schuldeingeständnis oder Reue. Beim Verbot der umstrittenen Dokumentation *India's Daughter* von Leslee Udwin (siehe unten) wurde in politischen Kreisen mehrfach behauptet, dass das brutale Verhalten, der Studentin mit einem Eisenrohr die Eingeweide zu zerstören, eine Ausnahme sei. Das stimmt so nicht. Ob Ehrenmorde, Mitgifttötungen, Gruppenvergewaltigungen oder Kastengewalt – das Ausmaß der Aggression, wenn sie sich gegen Menschen entfesselt, die einen ungleichen Status haben, hat in Indien System und lässt viele Fragen offen.

Die 19-jährige Kiran beispielsweise, die aus bescheidenen Verhältnissen in West-Delhi stammte, wurde nur wenige Monate vor der Gruppenvergewaltigung Nirbhayas auf dem Nachhauseweg von der Arbeit entführt. Sie wurde von einer Gruppe Männer in ein Auto gezerrt, vergewaltigt, verstümmelt und blutete drei Tage in einem Senffeld im Dorf Rodhai (Haryana) zu Tode. Auch in diesem Fall zeigte sich die Apathie der Polizei: Sie kam erst Stunden, nachdem der Vater des Mädchens sie gerufen hatte, und statt nach den Tätern zu fahnden, sagten sie ihm, er solle ihnen ein Auto besorgen, dann könnten sie den Tätern folgen. Dreihundert Menschen aus der Nachbarschaft blockierten am Folgetag aus Protest die Polizeistation. Es dauerte drei Tage, bis die Polizei die Täter fassen konnte, die aus dem gleichen Stadtteil kamen und bereits wegen eines Überfalls im Gefängnis eingesessen hatten. Sie hatten Kiran nicht nur vergewaltigt, sondern auch Säure in die Augen geschüttet, eine zerbrochene Schnapsflasche in ihre Vagina gestoßen und sie dann zum Sterben im Feld liegen gelassen.[37] Laut Obduktionsbericht starb die junge Frau wenige Stunden, bevor sie gefunden wurde.

Ihre Mutter Ganeshi Devi hatte sich, als Kiran, ihre älteste Tochter, geboren wurde, vorgenommen, «wir mögen arm sein, aber wir werden dafür sorgen, dass unsere Tochter ein besseres Leben hat.» Sechs Monate lang rannte Kirans Vater Polizisten und Beamten hinterher, bis der Fall endlich vor Gericht kam. Diese Demütigungen ruinierten seine Gesundheit, er verlor seinen Job, und auch das Zusatzeinkommen von Kiran fehlte, so dass sich die Familie, die noch zwei weitere Kinder im Alter von 14 und 11 Jahren hat, verschuldete. Sie leben in bescheidensten Verhältnissen in einem einzigen Zimmer zusammen.[38]

In einem anderem Fall im Dorf Kalsi (Haryana, Nordindien) wurde die 16-jährige Manju, eine Dalit, von zwei hochkastigen Männern auf dem Weg zur Schule vergewaltigt. Manju brauchte zwei Wochen, um es der Mutter zu erzählen. Diese stand ihrer Tochter bei und machte den Fall öffentlich. Weniger als ein Monat nach der Vergewaltigung verschwand die Mutter. Sie wurde in einem Graben in der Nähe des Dorfes gefunden, wie die Tochter ebenfalls von mehreren Männern vergewaltigt, ihr Gesicht mit Säure verätzt und mit ihrem eigenen Schal erwürgt. Manju beschloss, für ihre Rechte zu kämpfen. Aber die Polizei nahm den Fall nicht auf, als sie mit ihrem Vater die Vergewaltigung und den Mord an der Mutter anzeigen wollte. Nur mithilfe einer NGO gelang es ihr, gegen die mächtige Rod-Gemeinschaft dieser Region anzugehen, ihr Fall wird derzeit vor Gericht verhandelt.[39]

Diese Strukturen von Macht und Unterwerfung betreffen nicht nur sexuelle Gewalttaten gegen Frauen, sondern bestimmen ein durch und durch korruptes System, in dem die Mächtigeren sich stets darauf verlassen können, dass ihre Netzwerke sie vor juristischen Folgen schützen. Wo also fängt man an? Ein reformiertes Rechtssystem, das in den indischen Debatten eingefordert wird, so dass beispielsweise (u. a.) Vergewaltigungsfälle zügiger verhandelt werden, kann nichts ausrichten, wenn die Polizei die Fälle nicht aufnimmt und sorgfältig dokumentiert, um nur ein Beispiel dieser ineinandergreifenden Komplexitäten zu benennen. Es ist für Menschen in Deutschland, das gesellschaftlich sehr viel homogener strukturiert ist, schwer zu verstehen, wie ein auf Beziehungen und starken Hierarchien aufbauendes Gesellschaftssystem, das Machtverhältnisse mithilfe des Kastenwesens über Jahrtausende reproduziert hat, funktioniert (siehe Kapitel 9). Mit einer hervorragenden Verfassung als Grundlage, bedarf es einer kritischen Masse junger Menschen, die nicht länger bereit ist, die Strukturen der Korruption zu tolerieren. Diese Masse wächst, auch was das Einfordern der Rechte von Frauen anbelangt. Nirbhayas grausame Vergewaltigung, die bei weitem kein Einzelfall ist, hat das Fass der Frustration und Wut deshalb zum Überlaufen gebracht, weil sich die urbane Mittelschicht mit ihrem Schicksal identifizieren konnte. Ein intelligentes, junges Mädchen, das mithilfe ihrer hart arbeitenden Eltern den Sprung vom Dorf in die Moderne geschafft hat; eine junge Frau, die die indischen Familienwerte teilt und mit dem gleichen Selbstverständnis ihr Recht auf Selbstbestimmung einfordert. Nirbhaya wurde zum Symbol von Frauen, die nicht länger bereit sind, wie Sita, die Heldin des *Ramayana*, das ihr zugefügte Leid schweigend zu erdulden (vgl. Kapitel 3). Vielmehr artikulieren sie ihre Wut, wie Draupadi*, die Heldin des *Mahabharata*, die es wagt, vor den mächtigen Herrschern ihre Empörung über die Entehrung und Entwürdigung ihrer Person zum Ausdruck zu bringen. Draupadi, die in einem Würfelspiel von dem ältesten ihrer fünf Ehemänner verwettet wurde, beweist Mut, Witz und Intelligenz, als sie ihre Rechte direkt vom König und der Öffentlichkeit einfordert. Wie auch Shakuntala*, eine weitere beeindruckende Heldin der indischen Mythologie, hat sie realisiert, dass ihre Männer nicht für sie einstehen werden. Daher verlässt sie sich auf ihre eigenen Kräfte, um ihre Würde zurückzuerlangen.

Keine indische Frau würde ihre Tochter Draupadi nennen, eben wegen ihres aggressiven, dynamischen Charakters, obgleich auch sie ein Symbol der Schönheit und Weiblichkeit ist. Vielleicht ist es an der Zeit, dass Frauen ihre Töchter nicht länger Sita taufen, die tief verletzt von dem Unrecht, das ihr angetan wurde, in einer Erdfurche verschwand, sondern Draupadi, die furchtlos ihre Rechte einforderte.

9. Armut:
Arbeit, Kasten und Chancen des Aufstiegs

Die Kombination arm, niedrigkastig und dazu noch weiblich zu sein, ist in der indischen Gesellschaft noch immer eine Freikarte für systematische Entwertung und sexuelle Gewalt. Geschlecht und niedrige Kaste gehen oft Hand in Hand mit Gewalterfahrung und der Verhinderung von sozialem und wirtschaftlichem Aufstieg. Frauen in Armut haben weit mehr Hindernisse zu bewältigen als Männer, um Zugang zu Bildung und Gesundheitsversorgung zu bekommen oder sich aktiv am wirtschaftlichen und politischen Leben beteiligen zu können – vier entscheidende «Bausteine», sich aus der Armutsfalle zu befreien.

Indien nimmt auf der Liste der weltgrößten Volkswirtschaften noch vor Deutschland inzwischen Platz vier ein, und glaubt man den Prognosen, wird in den nächsten 45 Jahren kein Land wirtschaftlich schneller wachsen als Indien.[1] Um 2030 soll sich das Bruttosozialprodukt in Indien verfünffacht haben.[2] Millionen von Menschen aber, die aus den unteren Kasten stammen und in anderen «weltgeschichtlichen Zeitzonen» als der Moderne leben (vgl. Einleitung) können vom wirtschaftlichen Aufstieg des Landes kaum profitieren. Noch leben drei Viertel aller Inder auf dem Land, doch Indiens wirtschaftlicher Boom wird die Migration vom Land in die Städte weiter antreiben und die Metropolen in den nächsten 20 Jahren mit noch nicht absehbaren Problemen konfrontieren. Knapp 600 Millionen Menschen, zweimal soviel wie die Gesamtbevölkerung der USA, werden in den nächsten 15 Jahren in Städten leben, die indische Mittelschicht wird auf ihr Fünffaches anschwellen.[3] Überwiegend Männer, die ihre Frauen und Kinder in den Dörfern zurücklassen, aber auch ganze Familien der untersten Schichten drängen in die Städte, in der Hoffnung, der nächsten Generation Bildung und ein besseres Leben zu ermöglichen. Politische Maßnahmen im Bereich Wohnraum, Wasser, Hygiene, Umwelt, aber auch Sicherheit für Frauen im öffentlichen Raum werden in den nächsten Jahren entscheidend dafür sein, ob es sich in Indiens Metropolen auch in zehn Jahren noch leben lässt. 30% der indischen Bevölkerung, darunter viele Dalits (Gruppen der «Unberührbaren» oder Kastenlosen), sind derzeit Migranten im eigenen Land. Sie leben ohne hinreichende Infrastruktur in Slums und Ghettos oder auf der Straße eng zusammen.[4]

Auch wenn deutlich mehr Männer als Frauen auf Arbeitssuche in die Städte abwandern, wird das Wirtschaftswachstum in den Städten dennoch vielen Frauen aller Schichten ermöglichen, ökonomisch unabhängiger zu werden. Insbesondere Frauen der Mittelschicht, die ein Studium absolvieren und in den Arbeitsmarkt drängen, besetzen immer mehr Arbeitsstellen im Mittelfeld oder steigen gleich in karriereträchtige Topjobs ein. «Alles scheint möglich im modernen Indien – doch das gilt nur für eine kleine weibliche Elite des Milliardenvolkes», schreibt Imke Vidal.[5] Auf die Gesamtbevölkerung Indiens bezogen, sollen derzeit maximal nur 25–30% Frauen in Arbeitsverhältnissen beschäftigt sein.[6] Diese Zahlen überzeugen nicht.[7] Bedenkt man, dass viele Frauen der unteren Schichten ohne Arbeitsverträge im informellen Sektor tätig sind, müssen Statistiken möglicherweise signifikant nach oben korrigiert werden. Es wird oft behauptet, dass die Menschen, die in den städtischen Slums aufgefangen werden, keinen ökonomischen Beitrag zur Stadt liefern. Das ist unwahr: Der National Sample Survey (NSS) 2008–2009 zeigt, dass in den Slums ähnliche Anstellungs- und Arbeitsmuster vorherrschen wie in der restlichen Metropole. Und damit ist nicht der Beitrag von Slumbewohnern zu verstehen, die im Dienst der Mittelschicht chauffieren, kochen und putzen (das ist nur ein geringer Prozentsatz), sondern das gesamte Spektrum von der Bekleidungsindustrie bis hin zu Bauarbeiten.[8] Haushaltshilfen oder Tagelöhner werden von Statistiken ebenso wenig erfasst wie die Mehrzahl der Frauen, die als Saisonarbeiterinnen in der Landwirtschaft tätig sind oder über kleine «Einkommen-Selbsthilfe-Projekte» von Zuhause ein Zubrot gewinnen.

Der größte Slum Asiens, Dharavi, im Herzen Mumbais gelegen, in dem über eine Million Menschen aus allen Landesteilen Indiens leben, ist ein wirtschaftlicher Bienenstock, in dem allein 50 der dort angesiedelten Industrien einen geschätzten monatlichen Umsatz von jeweils einem Crore (= 10 Millionen) Rupees machen (jeweils ca. 140 000 Euro) – fast alles im informellen Sektor oder über illegale Fabriken. Der Blick auf Armut kann täuschen. Viele Frauen stellen beispielsweise *papad** (aus Linsen- und Kichererbsenmehl gerollte und getrocknete «Fladen») und *bidis** (aus Ebenholzblättern gedrehte Zigarillos) her, verrichten Näharbeiten, tauschen Töpfe gegen Second-Hand-Kleider der Mittelschicht und verkaufen die so erworbene Kleidung wiederum im Slum. Das Durchschnittseinkommen hier wird auf 15 000 Rupien pro Monat geschätzt[9] – mehr als ein Lehrer verdient. Auch in abgelegenen Landstrichen Indiens gibt es kaum Frauen im erwerbstätigen Alter, die neben Haushalt und Kindern nicht auch in der Landwirtschaft anpacken – ihre Arbeitstage beginnen um vier Uhr morgens und enden, wenn alle anderen Familienmitglieder bereits schlafen. Viele der Frauen, die in der Agrarwirtschaft tätig sind, werden als nicht erwerbstätig betrachtet, weil ihre Arbeit unbezahlt bleibt – sie bewirtschaften beispielsweise eigene Landparzellen, kümmern sich um die Tiere der Familie oder werden als landlose Tagelöhner von Landbesitzern mit Lebensmitteln wie Reis und Weizen entlohnt, was allerdings zur Selbstversorgung kaum reicht. So erzählte eine über 70-jährige kastenlose Frau: «Als wir für sie arbeiten mussten, bezahlten sie uns mit Essen, und was wir bekamen, hing von ihrer Laune ab. Manchmal bekamen wir auch gar nichts zu essen.» Geschätzte 25 bis 60 Millionen Menschen in Indien, davon sehr viele Frauen, sind solche *bonded labourers*, die in keinen Statistiken auftauchen. Menschen, die Schulden abarbeiten und/oder minimal mit Lebensmitteln und Kleidung entlohnt werden, und die meisten von ihnen sind Dalits.[10]

Aber selbst wenn man Arbeit anders definiert und Statistiken infrage stellt, nach denen Indien weltweit die niedrigste Rate erwerbstätiger Frauen hat, ist die Abhängigkeit der großen Mehrheit von Frauen von ihren Ehemännern oder der erweiterten Familie eine Tatsache, die insbesondere dann von Tragweite ist, wenn häusliche Gewalt ins Spiel kommt. In einem Land, in dem Familien- und Kastenloyalität von den meisten Menschen höher bewertet wird als Gesetze zum Schutz des Individuums, haben ungebildete Frauen der unteren Schichten wenig Spielraum, aus traditionellen Kontexten auszubrechen und autonome Entscheidungen für sich und ihre Kinder zu fällen, wenn das familiäre Zusammenleben untragbar wird. Der einzige gesellschaftliche Schutzraum, der einer Frau zugestanden wird, ist eben die Familie. Es wird von ihr Loyalität erwartet, komme was wolle, was dazu beiträgt, dass sich Frauen selbst in einer gewalttätigen Familie oft besser aufgehoben fühlen als auf sich allein gestellt. Wenn häusliche Gewalt und Demütigungen überhandnehmen, gehen viele Frauen für kürzere oder längere Zeiträume zurück zu ihren Eltern.[11]

Die Notwendigkeit, insbesondere benachteiligten und niedrigkastigen Frauen Zugang zu politischer und ökonomischer Partizipation zu ermöglichen, kann also nicht oft genug betont werden. Nüchtern betrachtet, setzt sich Emanzipation allerdings nur dort nachhaltig durch, wo ein wirtschaftliches Interesse mehr Gleichstellung zwischen den Geschlechtern erzwingt – wo Frauen also ökonomisch unverzichtbar sind. Während in Kulturen wie Deutschland die Gleichstellung der Geschlechter derzeit an Fragen wie Kindergartenplätzen, «gleicherem» Einkommen oder dem Einfrieren befruchtbarer Eier debattiert wird, werden für indische Frauen auf dem Land sehr viel bescheidenere Ziele gesetzt: Ihr Beitrag zum Familieneinkommen und eine Quotenregelung in den Dorfparlamenten (*panchayat*) soll ihnen größeren Verhandlungsspielraum in der Familie und im öffentlichen Raum ermöglichen, was gleichzeitig ihren gesellschaftlichen Status hebt. Eine Vielzahl von Studien kommt zu dem Ergebnis, dass (auch) indische Frauen, die über ein eigenes Einkommen verfügen, an Einfluss und

Selbstwertgefühl gewinnen. Es muss an dieser Stelle aber auch daran erinnert werden, dass das Selbstwertgefühl von Menschen kulturell kodiert ist. Für das Selbstwertgefühl einer indischen Frau ist Mutterschaft von größerer Bedeutung als Selbstfindung im Beruf und die damit verbundene Autonomie, auch wenn die meisten jungen Frauen in den Städten, wie bereits gezeigt wurde, einen Beruf ausüben wollen. In Gesprächen unterschiedlicher Generationen der urbanen Mittelschicht habe ich oft erlebt, dass Mütter, die selbst nicht die Möglichkeit hatten, ins Berufsleben einzutreten, ihre Töchter tatkräftig dabei unterstützen, nach der Heirat berufstätig zu sein. Allerdings käme es für sie nicht in Frage, auf Kinder zu verzichten oder die Kinderfrage zu lange aufzuschieben. Großeltern und Dienstpersonal machen es den jungen Frauen leichter, diesen Spagat zwischen Berufswelt und Familie zu schaffen, der Eltern in Deutschland oft so viel abverlangt. Auch Frauen in Führungspositionen, wie beispielsweise Sonali, die ein sehr erfolgreiches Architekturbüro in Delhi leitet, sind sehr viel bereiter als Arbeitgeber in westlichen Ländern, es ihren weiblichen Angestellten mit einer Vielzahl an Angeboten leichter zu machen, Kinder und Beruf zu verbinden. Es herrscht ein größeres Selbstverständnis vor, dass Kinder und Karriere einander nicht ausschließen müssen.

Die Ambitionen junger Frauen in den verarmten Segmenten der Metropolen stehen denen der Mittelschicht nicht nach: 18- bis 20-Jährige, die meisten aus niederen Kasten, deren Eltern Teeverkäufer, Gemüsehändler oder Tagelöhner sind. In Schulzeiten fielen sie durch ihren Lerneifer und ihre Intelligenz auf, aber sie hätten aufgrund ihrer Armut die Schule spätestens nach der 10. Klasse verlassen müssen, wenn ihnen nicht über Privatinitiativen einiger NGOs die Oberstufe und nun sogar ein Studium finanziert würden. Sie sind die ersten ihrer Familien, die studieren, teilweise sogar die erste Generation, die lesen und schreiben kann. Die Zielgerichtetheit und das Wissen um die Chance, die ihnen gegeben wird, gekoppelt an ein beeindruckendes Selbstbewusstsein, verleihen ihnen eine enorme

Ausdauer, die alltäglichen Hindernisse zu meistern. Oft sind diese jungen Frauen freier als ihre Kommilitoninnen der Mittelschicht, weil sie nicht so schwer an dem Gepäck tragen, das den Mädchen höherer Kasten aufgebürdet wird: sich zurückzunehmen, nicht offen ihre Meinung zu vertreten, ihre Körperlichkeit zu verstecken oder hinter den Brüdern zurückzustehen. Ausnahmslos alle der von mir interviewten Frauen armer Eltern sprachen vom Rückhalt ihrer Familien und berichteten vom Stolz insbesondere der Väter. Nicht selten sind sie Vorbild einer ganzen Nachbarschaft. Sie haben nicht vergessen, wo sie herkommen, und ein soziales Anliegen, anderen zu helfen, so wie ihnen geholfen wurde. Sie geben Nachhilfeunterricht, unterstützen sich gegenseitig und wollen den jüngeren Geschwistern, sobald sie ein eigenes Einkommen haben, die Ausbildung finanzieren. Es ist die Generation dieser Frauen, die wohl in den nächsten 20 Jahren bestimmen wird, wie sich das neue urbane Frauenbild entwickelt und welche Rolle sie selbst dabei innerhalb ihrer Familien spielen möchten.

Wie aber sieht es für Mädchen und Frauen der unteren Schichten auf dem Land aus? In welchen Beschäftigungsverhältnissen stehen Frauen ohne höhere Bildung, mit minimaler oder gar keiner Schulbildung? Was bedeutet die Kastenzugehörigkeit für ihre Chancen, der Armut zu entfliehen? Wie autonom können Frauen zwischen häuslicher und außerhäuslicher Arbeit auf dem Land agieren?

Es wurde bereits in anderen Zusammenhängen gezeigt, dass Status und Entscheidungsfähigkeit von Frauen innerhalb ihrer Familien entsprechend den lokalen Traditionen, der Religion und sozialen Gruppen stark schwanken. Einige Schlüsselfaktoren jedoch, die zu Einschränkung, Diskriminierung und Gewalt führen, insbesondere bei verarmten Frauen, sind immer wieder dieselben: geringes Bildungskapital, schwache Kontrolle über Ressourcen und eingeschränkte Besitzansprüche. Vor allem Kastenlose, die den feudalen Strukturen auf dem Land wenig entgegensetzen können, entkommen der Armutsfalle trotz vielfältiger Regierungsprogramme einschließlich Landschenkungen nur selten – zu tief sitzen die verinnerlichten Hierarchien und Machtansprüche, die auf Kaste beruhen. Im Folgenden werden einige Grundzusammenhänge des Kastenwesens knapp dargestellt. Damit lässt sich besser erklären, warum sich in den letzten 150 Jahren für die Ärmsten des Landes (immerhin rund 400 Millionen Menschen, davon ca. 200 Millionen Dalits) strukturell wenig verändert hat, trotz massiver sozialer und wirtschaftlicher Hilfsprogramme. Nach meiner persönlichen Einschätzung ist das Kastenwesen Indiens, das ein so starker Aspekt der nationalen Identität ist und besonders im ländlichen Raum nach wie vor greift, das größte, auch in Zukunft kaum überwindbare Hindernis für den Aufstieg der Armen und die Verringerung der Gewalt gegen Frauen.

Abgesehen von der Familie ist die nächste vorherrschende soziale Ebene die Kaste.[12] Obwohl der Begriff «Kaste» problematisch ist (er leitet sich aus dem portugiesischem *casta* «Rasse/Abstammung» her), hat er sich als Ausdruck der horizontalen Segmentierung der Gesellschaft auch in Indien eingebürgert. Der Begriff Kaste bezieht sich dabei nicht nur auf eine, sondern zwei Institutionen, nämlich *varna** und *jati*.

Varna («Farbe») ist die traditionelle Unterteilung der hinduistischen Gesellschaft in die Priesterkaste (*brahmin**), die Kriegerkaste (*kshatriya**), die Händlerkaste (*vaishya**) und die Kaste der Bediensteten (*shudra**), eine Aufteilung, die man bereits in den Veden und in anderen Haupttexten der hinduistischen Kultur findet. Mit anderen Worten, *varna* ist eine festgelegte, nicht überschreitbare Untergliederung der Gesellschaft in vier Gruppen mit unterschiedlichem sozialen Rang. Diese vierfache Klassifizierung wird bis heute als Sammelbegriff benutzt, um Menschen in dem weiten, sozialen Raum zu lokalisieren, etwa wenn politische Kommentatoren davon sprechen, Brahmanen, Vaishyas oder die *backward castes** (wie die Shudras heute genannt werden) für Stimmen bei den Wahlen zu mobilisieren.

Gewöhnlich jedoch bezieht sich der Begriff Kaste im heutigen Sprachgebrauch fast ausschließlich auf das *jati*-System, das die ganze Unmittelbarkeit alltäglicher Sozialbeziehungen und beruflicher Spezialisierungen bestimmt. Es besteht aus mehr als 3000 berufsspezifischen Kasten. Vereinfacht ausgedrückt: Jeder Inder wird in eine der vier *varna*-Kasten hineingeboren (die seinen festgelegten, nicht überschreitbaren sozialen Rang ausdrückt) und gehört gleichzeitig einer der über 3000 berufsspezifischen *jati*-Kasten an. Die soziale Rangordnung ist insofern nicht statisch, sondern verschiebt sich von einer Region zur anderen (oft schon von Dorf zu Dorf), je nach der berufsspezifischen Orientierung der Region, wobei die Brahmanen fast immer am oberen Ende der Hackordnung angesiedelt sind und die Dalits am untersten.

Neben dieser Hackordnung ist die zweite Säule des *jati*-Systems die Beschränkung der Heiratspartner auf die eigene Kaste oder eine der Sub-Kasten. Außer bei sehr «modernen» Indern sind Freundschaften mit Personen der eigenen Kaste tendenziell von größerer Nähe als mit Personen anderer Kasten. Die Beziehungen zu Personen anderer Kasten sind formaler, beherrscht von ungeschriebenen Vorschriften und Verboten, die die Verhältnisse zwischen den Kasten regeln. Oft leben Familien einer ganz bestimmten Kaste im gleichen Dorf zusammen, gewöhnlich erstreckt sich aber die Kaste selbst weit über die Grenzen eines einzelnen Dorfes hinaus. Eine große, wichtige Kaste, die möglicherweise Millionen Mitglieder hat und sich über ein beträchtliches Territorium verteilt, kann zu einem begehrenswerten Objekt für Politiker mit dem Ziel der «Wahlmobilisierung» werden.

Die Wertvorstellungen, Überzeugungen, Vorurteile und Gebote der Kaste, in der man aufwächst, ebenso wie ihre Realitätsverzerrungen, werden zu den nicht hinterfragten Inhalten des Gewissens eines jeden Kastenmitglieds. Es sind diese internalisierten Kastennormen, die für den Einzelnen «richtiges Handeln» oder *dharma* definieren. Wenn beispielsweise eine scheinbar geringfügige Kränkung jemanden zu einem gewalttätigen Ausbruch provoziert, dann ist dies nicht nur Ausdruck dafür, dass die beteiligten Personen ein Problem mit ihrer «Aggressionskontrolle» haben, sondern das Verhalten leitet sich womöglich aus Machtansprüchen her, die von der gesamten Kaste geteilt und von Generation zu Generation weitergegeben werden, also Teil der Kastenidentität sind.

Ein Beispiel: In einem zugegebenermaßen entlegenen und zurückgebliebenen Dorf im Bundesstaat Orissa (Nordwest-Indien) gab es ein Dalit-Mädchen, das als Erste ihrer sozialen Gruppe ein College für höhere Bildung besuchte. Als die 18-Jährige es wagte, mit dem Fahrrad zum College zu fahren, drohte das von Höherkastigen dominierte Dorf den Dalits mit einem sozialen Boykott, wenn das Mädchen in Zukunft nicht zu Fuß zur Schule gehen würde. Der Tradition folgend dürfen Dalits in diesem Dorf nur barfuß laufen. Sie dürfen keine Heiratsprozessionen durch das Dorf leiten und ihre Toten auch nicht auf dem gemeinsamen Verbrennungsplatz einäschern. Wenn sie zu Hochzeiten höherkastiger Dorfbewohner eingeladen sind, dann nur, um den Besuchern die Füße zu waschen. Diese Verhaltensnormen, die zwar nach staatlichem indischen Recht verboten sind, leiten sich aus patriarchalen Machtansprüchen innerhalb der Kastenstrukturen her und sind deshalb so schwer zu brechen, weil sie sich kollektiv – und notfalls mit Gewalt – über Generationen tradieren, gerade in entlegenen Dörfern, die vom Wandel der Moderne oft abgeschnitten sind.

In diesen Kontext lässt sich auch die so häufige sexuelle Gewalt gegen Dalits und niedrigkastige Mädchen und Frauen einordnen, die regelrecht als Waffe im Kampf der Kasten eingesetzt wird. Vergewaltigung ist eine Entehrung, und da Dalit-Frauen aufgrund ihres niedrigen Sozialstatus bereits ehrlos sind, wird ihre Vergewaltigung von Männern höherer Kaste oft lediglich als Delikt betrachtet, nicht als Straf- oder Gewalttat.[13] Unzählige Dalit-Frauen können von Übergriffen auf den Feldern berichten, bei denen solche Männer es als eine Art Standesrecht betrachten, diese Frauen «zu nehmen». Ihre ökonomische Abhängigkeit gibt diesen Frauen selten einen anderen Spielraum, als das Vergehen schweigend zu dulden. Manchmal werden Vergewaltigungen – mit zum Teil bestialischer Brutalität – auch als Mittel eingesetzt, um Machtpositionen wiederherzustellen, falls diese von Mitgliedern niedriger Kasten überschritten wurden. Beispielsweise, wenn Dalit-Frauen höhere Löhne beanspruchen oder andere Dalits gegen die Landbesitzer aufwiegeln. So wurde im September 2014 ein 15-jähriges Mädchen von einer Gruppe Männer vergewaltigt und umgebracht, weil sie es gewagt hatte, die Erniedrigungen, die Mitglieder der oberen Kaste ihrer Familie zugefügt hatten, zu beklagen.[14]

Ein Dalit-Mädchen zu vergewaltigen, Häuser niederzubrennen oder die Dalit-Gemeinschaft wirtschaftlich zu boykottieren, sind Möglichkeiten, die gesamte Kastengruppe in ihrer Ehre zu erniedrigen, da diese keine Macht hat, das Vergehen zu rächen. Falls Dalits es wagen, gegen solches Unrecht zu protestieren oder sogar handgreiflich gegen Höherkastige zu werden, entfacht dies oft eine Spirale der Gewalt – ein Indikator dafür, dass Unterdrückung mit massiver Gewalt ein essentieller Teil des Kastensystems ist.[15] Die stete Drohung der Landbesitzer, das gesamte Kollektiv zu strafen, ist auch deshalb ein wirksames Mittel, weil die Dalit-Gemeinschaft Einzelmitglieder, die aufbegehren, selbst in Schach zu halten versucht. Dies zeigt sich auch darin, dass sie oft nicht wagt einzugreifen, wenn ein Lynch-Mob einen Dalit oder ein junges Liebespaar richtet, wie das Beispiel der Erhängung eines jungen Mädchens im Kuhstall ihres Vaters (Kapitel 4) zeigte, weil sie es wagte, sich in einen Dalit zu verlieben. Es ist ein langer Weg, diese Problematik von Armut, Abhängigkeit und Angst trotz guter Gesetze zum Schutz von «Unberührbaren» und Frauen zu durchbrechen, wie die folgende Geschichte zeigt:

Eine junge Frau erzählte, dass ihre Schwester einen Dalit-Mann aus einem sehr armen Dorf geheiratet hatte und dieser von der Mitgift ihrer Familie ein kleines Haus am Rande seines Dorfes baute. Als Mitglieder der höheren Kasten das erfuhren, kamen sie in betrunkenem Zustand dorthin und verlangten Alkohol. Sie verprügelten Familienmitglieder und brannten schließlich das neugebaute Haus nieder. Eine Anzeige bei der Polizei führte zu nichts, da die Polizisten aus der gleichen Kaste wie die Täter stammten. Der Bruder der jungen Frau – ein Dalit-

Aktivist – unternahm juristische Schritte, was heutzutage durchaus eine Option ist, wenn man die richtigen Anlaufstellen kennt und sich nicht einschüchtern lässt. Er erhielt Morddrohungen, bis ihn schließlich seine eigene Familie aus Angst zwang, die Klage zurückzunehmen. Die junge Frau wurde aus dem Dorf in die Stadt zu ihrem Bruder geschickt, weil die Familie befürchtete, sie könnte aus Rache vergewaltigt werden.[16]

Kastenbedingte Gewalt zwischen Dalits und höheren Kastengruppen ist sehr oft gekoppelt mit dem Aufstieg und Erfolg von einzelnen Mitgliedern der Gemeinschaft und der vorherrschenden Haltungen, den Dalits müsse ihr «rechtmäßiger» Platz in der Gesellschaft zugewiesen werden. Beispielsweise, wenn sie verlangen, im Tempel zu beten (ca. 80% aller Tempel in den Dörfern Indiens verwehren Dalits bis heute den Zutritt zu Tempeln), ihre Rechte auf Bildung in Anspruch nehmen oder sich ihr Wohlstand dem der Höherkastigen des Dorfes angleicht.

Die Eigenbezeichnung *dalit* kam erstmals im 19. Jahrhundert über den Sozialaktivisten Jatirao Phule auf und leitet sich aus dem Sanskrit ab. Sie bedeutet «unterdrückt», «zerbrochen», «zerquetscht» und wurde von den «Unberührbaren» als Selbstbezeichnung zu einer politischen Identität, insbesondere ab den 70er Jahren, um ihre Rechte gegen das beständige Unrecht durchzusetzen – ähnlich wie *black* bei Afro-Amerikanern in den USA. Der Begriff *dalit* umfasst dabei all jene Menschen, die als Unberührbare gesellschaftlich die niedrigsten Arbeiten verrichten – sie sind die *panchama**, die fünfte Gruppe, die außerhalb des *varna*-Kastenwesens steht. Kastenhierarchien und die mit ihnen assoziierte Diskriminierung sind nicht allein ein Phänomen des Hinduismus. Bereits Dumont verwies darauf, dass sich bisher keine religiöse Bewegung innerhalb Indiens auf Dauer durchsetzen konnte, die sich gegen das Kastensystem gestellt hat.[17] Obwohl nicht in der gleichen Strenge und nicht so weit verbreitet wie im Hinduismus, drückt sich das hierarchische Prinzip, das das Kastenwesen ausmacht, auch in den sozialen Praktiken anderer Religionen in Indien aus – beispielsweise im Islam, Christentum und im Sikkhismus* trotz ihres größeren

Anspruchs auf Gleichheit der Menschen. Bei Katholiken im Bundesstaat Goa etwa ist der Ausdruck «brahmanischer Katholik» geläufig, um jemanden zu klassifizieren, der weit oben in der Hierarchie der christlichen Gemeinschaft angesiedelt ist. Kaste lässt sich also nicht überwinden, selbst wenn man (was viele Niedrigkastige tun) zum Buddhismus, Islam oder Christentum konvertiert, um den diskriminierenden Zwängen des Kastenwesens zu entfliehen. Kaste bestimmt die Identität des Menschen, der in ihr aufwuchs, und strukturiert den Alltag auf allen Ebenen.

Das Kastenwesen scheint auch deshalb kaum zu beseitigen zu sein, weil es sich bei der Diskriminierung der Niedrigkastigen nicht «nur» um eine körperliche, mentale und ökonomische Versklavung handelt, sondern, wie gezeigt wurde, auch Bildung, Religion und Kultur maßgebliche Faktoren dieser horizontalen Trennung der Gesellschaft sind.[18] Das Kastensystem kann als ein System verstanden werden, das ökonomisch ausbeutet und damit Gruppen insgesamt daran hindert, sich zu entwickeln, aufzusteigen und ihre Lebensumstände zu verbessern. «Wenn wir uns weigern zu arbeiten, verhungern wir», ist die oft realistische Einstellung derjenigen, die täglich unter Schikanen und Unrecht zu leiden haben. Die extreme Armut muss in diesen Kontexten des Kastenwesens verstanden werden, auch hinsichtlich der häufigen Frage, warum die Unberührbaren nicht revoltieren.

Einige Intellektuelle wie Chandrabhan Prasad (selbst ein Dalit) argumentieren, dass sich die Lage vieler Dalits seit der wirtschaftlichen Öffnung Indiens 1991 erheblich verbessert habe.[19] Das stimmt, aber es trifft für alle Armen zu, also vier Fünftel der Gesamtbevölkerung. Die Armutsrate hat sich in Indien seit den 70er Jahren halbiert, auch wenn ein Drittel der ärmsten Menschen weltweit nach wie vor in Indien lebt. Diese ökonomische Verbesserung sagt aber wenig über strukturelle – also nachhaltige – Veränderungen für die Menschen aus, die in zum Teil versklavten Verhältnissen keine Möglichkeit haben, der Armutsfalle zu entkommen, und das betrifft insbesondere

Frauen. Es leben noch immer knapp die Hälfte aller Stammesangehörigen (*Scheduled Tribes*) und über ein Drittel der Dalits (*Scheduled Castes*) unterhalb der Armutsgrenze.

An dieser Stelle muss aber auch erwähnt werden, dass Indien mit einer Vielfalt von Regierungsprogrammen und Privatinitiativen (Nichtregierungsorganisationen) sehr viel gegen die Armut bewirkt hat, was oft übersehen wird. Soziale und religiöse Organisationen haben in den letzten 150 Jahren in vielerlei Hinsicht bessere Bedingungen für Dalits, gerade auch für Dalit-Frauen, erzwungen. Im 19. Jahrhundert waren diese liberalen Verfechter des Humanismus insbesondere unter den Brahmo Samaj*, den Arya Samaj* und der Ramakrishna Mission* zu finden, reformierte Orden des Hinduismus, die sich auch aktiv am Unabhängigkeitskampf Indiens beteiligt haben. Heute sind es oft buddhistische Gruppierungen, insbesondere die TBMSG (*Trailokya Bauddha Mahasangha Sahayak**), die sich um bessere Lebensbedingungen konvertierter Dalits bemühen und eine beeindruckende Vielfalt an Programmen für Frauen initiiert haben. Sie haben Tausenden verarmter Dalit-Frauen auf dem Land und in den Slums geholfen, über Selbsthilfegruppen und individuelle Unterstützung mehr Unabhängigkeit und innere Stärke zu gewinnen. Bereits Ambedkar*, der einflussreichste Verfechter für Gleichberechtigung und Rechte der Unberührbaren, vertrat im frühen 20. Jahrhundert die Haltung, dass die Bildung von Frauen unabdingbar sei, Dalits langfristig aus der Armut zu holen. Die indische Regierung hat in den letzten Jahrzehnten Millionen in Schulbildung investiert und 2009 die allgemeine Schulpflicht (bis 14 Jahre) eingeführt. Auch Privatschulen wurden gesetzlich verpflichtet, mindestens ein Viertel ihrer Schulplätze gebührenfrei für sozial benachteiligte Familien zu reservieren.

Inzwischen werden 95,6% der Mädchen in Indien eingeschult, doch bereits in der Grundschulzeit verringert sich ihre Zahl auf unter 60%, insbesondere in abgelegenen ländlichen Regionen, wo weite Schulwege zurückgelegt werden müssen.[20] Diese Zahl sinkt über die Jahre weiter und ist signifikant niedriger bei Dalits und Mitgliedern sogenannter Stammesvölker. «Warum soll man Geld verschwenden, wenn sie dann heiratet, Kinder kriegt und in der Familie des Mannes lebt?»[21] Diese Haltung mag in den ärmsten Schichten der Bevölkerung weiterhin verbreitet sein, oft jedoch sind es ganz andere Gründe, warum Mädchen aus der Schule genommen werden, beispielsweise Diskriminierung und ganz konkret: fehlende Toiletten. Bei einer Untersuchung von 138 Schulen im Bundesstaat Rajasthan (Nordwest-Indien) wurde festgestellt, dass 75% der Schulen keine ausreichenden sanitären Anlagen für die Kinder haben und 25% gar keine Toiletten für Mädchen. Dalit-Mädchen werden von ihren Lehrern gezwungen, die Schultoiletten zu säubern;[22] geschätzte 80% der Dalit-Kinder werden in die hinteren Reihen gesetzt oder müssen ihr Schulmittagessen getrennt von den anderen Kindern einnehmen.

Unter diesen Voraussetzungen die Schule abzuschließen, erfordert viel Durchhaltevermögen. Selbst wer die Schule geschafft hat, profitiert von den erkämpften Rechten und Möglichkeiten nicht immer. So kommentiert eine Dalit-Frau: «Einige, die eine gute Bildung bekommen haben, finden eine tolle Arbeitsstelle und vergessen das Leid ihrer eigenen Leute. Das ist wie die Slum-Mentalität, nochmal alles von vorne.»[23] Unter den Dalits hat sich eine «Elite» herausgeformt, die die meisten Güter monopolisiert und unter sich aufteilt, wie beispielsweise Positionen in den heiß umkämpften Regierungsjobs, für die es eine festgelegte Quote für *Scheduled Castes*/Dalits und OBCs (*Other Backward Castes*) gibt.[24] Dieser Aufstieg von Dalits in höchste Positionen wie den Obersten Gerichtshof und politische Ämter ist heute – was oft übersehen wird – eine Selbstverständlichkeit: 1997 wurde ein Dalit, K. R. Narayanan, demokratisch zum Staatspräsidenten gewählt. In Uttar Pradesh, einem der größten Bundesstaaten Indiens, war eine Frau – Mayawati aus der Dalit-Partei BSP (Bahujan Samaj Party) bis 2012 mehrfach in Folge an der Macht, ein Beispiel dafür, dass es im heutigen Indien auch eine soziale Realität ist, dass mittellose Dalits zu großem politischem Einfluss gelangen können.

Diverse Dalit-Bewegungen, die bis heute in verschiedenen Bundesländern, insbesondere Tamil Nadu, aktiv sind, haben den rituellen Status der Brahmanen im modernen Indien herabsetzen können, die Kastenungleichheit ist jedoch nach wie vor stark, was darauf verweist, dass die gesellschaftliche Fragmentierung sich eher über Ökonomie und politische Macht definiert.[25] Anders ausgedrückt, der Status der Brahmanen ist in den letzten 50 Jahren zwar tatsächlich beachtlich geschwächt worden, ohne aber den Status der Unberührbaren nachhaltig zu steigern.[26] Zu erklären ist dies u. a. mit den internalisierten Vorstellungen von Reinheit und Unreinheit – die auch für die Wertschätzung von Frauen eine Rolle spielen (vgl. Kapitel 4).

Wenn Heirat und Verwandtschaft den Körper einer Kaste bilden, dann ist Hierarchie ihre Seele.[27] Die Stellung einer Kaste in der sozialen Ordnung – und damit das narzisstische Grundkapital, mit dem eine Person einer bestimmten Kaste ausgestattet ist – bezieht sich im Wesentlichen auf die Kriterien von Reinheit und Verschmutzung. Eine Kaste wird hoch angesehen, wenn ihre Lebensweise als rein bewertet wird, und niedrig, wenn ihre Lebensweise als relativ unrein bewertet wird. Das hat auch damit zu tun, dass in Indien mit Vorstellungen von Schmutz anders umgegangen wird als in westlichen Kulturen. Hier werden die unbewussten Phantasien der inneren «Unrat-Fabrik» nach außen, auf eine andere Gruppe, projiziert: die Unberührbaren. Ein Brahmane kann nur deshalb rein sein, weil der Dalit unrein ist.[28] Ein reiner Körper darf nicht mit unreinen Dingen und Substanzen in Kontakt kommen: Man vermeidet unreine Nahrungsmittel wie Fleisch, unreine Berufe und Tätigkeiten wie z. B. Gerber, Straßenfeger, Metzger, Bestatter oder eben den Kontakt mit Menschen, die man als unrein verachtet. Das regelmäßige innere Reinigen der Gedärme mit ayurvedischen Mitteln wie dem vielbenutzten *Sonaswami** gehört ebenso zur Aufrechterhaltung der Reinheit wie das äußerliche Waschen des eigenen Körpers und die vielfach fast zwanghaften häuslichen Reinigungsrituale. Während im Westen sehr viel

Aufwand betrieben wird, den inneren Schmutz zu verbergen, tendiert man in Indien dazu, Schmutz nach außen zu verlagern. Das gilt sowohl für den Körper als auch für den privaten Wohnbereich. So ist ein indisches Haus oder eine Wohnung oft makellos rein, der anfallende Müll aber wird einfach nur bis vor das eigene Haustor gekehrt. Anders ausgedrückt, während auf die eigene Reinlichkeit, Körperpflege und Erscheinung oft peinlich genau geachtet wird, wird Dreck im öffentlichen Raum ignoriert, der öffentliche Raum sogar oft wie eine Müllhalde behandelt, für die man sich nicht zuständig fühlt. Es ist schon von vielen Beobachtern wahrgenommen worden, dass Inder sehr saubere Menschen sind, die in einem außergewöhnlich schmutzigen Land leben.

Diese Verlagerung von Schmutz nach außen und auf bestimmte Personengruppen macht die internalisierte Vorstellung verständlich, wonach ein Brahmane am reinsten ist (obgleich es auch in den vielen Kasten der Brahmanen Abstufungen von Reinheit gibt) und ein Dalit oder Unberührbarer am unreinsten. Auch wenn die Rangfolge zwischen diesen beiden Extremen in einem Dorf bitter umkämpft wird, indem bestimmte Kasten beispielsweise eine reinere Lebensform für sich beanspruchen, als ihnen zugeschrieben wird, stimmt man im Allgemeinen überein, dass Reinheit und Verschmutzung von der Lebensform einer Kaste bestimmt ist. Dabei ist die Ernährungsweise (z. B. vegetarisch oder nicht) das wichtigste Element. Bis vor wenigen Jahrzehnten zählte auch der traditionelle Beruf einer Kaste (*jati*) zu den entscheidenden Elementen, um den Reinheits- oder Unreinheitsstatus einer Kaste zu bestimmen. Beschäftigungen, die Menschen mit Tod oder Körpersubstanzen in Kontakt bringen, bilden gewöhnlich die am stärksten verunreinigten Kasten. Fragt man heutzutage allerdings Dalits und Niedrigkastige, die diese «schmutzigen» Tätigkeiten ausüben, so betrachten sie sich selbst selten als unrein und empfinden die ihnen zugefügte Erniedrigung als ungerechtfertigt.[29] Dennoch drückt sich das vorherrschende Hierarchie-Prinzip der indischen Gesellschaft am deutlichsten im

Kastenwesen und seiner Bewertung von «hoch» und «niedrig» aus. Diese Bewertung ist in ihren Folgen über Jahrhunderte mit der Ausgrenzung, dem Leiden und der Erniedrigung von Millionen von Menschen verbunden, auch mit der sexuellen Ausbeutung von Frauen niedriger Kaste. Kommt es zu Geschlechtsverkehr und Vergewaltigung sogenannter «unreiner» Frauen, scheinen die Regeln, das «Unreine» von sich fernzuhalten, nicht länger zu gelten.

Die Hierarchie ist so fein abgestimmt, dass sogar diejenigen, die sich in den untersten Kasten bewegen, immer noch jemanden finden, der ihnen unterlegen ist, um damit wenigstens einige der narzisstischen Verletzungen zu lindern, die erlitten werden, wenn man beständig als minderwertig betrachtet wird. So setzt sich beispielsweise selbst die niedrigste Kaste in sich ab, das sind diejenigen, die den Kot anderer entfernen (in Indien noch immer über eine Million Dalits): Diejenigen, die in Privathäusern Kot entfernen, fühlen sich denjenigen überlegen, die die öffentlichen Toiletten reinigen.[30] Diese Segmentierung, die sich über mehrere Jahrtausende in die Psyche eingeschrieben hat, ist wohl eines der am schwersten zu bewältigenden Hindernisse in der Armutsbeseitigung.

Wie ist das zu verstehen? Die interne Kastenhierarchie der Dalits verhindert trotz vieler Einzelerfolge, dass eine einheitliche Massenbewegung entstehen konnte, da die mehr als 900 (!) Dalit-Subkasten sich teilweise untereinander bekämpfen.[31] Ähnliche Beobachtungen lassen sich in der indischen Frauenbewegung machen: Es wird, nach meiner Beobachtung, stärker rivalisiert als kooperiert. Auf die Kaste bezogen, rivalisieren beispielsweise in Tamil Nadu die drei Hauptkasten der Dalits – die Pallars, Paraiyars und Sakkiliyars –, so dass keine geschlossene Front das dominante System herausfordern könnte. Nicht eine einzige Dalit-Organisation – schon zu Zeiten des großen Führers Ambedkar, der alles daran setzte, die Dalits zu vereinen – kann für sich in Anspruch nehmen, die «Unberührbaren» als geschlossene Gruppe zu repräsentieren. Auch wenn so gut wie jedes Dorf in Indien seine Unberührbaren hat, sind sie fast nie in der Mehrheit, sondern tendenziell in verhältnismäßig kleine Gruppen gespalten.[32]

Es ist diese Fragmentierung, die Hand in Hand mit der Unterdrückung unterer Kasten geht. Dalits, wie die meisten Menschen anderer Kasten auch, sind in erster Linie daran interessiert, ihre eigene Position innerhalb der Hierarchie zu verbessern. Ihre Wut richtet sich nicht direkt gegen das System, sondern gegen ihre eigene Position (oder die ihrer Sub-Gruppe) darin. Diese Clan-Mentalität in den eigenen Reihen nimmt den Dalits die Möglichkeit, durch ihre schiere Masse eine bedeutendere Rolle im politischen Leben Indiens zu spielen. Das kommt wiederum den landbesitzenden Kasten entgegen, die kein Interesse am Aufstieg der unteren Schichten haben: Die Unberührbaren bilden das Rückgrat der billigen Landarbeit in Indien, insbesondere Frauen. Landwirtschaftliche Arbeit auf den Feldern und die Verrichtung von Arbeiten, die an Schmutz gekoppelt sind, waren und sind ein wesentliches Merkmal der Unberührbarkeit – und das soll, in der Vorstellung vieler, auch so bleiben.[33]

Einige wichtige Errungenschaften, die seit der Unabhängigkeit (1947) mit dem Inkrafttreten der indischen Verfassung verankert wurden, sind Quotenregelungen für Dalits und andere Niedrigkastige im Bildungssektor und für Regierungsjobs sowie die formale Abschaffung des Status der Unberührbarkeit (beides 1950), auf die – neben vielen weiteren Gesetzen – 1989 der *Prevention of Atrocity* (POA) Act folgte, der Herabsetzungen, Belästigungen, kriminelle Taten und Übergriffe auf niedere Kasten und Dalits definiert und unter Strafe stellt. Wie aber bereits gezeigt wurde, verhindert das komplexe System von Tradition, Armut und Kaste, diese konstitutionell verankerten Rechte schnell, wirksam und nachhaltig umzusetzen. In den Dörfern, wo andere Regeln gelten, können Dalits keinen polizeilichen und juristischen Schutz einfordern. So wurde der kastenlose und mittellose Vater eines Dalit-Mädchens im Mai 2014 von der Polizei schlicht ausgelacht, schikaniert und nach Hause geschickt, als er darum bat, seine Tochter suchen zu helfen, die mit ihrer Cousine auf dem Weg in die Felder zum Toilettengang verschwand. Beide Mädchen wurden am Folgetag vergewaltigt und erhängt an einem Mangobaum gefunden. Wahrscheinlich wären sie noch am Leben, wenn die Polizisten, die aus der gleichen Kaste stammten wie die Täter, sich der Suche angenommen hätten.[34]

Diese Kluft zwischen der politisch-rechtlichen Gleichstellung und der Ungleichheit in der sozialen Realität zu durchbrechen, ist eine der Herausforderungen des 21. Jahrhunderts. Insbesondere Frauen der unteren Kasten sind hart getroffen, da sie aufgrund ihres Geschlechts die größte Bürde zu tragen haben – von sexueller Belästigung, Mangelernährung, schlechterer medizinischer Versorgung bis hin zur Akzeptanz halber Lohnzahlung im informellen Sektor. Die geringere Lebenserwartung von Frauen im Erwachsenenalter (vgl. Kapitel 7) korreliert mit den Faktoren von Kaste und Armut. Viele Dalit-Frauen sind ständig hungrig; sie sind überarbeitet und fühlen sich im Alltag erniedrigt.[35] Frauen, die einen täglichen Überlebenskampf führen, haben weder die Kraft noch den inneren Raum, sich mit Gerechtigkeit zu befassen. Vielleicht ließe sich sagen, dass der Kampf dieser Frauen weniger ein Geschlechterkampf als ein Klassenkampf ist.[36] «Geh in ein Slum und sprich über Wasser oder Land, und die Frauen werden eifrig und kämpferisch hervortreten. Sprich aber über Rechte, Gewalt, Vergewaltigung in der Ehe, Verlassenheit – sie wollen darüber nicht reden. Wie soll ihnen das helfen? Sie sind stärker mit dem alltäglichen Überlebenskampf befasst, als zu verstehen und darüber zu sprechen, was rechtmäßig ihres ist.»[37]

Ebenso wahr ist aber, dass eine Vielzahl erfolgreicher lokaler Projekte meist privater Initiativen Dalit-Frauen Möglichkeiten der Emanzipation bieten, die auch angenommen werden. Aarti Balmiki, eine Dalit, die Geschichten für die NGO *Video Volunteers*[38] festhält, sagt von sich: «Ich war eine Toilettenfrau, die die Scheiße anderer Leute aus ihren Häusern holte, so wie es Leute meiner Kaste immer getan haben. Das mache ich nicht mehr. Jetzt reinige ich nur noch Fußböden in einem Regierungsgebäude. Die Beamten sagen: ‹Morgens wischt sie die Böden und nachmittags bringt sie ihre Kamera, um uns zu befragen! Sie hält nach Geschichten Ausschau, während sie die Böden wischt.› Sie können nicht glauben, dass ich beides, eine Putzfrau und eine Kamerafrau bin! Sie haben wirklich Angst vor mir, weil meine Videos ihre Korruption und Ineffizienz zeigen können.»[39]

Auf dem Land haben zwei Entwicklungen eine regelrechte Revolution für Frauen in Gang gesetzt, die nach 20 Jahren erstaunliche Früchte trägt: erstens, Mikrokreditprogramme, die seit den 90er Jahren weite Verbreitung in Indien und Südasien fanden und es Frauen ermöglichen, ökonomisch unabhängig zu werden; zweitens, die von der indischen Regierung 1992 durchgesetzte 30%-Quote, die erzwingt, dass in allen Dorfparlamenten ein Drittel der Führungspositionen von Frauen übernommen wird.

Im Bereich der Mikrokredite wurden liberale Institutionen wie SEWA oder die Grameen Bank in Indien zu wichtigen Faktoren in der Entwicklungspolitik.[40] Bereits in den 1980ern verlagerte sich der Fokus auf Mikrokreditfinanzierung, um Frauen mehr Autonomie zu ermöglichen. Hunderttausenden Frauen wurden in lokalen *sangams** (Gruppen auf Dorfebene) organisiert, um mit eigenen Berufsideen wirtschaftlich unabhängig zu werden.[41] Mohammad Yunus, der weltweit als Vater des Mikrokredits bekannt geworden ist, bekam 2006 für seine Leistungen den Nobelpreis.

Weniger bekannt ist seine frühere Mentorin und Lehrerin Ela Bhatt, Gründerin von SEWA.[42] Sie begann schon in den frühen 70ern, eine Gruppe armer Frauen in Ahmenbad zusammenzubringen, alles Frauen des unorganisierten Sektors, die Karren zogen, Lasten trugen und andere schwere körperliche Arbeit leisteten. Sie legten ihr Geld zusammen, oft nicht mehr als 10 Rupien (15 Cent) pro Frau, und gründeten ein Kollektiv (*Self-Employed Women's Association*, SEWA), das ihnen mit einer Anfangsfinanzierung half, ihre Geschäftsideen zu verwirklichen, vom kleinen Laden über Catering bis zur Schneiderei. 1974 starteten sie die SEWA-Bank, die inzwischen in vielen ländlichen Gebieten mit knapp 3500 Selbsthilfegruppen aktiv ist.[43] Gemüsehändlerinnen und Altkleiderverkäuferinnen sind Mitglieder des Vorstands, der sich auch um die Bedürfnisse verarmter Frauen kümmert, wie Gesundheits- und Kinderversorgung, juristische Hilfe, Versicherungen etc.

Mikrokredite erweiterten die Möglichkeiten und Spielräume von Frauen, ohne in Konflikt mit bestehenden Rollenvorstellungen zu geraten. Die Grameen Bank, die nach dem Vorbild von Ella Bhatts Organisation 1976 in Bangladesh gegründet wurde, wuchs bis in die 80er Jahre nur langsam. Mit der Entscheidung, Mikrokredite nicht an Einzelpersonen, sondern Gruppen von Frauen zu vergeben, stieg die Zahl der Kreditnehmerinnen in nur einem Jahrzehnt explosionsartig an: von ca. 100 000 Frauen 1985 auf 1,7 Millionen Frauen 1994. Heute gibt es Kreditnehmerinnen in der Hälfte aller Dörfer in Bangladesh,[44] und fast alle Kredite werden zurückgezahlt. Auch in Indien hat sich dieses System bewährt. Es konnte allerdings beobachtet werden, dass häusliche Gewalt gegen Frauen zunächst zunimmt, wenn sie dank der Mikrokredit-Projekte ökonomisch unabhängiger werden. In den meisten Fällen nimmt die Gewalt wieder ab, wenn die Männer erleben, dass nicht nur die Frauen, sondern die gesamte Familie von den Aktivitäten und Vorteilen der Mikrokredit-Gruppen profitiert.[45]

Ein ähnlich großer Schritt hin zu mehr Demokratie und Chancengleichheit allgemein war der Gesetzesbeschluss der Regierung, politische Macht und Ressourcen im ländlichen Raum vermehrt an gewählte lokale Selbstverwaltungsgremien, die sogenannten *panchayats*, zu delegieren. Dass seit 1992[46] ein Drittel der Sitze in den Dorfräten für Frauen vorgesehen ist, hat sich positiv für die Entscheidungsmacht der Frauen ausgewirkt. Dass dies auch problematisch ist, zeigt das Beispiel der 27-jährigen Nilima Debbarma aus dem Dorf Shikaribari (Khowai District, Tripura). Nilima war eine landlose Stammesangehörige, die ihre zwei kleinen Töchter allein großzog, nachdem sie ihren Mann wegen seiner Gewalttätigkeit verlassen hatte. Sie wollte etwas gegen die Armut und für die Entwicklung ihres Dorfes tun, in dem vor allem Stammesangehörige leben, die am untersten Ende der sozialen Hierarchie angesiedelt sind. Also ließ sie sich zur Wahl für den Dorfrat aufstellen, um die Interessen ihres Dorfes gegen die Männerwelt der höheren Kasten zu vertreten. Dafür bezahlte sie mit ihrem Leben, denn trotz massiven Drucks der hochkastigen Politiker zog sie ihre Kandidatur nicht zurück. Kurz vor den Wahlen 2010, als sie von einer Hochzeit in ihr Dorf zurückkehrte, wurde sie von einer Gruppe von Männern vergewaltigt und ermordet.[47]

Die enorme Tragweite der Frauenquote in den *panchayats* sollte trotz solcher schlimmen Rückschläge nicht unterschätzt werden. Die Transformationsprozesse brauchen Zeit. Bachi Devi, eine *sarpanch* (Dorfvorsitzende) aus Rajasthan, sagt: «Dieses neue Gesetz – sie dachten, sie könnten es einfach schlucken. Schlucken, verdauen und so weitermachen wie bisher. Was also war mit den für Frauen reservierten Plätzen? Ein Mann konnte den Namen seiner Frau oder seiner Mutter aufstellen lassen. Jeder wusste, wenn sie gewinnt, würde er regieren.»[48] Ist die Rechnung der Männer aufgegangen? 40% der Frauen, die die lokalen Wahlen heute gewinnen, leben von weniger als 2000 Rupien im Monat, über die Hälfte kann kaum schreiben und lesen. In der Regel sind sie – zumindest in Nordindien – so sozialisiert worden, sich zurückzuhalten, sich den Männern zu unterstellen, höheren Kastenmitgliedern nicht zu widersprechen, vor fremden Männern zu schweigen usw. Wurde ihnen in Bundesländern wie Rajasthan anfangs mit offener Feindschaft begegnet oder saßen sie vor 20 Jahren nur still neben ihrem Mann, der die Geschäfte betrieb, so handeln viele von ihnen heute mit einem Selbstbewusstsein und einer Geschwindigkeit, dass einem schwindelig wird. In Bundesländern wie Maharashtra und Karnataka, in denen die gesellschaftlichen Strukturen weniger patriarchal sind als im nordindischen Raum, hatten Frauen es von Anfang an leichter. Ihre Erfolge und ihr Einsatz für die Gemeinschaft werden regelmäßig mit Wiederwahl belohnt, und zwar häufig nicht über die für Frauen reservierten Sitze, sondern die «allgemeinen» Sitze, d. h. mehr

Frauen, als die Quote verlangt, werden in politische Positionen gewählt. Analphabetismus ist für viele Frauen die größte Hürde, die sie wiederum bestärkt, ihre Töchter zur Schule zu schicken.

Salma Khan aus Uttar Pradesh meint: «Meine Eltern haben mich nicht zur Schule geschickt. Stattdessen haben sie mich verheiratet. Ich werde diesen Fehler nicht machen. Meine Tochter wird zur Schule gehen, komme, was wolle. Die Zeiten haben sich geändert. Sie dir Mayawati an.[49] Nun ja, ich möchte nicht, dass Amina sich die Haare kurz schneidet und Hosen trägt. Sie soll feminin sein. Aber sie soll lernen und uns stolz machen.»[50]

Über 100 Millionen Frauen sitzen aufgrund der Quote in den *panchayats* (Dorfräten),[51] auch wenn zur Zeit (2015) nur 11% Frauen im indischen Parlament vertreten sind.[52] Es hat sich gezeigt, dass Frauen in den Dorfräten weniger korrupt agieren und mehr für das Wohl des Dorfes und der Gemeinschaft tun, indem sie beispielsweise in Wasser und Straßenbau investieren.[53] Dies hat dazu geführt, dass die Quote in einigen Bundesstaaten von den Landesregierungen auf 50 Prozent erhöht wurde. Erstmals verfügen Frauen, deren Leben seit Jahrhunderten von Machtlosigkeit, Unterernährung und mangelnder Bildung geprägt ist, über das Mandat und den politischen Einfluss, sich für ihre Anliegen einzusetzen. Es sind diese Frauen, die für heranwachsende Mädchen zu Vorbildern werden und das Denken einer ganzen Generation verändern werden.

10. Widerstand: Feminismus, Auflehnung, Gegenwehr

Gewalt, Armut, Hunger, mangelnde Gesundheitsversorgung und Bildung in den ärmeren Segmenten der Gesellschaft, ungleiche Rollen und Chancen in der Arbeitswelt – das bietet hinreichend Potenzial für Frauen aufzubegehren. Bei all dem Leid, das Frauen unter dem Mantel der «Tradition» zu erdulden haben, stellt sich die Frage, auf welche Weise sich Widerstand in Indien formen kann. Welche Nischen und Räume erschaffen sich Frauen und welcher Ausdrucksformen von Wut, Sabotage, Öffentlichkeitsarbeit und Meinungsbildung bedienen sie sich? Wie unterscheiden sich Bewusstsein und Aufbegehren in den urbanen Zentren vom Aufbegehren auf dem Land? Durch welche Formen des Widerstands können betroffene Frauen erreicht und mobilisiert werden?

Das beginnende 21. Jahrhundert legt Zeugnis ab von der Konfusion in der Definition des Feminismus-Begriffs. Die Forderung nach der Gleichheit der Geschlechter und der Befreiung von Frauen aus patriarchaler Vorherrschaft ist ein Konzept der liberalen Frauenbewegung, das ursprünglich auf Ideologien der Aufklärung aufbaut und nur eine (wenn auch vorherrschende) Ideologie feministischer Bewegungen ist. Indische Frauenbewegungen reichen von liberalen Organisationen, wie beispielsweise *Samt* (Gleichheit), einem 1978 gegründeten Kollektiv, das von gebildeten Frauen der urbanen Mittelschicht getragen wird und das die Zeitschrift *Manushi* (Frau) initiierte, bis hin zu militanten Landarbeiterinnen aus den unteren Kasten und Stämmen.[1]

Die Frauenbewegung begann ab den 70er Jahren einen signifikanten Einfluss auf das öffentliche Leben in Indien zu nehmen: Es entstanden Frauenkollektive wie die «Frauen-Organisation» (*Mahila Dakshata Samiti*), die «Arbeitenden Frauen»

(*Karrika*) usw. ebenso wie die Erneuerungsbewegung (*Nav-Nirman*) in Gujarat, die Bewegung gegen steigende Lebensmittelpreise (*Anti-Price-Rise Movement*) in Maharashtra, die Land-Neuverteilungsbewegung in Bihar und Maharashtra und eine breitere zivile Freiheitsbewegung.[2]

Seitdem hat sich die indische Frauenbewegung in eine unüberschaubare Anzahl lokaler Gruppen und Organisationen aufgefächert. Es ist dieses jahrzehntelange Engagement Zehntausender Organisationen, das den Nährboden gebildet hat, auf dem die gesamtindischen Proteste nach der brutalen Gruppenvergewaltigung von Nirbhaya im Dezember 2012 aufbauten. Frauenorganisationen in Indien arbeiten mit unterschiedlichsten Ansätzen und Ideologien in Dörfern und in den Städten, viele von ihnen leise und «ungesehen», ohne die mediale Aufmerksamkeit städtischer Bewegungen, andere stärker im öffentlichen Bewusstsein. Wieder andere, wie die rechtsfundamentalistische *Durga Vahini*, sind mit ihrem Engagement für Frauen vornehmlich politisch motiviert und festigen unter dem Deckmantel der Emanzipation patriarchale Strukturen. Es ist wichtig, die ungeschriebene Geschichte des Widerstands indischer Frauen miteinzubeziehen, wenn man verstehen will, warum der sogenannte «Dritte-Welt-Feminismus» eigene Antworten auf spezifische Probleme finden muss: sei es die Mitgift, selektive Abtreibung weiblicher Föten oder die Vergewaltigung durch Polizisten.

Liberale Frauengruppen haben sich herausgebildet mit dem Ziel, ein Ende des Sexismus in all seinen Spielarten herbeizuführen. Der Begriff Feminismus wird heute zu Unrecht angegriffen und trivialisiert. Dazu gehört auch der Versuch nationalistischer und anti-liberaler Stimmen, den indischen Feminismus als westlichen Import herabzustufen, weshalb viele indische Frauengruppen bewusst Abstand vom Begriff Feminismus suchen.[3] Diese politische Fragmentierung des Feminismus ist Ursache und Folge der vielfältigen Entwicklung feministischer Theorien in den letzten Jahrzehnten. In verschiedenen feministischen Forschungsansätzen wird die Frage, was Feminismus war und heute ist, neu gestellt. In erster Linie impliziert der Begriff, dass ein Bewusstsein der Identität von Frauen als Frauen existiert, unabhängig davon, wie unterschiedlich Frauen diese Identität besetzen. Mit der Absicht, Frauen für ihre eigenen Interessen zu organisieren, umschließt der Feminismusbegriff in Indien in seiner allgemeinsten Umschreibung zunächst eine Vielfalt breiter, oft schillernder Bewegungen mit dem Ziel, den Status und die gesellschaftliche Integration von Frauen im Sinne eines «Empowerments» zu gewährleisten. Feminismus wird also als eine Form des politischen Bewusstseins verstanden.

Häufig wird resümiert, dass unter Feminismus ein globales Konzept zu verstehen sei, mit dem Ideologien, Strategien und Einstellungen der westlichen Mittelschicht propagiert werden. Stimmen aus Indien und anderen asiatischen Ländern haben zudem beklagt, dass sich in der nordamerikanisch-europäisch dominierten Feminismus-Debatte drei Tendenzen abzeichnen, nämlich die Ignoranz, die verhindert, Frauenbewegungen der «post-kolonialen Welt» in ihrer Geschichte und Breitenwirkung anzuerkennen; die Voreingenommenheit, Frauenbewegungen als ein Produkt der «Modernisierung und Entwicklung» zu betrachten; und weiter die (fälschliche) Annahme, dass die Formen weiblicher Unterdrückung wie auch die Motive aktiver Frauenbewegungen global die gleichen sind.[4]

Im Folgenden werden Beispiele der Errungenschaften und Aktivitäten feministischer Bewegungen und anderer Widerstandsbewegungen Indiens in ein Verhältnis zueinander gesetzt; den Hintergrund bildet die lange Geschichte weiblichen Widerstands aller politischen und sozialen Spektren, die ebenso facettenreich ist wie die Welt der indischen Frauen selbst. Um Gespür und Verständnis für den indischen Feminismus zu gewinnen, ist ein knapper geschichtlicher Rückblick notwendig, auch um Formen des Widerstands im hindu-fundamentalistischen Spektrum nachvollziehen zu können, denn beide – linksliberaler wie rechtsnationalistischer Widerstand – wurzeln im Reformhinduismus des 19. Jahrhunderts.

Die indische Frauenbewegung hat sich als ein Teil des Reformhinduismus im ausgehenden 19. Jahrhundert herausgebildet. Einflussreiche Sozialreformer wie Ram Mohan Roy, Ramanade Mahadev Govind, Gopal K. Gokhale und Dayananda Sarasvati begannen, den niedrigen Status indischer Frauen zu hinterfragen und Reformen des indischen Gesellschaftssystems in einem breiten Rahmen einzufordern. Es waren Männer der oberen Kasten und Klassen mit englischer Ausbildung, beeinflusst von der europäischen Philosophie der Aufklärung, insbesondere von Philosophen wie James Mill und Jeremy Bentham.[5] Sie setzten sich mit großem Engagement für Themen wie die Ausbildung von Mädchen und Frauen, das Recht der Wiederverheiratung von Witwen, das Verbot der Kindesheirat, Erbrecht für Frauen, das Verbot von *sati* (Witwenverbrennung) ein und gründeten einflussreiche Organisationen und Ausbildungszentren. Bemerkenswert ist, dass das Interesse an der Verbesserung der Situation von Frauen primär dem Interesse entsprang, das indische Gesellschaftssystem zu erneuern, um die Nation zu stärken[6] und sich vom britischen Kolonialismus zu befreien – Werte, die auch im nationalistischen und fundamentalistischen Spektrum der Gegenwart dominieren und mit traditionellen, indischen Geschlechtervorstellungen korrelieren (vgl. Kapitel 11). Primär wurden Reformen für Frauen, etwa Bildung, deshalb für notwendig erachtet, weil Frauen als «Pfeiler der Familie» ein stabiles Familienleben garantierten, was zur Erziehung stolzer und kraftvoller Staatsbürger beitrug. Diese Werte des Reformhinduismus des 19. Jahrhunderts decken sich mit Vorstellungen tugendhafter Weiblichkeit und werden nach wie vor von rechten Frauenorganisationen wie der *Durga Vahini* massiv propagiert.

Den Status der Frauen zu heben und ihnen Rechte einzuräumen, wurde als unumgänglich betrachtet, um den Erfolg der Reformen im 19. Jahrhundert zu garantieren, die Indien «modernisieren» und von der britischen Fremdherrschaft befreien sollten. Frauen profitierten in beachtlichem Ausmaß von diesen Neuerungen, beispielsweise schlossen in Kalkutta bereits 1883 zwei Frauen ein Universitätsstudium ab. Auch konnten Frauen schon ab 1921 in den Provinzen Bombay und Madras wählen (ungefähr zeitgleich wurde britischen Frauen das Wahlrecht zugestanden).[7] Allerdings galten die Anfänge dieser indischen Frauenbewegung, getragen von aufgeklärten Männern, die westliche Ideale mit indischer Tradition zu vereinigen suchten, nur sekundär der Emanzipation von Frauen: Ihre Rolle im gesellschaftlichen Leben sollte sich strukturell möglichst nicht wandeln. Frauen waren Objekte, nicht Subjekte ihrer Emanzipation – ein Thema, das in hindu-fundamentalistischen Bewegungen alarmierende Aktualität hat.

In den folgenden Jahrzehnten, das heißt in der Zeit der indischen Unabhängigkeitsbewegung, begannen immer mehr Frauen, sich zu organisieren und ihre Rechte selbst zu definieren und einzufordern. Schon ab Ende des 19. und Anfang des 20. Jahrhunderts (insbesondere ab den 1930er Jahren) schlossen sich Frauen rechtsradikalen Guerilla-Bewegungen an, beispielsweise um S. C. Bose (1897–1945), der ein Frauenregiment (das «Rani-Jhansi-Regiment») in Südostasien stationierte. Auch Organisationen, die dem Kommunismus nahestanden und die in den 30er Jahren Sprengstoffanschläge auf Waffenarsenale ausübten, Überfälle auf Banken und Polizeistationen organisierten oder Bomben bauten und versteckten, schlossen sich Frauen an, um der Unabhängigkeitsbewegung Indiens zu dienen.[8] Weibliche Kampfverbände, beispielsweise die 1928 in Kalkutta gegründete Studentinnen-Verbindung *Chatri Sangha*, bildeten Frauen in Stockschlagen, einer Methode der Selbstverteidigung mit Stöcken, und Schwertkampf aus und brachten ihnen Motorradfahren bei. Sarala Devi, eine Nichte Tagores, die der radikalen Bewegung um Lokamanya B. G. Tilak angehörte, hatte bereits 1905 als Erste mit der Organisation *Surid Samiti* einen militanten weiblichen Kampfverband gegründet.[9] Sie erkannte, dass das religiöse Element eines der wirksamsten Mittel ist, indische Frauen politisch zu mobilisieren. Aus diesem Grund verband sie in der Organisation *Surid Samiti* religiöse Zeremonien mit der Ausbildung an der Waffe – ein Vorgehen, das heutige fundamentalistische Bewegungen wie die *Vishwa Hindu Parishad* (VHP) aufgegriffen haben und mit großer Breitenwirkung umzusetzen verstehen.

Bereits 1917 gründete sich die *Women's India Association* unter der Führung von Sarojini Naidu, einer herausragenden Führerin der Frauenbewegung während der Unabhängigkeitsbewegung. Auch englische Feministinnen wie Margaret Cousins und Annie Besant setzten sich für das Wahlrecht von Frauen ein und mischten sich mit beeindruckendem Aktivismus in das politische Leben in Indien ein.

Frauen wurden sichtbarer: Ab 1920 begannen Frauen, sich in großer Zahl an Aktionen der gewaltfreien Widerstandsbewegung unter Mahatma Gandhi zu beteiligen, insbesondere im *Non-Cooperation Movement* (1921) und im *Civil Disobedience Movement* (1930). Große Frauendemonstrationen fanden statt, Frauen spendeten dem *National Fund* ihren Goldschmuck, sie boykottierten den Verkauf ausländischer Stoffe und leisteten Botendienste für die Rebellen im Untergrund.[10] 1926 entstand der *National Council of Women in India*, 1927 die *All India Women's Conference* (AIWC), die mit ihren jährlichen Treffen eine zentrale Rolle für die Durchsetzung sozialer Reformen einnahmen. Der Fokus lag auf der Verankerung gleicher Rechte für Frauen im indischen Rechtssystem. Dies führte zwar zu beachtlichen Reformen auf dem Papier, nicht jedoch zu strukturellen Veränderungen der Geschlechterhierarchie und der Auflösung geschlechtsspezifischer Rollen im Alltagsleben. Ein Problem, mit dem Indien auch knapp 70 Jahre nach der Unabhängigkeit noch zu kämpfen hat.

Auch in Mahatma Gandhis Konzepten zur Emanzipation von Frauen spielte die tief verinnerlichte Vorstellung geschlechtsspezifischer Rollenverteilung von Frau und Mann eine entscheidende Rolle. Er assoziierte Frauen primär mit der «guten *pativrata*» (vgl. Kapitel 3), die nicht mit Waffen, sondern innerer Stärke (*shakti*) kämpft. Gandhis Aktivitäten zur Einbeziehung von Frauen in die Politik sind bemerkenswert, insbesondere für die damalige Zeit, sie basierten aber vornehmlich auf seiner

Idealisierung indischer Weiblichkeit. Gandhi war der Auffassung, dass der gewaltfreie Widerstand der Natur der Frauen entspreche, da er nicht physische Kraft und Aggressivität erfordere, sondern moralische Stärke und spirituelle Entschlossenheit. Qualitäten wie Liebe, Gewaltfreiheit und Opferbereitschaft, die Voraussetzung für den erfolgreichen gewaltfreien Widerstand sind, sprach er den Frauen zu.[11] Was Gandhi von den meisten anderen Sozialreformern der letzten Jahrzehnte des 19. und ersten Jahrzehnte des 20. Jahrhunderts unterscheidet, ist, dass er Frauen nicht zum Objekt seiner Ideen gesellschaftlicher Transformation gemacht hat. Er hat Frauen nicht entmündigt, indem er voraussetzte, dass sie zur Artikulierung ihrer Interessen in der Öffentlichkeit eines männlichen Mentors als Sprachrohr bedürften. Vielmehr hat Gandhi Frauen als aktive Mittler des sozialen Wandels stets einbezogen und ihnen so ein neues Selbstverständnis weiblicher Stärke vermittelt, was zu einer großen Mobilisierung von Frauen geführt hat. In Biographien und Autobiographien indischer Frauen der Unabhängigkeitsbewegung wird dieser Einfluss Gandhis immer wieder hervorgehoben.[12]

Das Aufbegehren von Frauen während der indischen Unabhängigkeitsbewegung, mit der vielseitige Reformen zur Gleichstellung von Frauen initiiert wurden, wird als *first-wave feminism* in Indien umschrieben. Diesem folgte mit den ökonomischen Veränderungen und verstärkten Spannungen der Kasten- und Klassenhierarchien ab den 70er Jahren eine zweite, breitangelegte Bewegung: Es bildete sich eine Vielfalt liberaler indischer Frauengruppen heraus, die in der Literatur als *second-wave feminism* bezeichnet werden und stark von westlich geprägten Wertebildungen und Feminismustheorien beeinflusst wurden. Sie unterschieden sich im Grad ihrer Radikalität und Autonomie beträchtlich.

Vor diesem Hintergrund wird verständlicher, warum die indische Frauenbewegung eine amorphe, sporadische, themenorientierte Multiklassen- Bewegung ist, überwiegend autonom mit unterschiedlichsten ideologischen Richtungen und Strategien,[13] und nicht als Klon westlicher Wertebildung betrachtet werden kann. Die Assoziation des Feminismusbegriffs mit vornehmlich «westlichen» Ideen führte dazu, dass Aktivistinnen lokaler, nicht-westlicher Frauenbewegungen häufig ablehnen, sich selbst als Feministinnen zu bezeichnen. Selbst Aktivistinnen in Organisationen der (links-)liberalen Frauenbewegung, wie Madhu Kishwar, die fast ausschließlich von Frauen der urbanen, gebildeten Mittelschicht getragen werden, können sich mit der Bezeichnung als Feministin häufig nicht identifizieren.[14]

Viele Frauen, die sich für die Rechte und Anliegen von Frauen engagieren, fühlen sich mit dem Begriff Feminismus unwohl, weil dieser oft mit unweiblichen Frauen aus dem Westen assoziiert wird, mit «Männer-Hassern», die öffentlich ihre Büstenhalter verbrennen. Aktivistinnen in China empfinden den Begriff als zu radikal, in Kambodscha ist man der Annahme, Feminismus würde die Kultur zerstören, führende Eliten in Singapore äußerten, dass Feminismus ihre Vorstellung sozialer Moral unterminiere, und in Thailand finden viele, Feminismus sei nicht-Thai.[15] Auch gibt es eine Vielzahl lokaler (ländlicher) Frauenbewegungen, die in ihrer Agenda weder gleiche Rechte für Frauen fordern noch die internalisierten, patriarchalen Ideologien ihrer kulturellen Matrix infrage stellen. Ihnen wird häufig abgesprochen, dass sie sich mit ihren Aktivitäten und ihren divergierenden Weltbildern überhaupt für die Interessen von Frauen einsetzen.

Was also ist «Feminismus» in Indien bzw. Südasien bei so viel Unterschiedlichkeit? Devaki Jain leitet ihren Beitrag *Feminism and Feminist Expression* auf einem Symposium in Bombay zum Thema «Indigenous Feminism» (Asiatic Society, Bombay, 1. Okt. 1997) mit der Bemerkung ein, dass es so viele Feminismen gibt wie Kulturen. Sie versteht Feminismus als eine Suche, nicht Plattform, als Vision, nicht eine Praxis.[16]

Im linksliberalen Spektrum grenzt man sich gern mithilfe plakativer Feindbilder (*fascist agenda*, *enemy's blood*) von rechten, fundamentalistischen Bewegungen ab. Dabei wird oft mit einer vergleichbaren Polemik gearbeitet wie in hindu-fundamentalistischen Zirkeln, deren Vertreterinnen als Opfer ihrer patriarchalen Umwelt dargestellt werden, die mit ihren Aktivitäten lediglich gegen ihre eigenen Interessen arbeiten. Selten werden diese Frauen jedoch gefragt, was sie als ihre Interessen wahrnehmen und warum.

In dem preisgekrönten Film *The World Before Her* gibt Nisha Pahuja eine Inneneinsicht in die kommerzielle Welt der Schönheitswettbewerbe und in die Camps der *Durga Vahini*, des weiblichen Flügels der militanten *Hindutva**-Bewegung, die landesweit Hunderttausende junge Frauen mit nationalistischen Parolen indoktriniert, was es heißt, eine «gute Frau» zu sein. Der Film begleitet einerseits junge Frauen, die sich einen Monat auf einen Schönheitswettbewerb vorbereiten, andererseits dokumentiert er die Methoden in einem Trainigscamp, wo den Mädchen mit Disziplin und Autorität durch Vorträge, körperliche Arbeit, Selbstverteidigung und die Ausbildung im Umgang mit Waffen Selbstwertgefühl und Stärke vermittelt wird. Unkommentiert zeigt die Dokumentation, wie an diesen beiden Polen patriarchale Strukturen der indischen Gesellschaft gefestigt, statt hinterfragt und überwunden werden: sowohl beim Drill des Objekts «Frau» für die Schönheitswettbewerbe als auch beim Drill in der zutiefst frauenfeindlichen hindu-fundamentalistischen Organisation.

Im Mittelpunkt der Dokumentation zum *Durga Vahini*-Camp steht die 20-jährige Trainingsleiterin Prachi, einzige Tochter eines konservativen Elternhauses, die früh mit Gewalt gemaßregelt wurde, aber zum Entsetzen ihrer Eltern nicht heiraten möchte. Die tiefsitzenden Vorstellungen von der «guten Frau» stehen teilweise im Konflikt mit Prachis Wunsch, über ihr Leben autonom entscheiden zu können – ein Konflikt, den auch ich in meiner Feldforschung immer wieder wahrgenommen habe, zum Beispiel mit Ila, ebenfalls Camptrainerin (vgl. Kapitel 4). Was ist aus Prachi geworden? Darauf angesprochen, erzählte Nisha Pahuja, dass sie auch heute noch ganz von der hindu-fundamentalistischen Ideologie überzeugt ist, weiterhin unverheiratet ist, aber nicht mehr bei ihren Eltern wohnt.[17] Sie hat inzwischen ein Jurastudium absolviert und arbeitet ironischerweise in Indien nun für eine Anwaltskanzlei der USA, die sich mit Fragen der amerikanischen Verfassung für Menschen in Indien befasst.

Frauenorganisationen wie die *Durga Vahini* haben in Indien einen breiteren Einfluss als liberale Kräfte, weil sie auf Werten und Strukturen aufbauen, die Frauen im konservativen und im ländlichen Milieu vertraut sind. Der Protest von Mädchen wie Prachi oder Ila, die anders sind und sich gegen Unrecht im Rahmen ihrer Möglichkeiten auflehnen, werden von derartigen Organisationen absorbiert, und es wird ihnen Stärke und Selbstbewusstsein vermittelt, ohne dass die überkommenen Strukturen, die sie als Frauen entwerten, ins Wanken geraten. Sie erhalten Handlungsspielraum und Möglichkeiten, ihren Frustrationen und ihrer Aggression ein Ventil zu geben bei gleichzeitiger Einordnung in das System. Da mit den derzeitigen politischen Entwicklungen im Land der Einfluss der *Durga Vahini* und ähnlicher Organisationen weiter wachsen wird, ist es wichtig, ihre Vorstellungen von Emanzipation zu verstehen, um ihre Aktivitäten und auch ihre Gewaltbereitschaft einordnen zu können.

Im Folgenden soll es darum gehen, wie diese Frauen für sich die Beziehung zwischen Macht und Geschlecht sehen und inwieweit sie ihre Stärke aus einem religiös motivierten Aktivismus ziehen, nämlich der Neuinterpretation der «Großen Göttin» (*devi*). Welche Strategien setzen Frauen in hindufundamentalistischen Bewegungen ein, um Räume weiblicher Identität zu erschaffen? Möglicherweise artikulieren sie sich außerhalb des von Männern vorgegebenen Rahmens und sabotieren männliche Dominanz. Darf man Organisationen wie die *Durga Vahini* unabhängig von ihrer politischen Position als Widerstandbewegung von Frauen bezeichnen, auch wenn sie die patriarchalen Strukturen des Systems nicht infrage stellen? Das Patriarchat, definiert als die «Kontrolle von Männern über die Arbeitskraft, Fruchtbarkeit und Sexualität von Frauen»[18], muss als eine der wesentlichen Quellen weiblicher Unterdrückung betrachtet werden, jedoch herrscht dieses Bewusstsein bei vielen Frauen aus dem konservativen Umfeld nicht vor. Gibt es für diese Frauen alternative Nischen, ihre Interessen zu artikulieren, mit denen sie sich neue und effektivere emanzipatorische Handlungsräume erschließen?

Hindu-fundamentalistische Organisationen wie die *Durga Vahini* arbeiten überwiegend mit Mitteln des religiösen und rituellen Symbolismus, diese «Sprache» ist Frauen wie Ila oder Prachi vertraut. Spätestens seit dem *Devi Mahatmya* (5./6. Jahrhundert n. Chr.) werden individuelle Göttinnen, die ursprünglich lokalen Traditionen entstammten und unabhängig voneinander existierten, als unterschiedliche Aspekte einer einzigen Großen Göttin betrachtet, die im populären Hinduismus am häufigsten als *devi* bezeichnet wird.[19] In den letzten zehn Jahren ist mit neuen Ansätzen sehr viel über indische Göttinnen geforscht und publiziert worden.[20] Dabei wird von der Klassifizierung weiblicher Gottheiten in komplementäre Pole (die gütige, tugendhafte Göttin als verheiratet einerseits und die zerstörerische, unkontrollierbare Göttin als unverheiratet andererseits) immer mehr Abstand genommen. Denn weibliche Gottheiten werden in Südasien nicht in dichotomischen Terminologien erdacht oder behandelt; sie bewegen sich kontextgebunden zwischen diesen Polen hin und her und haben mehr als eine Identität.

Vor diesem kulturellen Hintergrund haben Frauen hindufundamentalistischer Bewegungen seit den 80er Jahren begonnen, *shakti*-Göttinnen für ihre Ideologien und politischen Ziele zu vereinnahmen. Sie modellieren, mit Berufung auf die hinduistische Tradition, Aspekte der Großen Göttin neu, um den rasanten Veränderungen der Moderne eine eigene, alternative Moderne gegenüberzustellen. So wird der Mythos der Göttin Durga im Identitätsfindungsprozess fundamentalistischer Frauengruppen zu einem Mittel, sich ihrer gesellschaftlichen Position als «machtvolle Mutter» rückzuversichern (vgl. Kapitel 5). Sie verstehen sich selbst als Trägerinnen der Mission der

Großen Göttin, nämlich die gestörte Ordnung zwischen Dämonen und Göttern wieder ins Gleichgewicht zu bringen. So sagt eine Aktivistin der *Durga Vahini* aus Delhi: «Durga ist unser Vorbild. So wie sie die Dämonen zerstört, bezeichnen wir uns als Zerstörer anti-religiöser Elemente. Wir stehen für den Kampf gegen Ungerechtigkeit und falsche Dinge.»[21]

Die bekannteste Version des Durga-Mythos besagt, dass sie von den männlichen Göttern des hinduistischen Pantheon erschaffen und mit ihren Waffen ausgestattet wurde, um einen übermächtigen Dämon zu vernichten, der nicht durch männliche Hand besiegt werden konnte. Der Mythos der Göttin als Retterin der Ordnung und Stabilisatorin göttlicher Vorherrschaft vermittelt, dass es einer weiblichen Gottheit bedarf, die in ihrer Kraft größer ist als alle Götter zusammen, um die Ordnung der Welt zu sichern.

Ähnlich argumentieren Frauen fundamentalistischer Bewegungen: Nur durch die Charakterstärke und Wertebildung der Frauen können Familien zusammengehalten und die Hindu-Gemeinschaft gegenüber muslimischer Bedrohung und westlicher Überfremdung gestärkt werden. Durga dient nicht nur als Symbolfigur weiblicher Identität, sondern sie verkörpert eine Form von Weiblichkeit, die die stereotypischen Anschauungen über Frauen herausfordert: Wo die Götter in der Bekämpfung der Dämonen versagten, hatte die Göttin Erfolg. Nicht die Frauen sind das «schwache Geschlecht», sondern die Männer. Mit anderen Worten: Das in der Mittelschicht vorherrschende Ideal indischer Weiblichkeit, das Frauen einerseits große Leidensfähigkeit und andererseits große Charakterstärke zuweist, wird als Garant sozialer Ordnung verstanden. Frauen als Zentrum der Familie sind die Träger der Moral und damit intern auch Autorität und primärer Wertevermittler (vgl. Kapitel 11). Dieses Verständnis von weiblicher Identität, das sich mit den Idealen der urbanen Mittelschicht deckt, lässt die Erhaltung traditioneller weiblicher Rollenzuweisungen zur Voraussetzung werden, um einen einheitlichen Hindu-Staat aufzubauen. Gleichzeitig erlaubt es militanten hindu-fundamentalistischen Aktivistinnen, über das traditionelle Ideal der *pativrata*, der idealen Ehefrau, hinauszugehen und mit Berufung auf die kämpferische Göttin Durga sowohl «kommunalistische» Aktivitäten zu legitimieren (beispielsweise Gewalt gegen Muslime und andere Minderheiten) als auch Führungspositionen für Frauen zu fordern:

«In Indien glauben wir daran, dass die Frau alle drei Formen der *shakti* ist: Lakshmi*, Sarasvati* und Durga. Lakshmi ist ein Symbol des Reichtums, des Wohlstandes. Sarasvati ist ein Symbol der Erziehung, des Lernens. Und Durga ist ein Symbol der Stärke und Kriegerschaft, Muskelkraft und all das. Diese drei Symbole sind Frauen. [...] Frauen haben nicht dem Rat der Männer zu folgen, sie müssen Männer leiten. Wir vermitteln ihnen: du musst deinen Bruder, deinen Mann, deinen Vater, deinen Sohn leiten. Frauen müssen Führer, nicht Gefolgschaft werden.»[22]

Auch in ihrem «Glaubensbekenntnis» für die Göttin Durga drückt sich die Kampfbereitschaft der *Durga Vahini* und ihre Vorstellung weiblicher Ermächtigung zur Verbesserung der Welt eindrucksvoll aus: «Oh! Göttin Durga, du, die als endgültige Quelle der Macht existiert. Du gibst jedem Liebe und Zuneigung und akzeptierst jeden in Deinen Reihen. Oh! Schöpferin dieser Welt und diejenige, die alle segnet, wir verneigen uns vor dir, wieder und wieder. Wir sind die mutigen Mädchen, die mit ihrem Willen für alle Kämpfe bereit sind, durch dich gute Taten zu tun. Wir werden Dinge für das größere Gute der Gemeinschaft tun, und wir werden in allen Menschen dieses Landes und in Übersee den Instinkt für gute Taten verankern. Wissen, ein reiner Charakter, gutes Benehmen, eine gute Natur, freundlich, vereinigend, Qualitäten wie Macht in uns, um unser Ziel zu erreichen, innerlich von dir gesegnet zu werden, so dass wir, die Frauen Indiens, ermächtigt werden. Oh! Gewinnerin aller Erscheinungen, diejenige, die Wohl in jedem verankert, statte uns mit Kraft (*shakti*) aus, so dass wir diese beste Hindu-Religion beschützen können, alle schlechten Menschen zerstören und die Heiligen beschützen können, so dass diese beste

Hindu-Religion den Fortschritt der Welt bewirkt. Heil, Mutter Durga. Heil, Mutter Indien!»[23]

Die Gleichsetzung von Frau und Göttin und die Identifizierung mit ihrer Stärke ist der Kern des Identitätsfindungsprozesses hindu-fundamentalistischer Frauengruppen. Es ist die Göttin in ihrer sich wandelnden Form, die die Welt schöpft, erhält und trägt. Die Gewaltbereitschaft der Göttin, die tötet, um das Gleichgewicht der Welt wiederherzustellen, gibt Frauen im hindu-fundamentalistischen Spektrum die Legitimation, für die Verteidigung ihrer Werte notfalls auch selbst zu töten.

Gewaltbereitschaft, um sich gegen Unrecht zur Wehr zu setzen, findet sich aber auch in anderen Widerstandsgruppen von Frauen. Das wachsende Interesse an Selbstverteidigungskursen für Mädchen und Frauen ist ein Indikator für das subjektive Empfinden von Schutzlosigkeit in der Öffentlichkeit. Gewaltbereitschaft basiert, insbesondere bei niedrigkastigen Frauen, auf der Erfahrung, dass das Rechtssystem und oft auch die Familie keinen Schutz bieten und sie die Verteidigung ihrer Rechte und ihres Körpers selbst in die Hand nehmen müssen.

Ein 17-jähriges Mädchen, das von ihrem Onkel vergewaltigt wurde, wappnete sich mit einem Messer, als sie ein zweites Mal zu ihm geschickt wurde, nahm die Unterhaltung mit ihrem Handy auf und schnitt ihm, als er sich erneut gewaltsam näherte, die Genitalien ab.[24] Ein weniger extremes Beispiel wurde im Dezember 2014 bekannt: Die beiden Schwestern Pooja und Arti aus Haryana verprügelten drei junge Männer einer höheren Kaste in einem Bus, weil diese sie belästigt hatten. Wie sich im Verlauf der Untersuchung herausstellte, setzten sie sich nicht zum ersten Mal auf diesem Wege zur Wehr. «Die Leute müssen die hässliche Kastenpolitik und die Machtkämpfe, denen Frauen täglich in Haryana ausgesetzt sind, verstehen», verteidigten die Medien diese Gewalttätigkeit.[25]

In einem anderen Fall, wiederum extrem, stürmte ein Mob von 200 Frauen aus einem Slum das Bezirksgericht Nagpur (Nordindien) und tötete den Vergewaltiger Akku Yadav während seiner gerichtlichen Anhörung innerhalb von 15 Minuten:

Chillipulver wurde ihm ins Gesicht geschleudert, Steine geworfen und sein Penis mit einem Gemüsemesser abgeschnitten, bevor er mit über 70 Stichwunden starb. Für über ein Jahrzehnt hatte Yadav in dem Slum ca. 300 Familien drangsaliert, Geld erpresst, Angst geschürt und immer wieder Frauen vergewaltigt, die, wenn sie sich beschwerten, von der Polizei ausgelacht und nach Hause geschickt wurden. In jedem zweiten Haus des Slums hat er eine Frau vergewaltigt, wird in der Nachbarschaft erzählt. Diese angestaute Wut brachte die Frauen dazu, das Recht in ihre eigenen Hände zu nehmen.

Zwei Wochen zuvor hatte Yadav einer jungen Frau, Narayane, gedroht, sie mit Säure zu verätzen und zu vergewaltigen, weil sie ihren Mund aufgemacht und ihr Schwager, ein Anwalt, ihn verbal zur Rechenschaft gezogen hatte. «Er hat nur die Armen vergewaltigt, von denen er glaubte, sie würden nichts sagen, oder dass, wenn sie was sagten, niemand ihnen Gehör schenken würde. Aber er hat einen großen Fehler gemacht, als er auch mich bedrohte. Die Frauen im Slum fühlten, wenn ich attackiert werde, ist keine Frau hier mehr sicher.» Narayane, die für den Mord verantwortlich gemacht wird, obwohl sie nicht Teil des Mobs gewesen ist, hatte die Frauen organisiert, indem sie Unterschriften für eine Sammelklage zusammentrug. Ihre Bildung gab ihr den Mut, die Gemeinschaft zum Handeln zu bewegen. Yadav tauchte unter, stellte sich später aber der Polizei. Als durchsickerte, dass er wieder auf Kaution freikommen würde, stürmten die Frauen den Gerichtssaal und töteten ihn.[26]

Derartige Beispiele von zum Teil extremer Gewalt, die nicht nur Männer, sondern auch Frauen einsetzen, sind im indischen Alltag keine Ausnahme. Meines Wissens gibt es keine andere Nation, in der sich in den letzten 20 Jahren landesweit auch Selbsthilfegruppen von Männern gebildet haben, die sich häuslicher Gewalt ausgesetzt fühlen oder die, ihrer Meinung nach, von ihren Ehefrauen erpresst und misshandelt werden. Interessanterweise bauen diese Widerstandsgruppen gebeutelter Männer auf Strukturen auf, die anti-feministisch sind und Frauen beschuldigen, Familien zu zerstören, Männer zu dämonisieren und als kostenlose Geldautomaten zu benutzen. Die frühesten Männergruppen lassen sich für die 1990er Jahre in Kalkutta, Mumbai und Lucknow finden,[27] inzwischen gibt es sie landesweit, und man tauscht sich rege über neue Technologien wie das Internet aus. Die Männer werfen ihren Ehefrauen nicht nur körperliche Gewalt, sondern auch den Missbrauch der Rechte zum Schutz von Frauen vor, insbesondere Paragraph 498A des indischen Strafrechts (Grausamkeit gegen Ehefrauen), nach dem Männer sofort verhaftet werden können.

Die Dachorganisation dieser konservativen und politisch rechts orientierten Männergruppen hat inzwischen über 30 000 Online-Mitglieder. Sie fordern «Familienharmonie» ein und bekämpfen den Terrorismus des «ausländischen Einflusses feministischer Gruppen».[28] Die meisten Mitglieder entstammen der urbanen Mittelschicht, und es herrscht die Vorstellung vor, dass die Gleichstellung der Frau den Zusammenbruch der indischen Familie herbeiführen wird. Die Entstehung dieser Gruppen verweist nicht nur auf das mögliche Ausmaß weiblicher Aggressivität, sondern auch auf die Krise, in der viele Männer der Mittelschicht sich befinden. Das Starkwerden der Frauen kann zur Schwächung der Männer führen, zumindest in ihrer Wahrnehmung. Viele Männer fühlen sich bedroht, wenn Frauen ökonomisch unabhängig werden oder sich, wie in den unteren Schichten, über Selbsthilfegruppen, Mikrokredite oder lokale Frauengruppen zu organisieren beginnen. Höherer Selbstwert und gegenseitige Unterstützung in den Kollektiven stellt die Ordnung von Pflicht und Aufopferung, von Dominanz und Unterordnung in Frage.

Tatsächlich wenden nicht nur Einzelpersonen oder rechtsfundamentalistische Gruppen wie die *Durga Vahini*, sondern auch misshandelte Frauen vom Land vermehrt dort Gewalt an, wo sie keinen anderen Weg sehen, das Unrecht, das sie erleben, sichtbar zu machen. Überwiegend stammen sie aus den unteren Kasten und Klassen. Es ist kein Zufall, dass die inzwischen international bekannte *Gulabi Gang* (Rote Brigaden; wörtlich: Rosa Bande) in kürzester Zeit Tausende von Frauen auf dem

Land zu mobilisieren vermochte. Sie agieren in einem Umfeld in Nordindien (Uttar Pradesh) mit stark ausgeprägten patriarchalen Strukturen und sind nicht zimperlich damit, Männer zu verprügeln und ihre Rechte auf diesem Weg durchzusetzen. Auch wenn diese Form der Frauensolidarität, sich gemeinsam gegen Unrecht aufzulehnen, in vielen Teilen des Landes zu finden ist, ist die *Gulabi Gang* die erste ihrer Art, die sich professionell über ein weites Areal mit Tausenden von Mitgliedern organisiert hat. Initiatorin ist die 1958 geborene Sampat Pal Devi, Tochter eines verarmten Bauern in Uttar Pradesh, für die häusliche Gewalt in ihrer Familie und im Dorf Alltag war. Die Bewegung nahm ihren Anfang, als Sampad nicht länger bereit war zu tolerieren, dass ihr Nachbar seine Frau gnadenlos verprügelte und auch sie schlug, als sie dazwischenging. Am nächsten Tag kam Sampad mit fünf Frauen zurück, alle mit Bambusstöcken bewaffnet, und verprügelte den Mann, als dieser keine Einsicht zeigte, sondern sie zu beschimpfen begann. Es gehe nicht darum, Männer zu verprügeln, sagt Sampad, sondern gegen Unrecht vorzugehen: «Warum soll ich Männer schlagen? Bin ich verrückt? Ich kämpfe gegen Ungerechtigkeit.»[29]

Gulabi Gang

Wie ein Lauffeuer verbreitete sich die Aktion, andere Frauen schlossen sich an. 2006 legte die Gruppe sich pinkfarbene Saris als «Uniform» zu, die der weibliche Schlägertrupp jedesmal, wenn die Frauen von häuslicher Gewalt erfahren und die Täter zur Rechenschaft ziehen, als Erkennungszeichen trägt. Sie beobachten, mischen sich ein, gehen gegen alle Formen von Unrecht vor, auch zum Beispiel gegen Misshandlungen auf der Polizeistation oder die ungerechte Verteilung subventionierter Lebensmittel, die auf dem Land oft über Mittelsmänner verschwinden. Inzwischen sind mehrere Bücher und Filme und zahllose Artikel über die *Gulabi Gang* erschienen. Sampads Vision ist es, die Korruption zu bekämpfen und die Machtlosen vor Missbrauch zu schützen. Ihre Mission setzt auf Bildung und Unterstützung von Frauen, sie möchte ihnen Möglichkeiten zu eigenem Einkommen öffnen, um sie selbstsicherer und unabhängiger zu machen. Da sie selbst als 12-Jährige an einen Eisverkäufer verheiratet und bereits mit 15 Jahren Mutter wurde, ist Sampad auch die Bekämpfung der Kinderheirat wichtig, die laut Verfassung verboten ist, jedoch auf dem Land teilweise nach wie vor praktiziert wird.

Wie auch in anderen ländlichen Regionen Indiens wenden die Frauen der *Gulabi Gang* dynamische Widerstandsstrategien gegen Gewalt an. So wird beispielsweise erfolgreich mit Beschämung gearbeitet: Indem Gruppen von Frauen lautstark vor dem Haus eines häuslichen Gewalttäters protestieren, wird sozialer Druck auf die Familien ausgeübt. Auch verspotten Frauen auf dem Land Männer in Liedern und Witzen, um sich ein Ventil zu verschaffen. Anders als meist angenommen wird, mangelt es diesen oft ungebildeten Frauen keineswegs am Bewusstsein ihrer Lage. Zu ihren Methoden des Widerstands gehören Lieder und Witze über männliche Autorität, die sexuelle Stärke der Frau und sogar das Vortäuschen der Besessenheit von schlechten Geistern (durchaus ein Weg, um für sich bessere Bedingungen in der Familie «auszuhandeln», indem der Geist «spricht» und Forderungen stellt).[30]

Frauen, für die sich die Öffentlichkeit und die Medien im Allgemeinen nicht interessieren und die unter härtesten Bedingungen ihren Alltag meistern, finden, abgesehen von der geschilderten gewaltbereiten Gegenwehr, viele andere kreative Wege, sich gegen Unterdrückung aufzulehnen. Die Konfrontation mit Autoritäten wie der Polizei, wie die *Gulabi Gang* es praktiziert, ist nicht die Norm. Selten wird erkannt, dass Frauen der unteren Kasten und Klassen auf vielen Wegen Widerstand leisten und Sabotage betreiben, indem sie der Konfrontation mit Autoritäten aus dem Weg gehen: Beispielsweise unterminieren sie das Zinsgeschäft der Geldverleiher, sie bauen Mikrokreditgruppen auf und schließen sich zusammen gegen das Alkoholproblem ihrer Ehemänner, das so häufig in häuslicher Gewalt eskaliert. Die Anti-Alkohol-Bewegung von Frauen in Andhra Pradesh (Zentralindien) wurde so stark, dass sie die lokale Regierung zu Fall brachte und den Chiefminister zwang, arme Frauen an einen runden Tisch zu bitten, um mit ihnen über die Verbesserung ihrer Lage zu diskutieren.[31] Kurz, sie verändern das Denken in ihren Gemeinden auf anderem Wege als mit direkter Konfrontation.

Ausgerechnet in einem Bundesstaat wie Uttar Pradesh, der aufgrund seiner patriarchalen Strukturen selten mit positiven Meldungen zu Frauenfragen in die Medien gelangt, begann eine Bewegung, gleiche Landrechte für Frauen einzufordern. Über 40 000 Frauen (und immerhin 15 000 Männer) marschierten 2007 bis nach Lucknow (der *Gram Sabha Vidhan Sabha*-Marsch), zwei Jahre später waren es mehr als doppelt so viele.[32] Heute können Bäuerinnen wie die 39-jährige Saini im ultrakonservativen Uttar Pradesh erzwingen, dass sie gleiche Rechte wie die Männer an Landbesitz haben (Frauen werden als Erben von Land und unbeweglichen Gütern traditionell ausgeschlossen). Suresho sitzt stolz auf ihrem Traktor und bewirtschaftet einen Acker, der ihr selbst gehört.

Unterdrückte Gruppen erschaffen für sich selbst eine normative Welt, die ihnen Würde, Selbstachtung und Macht gibt,[33] auch wenn ihr Leben aus unserer privilegierten Perspektive unverstanden und «ungelesen» bleibt. Es ist diese ungeschriebene Geschichte des Widerstands, in der Frauen zwar eine gewisse patriarchale Kontrolle der Familie und Gemeinschaft hinnehmen, aber es durchaus schaffen, für sich Vorteile und Nischen auszuhandeln, mit zum Teil nicht unerheblicher Macht. Wir sollten also aufhören, von unserer kontextuell so anderen Perspektive über diese «armen, unterdrückten Frauen» vorschnell zu urteilen, sondern genau hinsehen und hinhören, wie sie in für uns undenkbaren Lebensumständen praktische Lösungen suchen und finden.

Die vielen Frauenorganisationen, ländliche wie städtische, die Feministinnen sowie andere Formen weiblichen Widerstands bilden einen dichten Teppich, der das ganze Land überzieht. Grob gesagt, lassen sich drei Kategorien bilden: Grassroot-Organisationen, die lokal tätig sind (auf dem Land wie auch in den Städten); Frauenbewegungen, die an politische Parteien und Organisationen gebunden sind; und Dokumentationszentren, die Studien betreiben, Bibliotheken zu Frauenthemen aufbauen, Zeitschriften herausgeben und mitunter an den Universitäten und anderen Forschungsstellen tätig sind. Es sollte an dieser Stelle erwähnt werden, dass die indische Regierung, üblicherweise angegriffen für ihr Versagen bei der Durchsetzung der Rechte von Frauen, eine nicht unwichtige Rolle bei der Entstehung und Förderung von Frauenorganisationen spielt, auch wenn das Verhältnis zwischen beiden Seiten oft ambivalent ist.[34] So wurde beispielsweise das Budget für Nichtregierungsorganisationen (NGOs) zur Emanzipation von Frauen 1985 verfünffacht und wurden Frauengruppen in der Entwicklungsplanung zu Gesprächspartnern der Regierung.[35] Einzelkämpferinnen, städtische Kollektive und gebildete Gruppen der Mittelschicht wie Rechtsanwältinnen, Professorinnen, Ärzte etc. haben den Themenkreis Gewalt seit den 70er Jahren mit zum Teil außerst mühsamem persönlichen Einsatz immer wieder in die Öffentlichkeit gebracht. Sie waren maßgeblich an Gesetzesveränderungen zum Schutz von Frauen beteiligt und haben ganz wesentlich zu einer Sensibilisierung für geschlechtsspezifische Diskriminierung und Gewalt und zum Umdenken beigetragen.

Feministische Filmemacherinnen setzten vermehrt seit den 80er Jahren die Kamera für frauenorientierte Themen ein, etwa Deepa Dhanraj mit *Something Like a War* (1991), einem Film, der internationale Aufmerksamkeit erregte und die indische Frauenbewegung der späten 70er und 80er Jahre dokumentiert. Weitere feministische Filmemacherinnen sind Madhusree Dutta (*Memories of Fear*, 1995), Vasudha Joshi (*For Maya*, 1997), Reena Mohan (*Skin Deep*, 1998), Sherna Dastur (*Manguben Truckdriver*, 2002), Paromita Vohra (*Unlimited Girls*, 2003), um nur einige zu nennen.[36]

Indische Frauen sind heute überall in ihrem Einsatz für andere Frauen sichtbar, wenn man sich die Mühe macht, genau hinzuschauen: Ein erster feministischer Blog, *Ultra Violet*, sorgte für Aufsehen, ebenso die *Pink Chaddi Campaign* (Rosa-Unterhosen-Kampagne), die 2009 als Reaktion auf eine rechtsfundamentalistische Gruppe von Männern ins Leben gerufen wurde, die in einer Bar in Mangalore mehrere Frauen verprügelt hatten und drohten, dasselbe am Valentinstag mit jungen Paaren zu tun. Die Aktivistinnen ließen dem Anführer der Gruppe an eben jenem Tag Hunderte rosa Unterhosen per Kurier zustellen.

Junge Frauen und Männer gründeten das *Blank Noise Project*, eine Online-Kampagne, die Kunst gegen sexuelle Belästigung einsetzt. *Blank Noise* organisiert Demonstrationen und Aktionen wie Graffiti-Sprühen, sie nehmen Aussagen von Opfern sexueller Belästigung auf, sie organisierten nach der Gruppenvergewaltigung 2012 eine Initiative, um indische Metropolen sicherer zu machen.

Als 2014 Hindu-Fundamentalisten in einem Café – Treffpunkt junger Paare – in Kerala randalierten, fanden als Reaktion in mehreren Städten Demonstrationen statt, auf denen Hunderte junger Paare sich öffentlich auf der Straße küssten – in Indien noch immer ein Tabu. Auf einem der Protestplakate stand ein Vers Pablo Nerudas: «Du kannst alle Blumen abschneiden, aber das wird den Frühling nicht abhalten zu kommen.»

Die landesweiten Proteste, die differenzierten Mediendiskussionen im indischen Fernsehen und die vielen lokalen Initiativen von Frauen bauen auf einem Fundament jahrzehntelanger Arbeit auf, das in der westlichen Berichterstattung ebenso selten zur Kenntnis genommen wird wie die Vielfalt feministischer Studien, Bücher, Filme und Zeitschriften, die Indien hervorbringt. Dass ausgerechnet Indien 2012 mit einer landesweiten Bewegung auf die wachsende Gewalt gegen Frauen in den Metropolen so stark reagierte, ist insofern nicht überraschend, als die politische Partizipation auf lokaler Ebene wie auch das dichte Netz sozialer Organisationen (liberaler wie nationalistischer) über mehrere Jahrzehnte einen beträchtlichen Einfluss auf die Bewusstseinsbildung der Menschen genommen hat. Frauenorganisationen bilden heute parallele Machtstrukturen in der Öffentlichkeit, auch wenn es alarmierend ist, dass nationalistische Bewegungen statt zu einer tatsächlichen Emanzipation von Frauen doch eher zu einer Festigung bestehender Strukturen beitragen.[37]

11. Nation: Der Körper der Frauen

Demonstrative Küsse in der Öffentlichkeit: Die Aktionen gegen hindu-fundamentalistische Randalierer Ende 2014 sprangen in einige der großen Metropolen über und brachten das Thema der moralischen Kontrolle durch erzkonservative Gruppierungen in die nationalen Schlagzeilen. Im Spannungsfeld zwischen beschleunigter Globalisierung und der Gestaltung einer ganz eigenen «indischen» Moderne tragen sogenannte westliche Vorstellungen von Individualisierung und Gleichberechtigung zu einer tiefen Kluft in der indischen Gesellschaft bei.

Die Mittelschicht, die auch mehrheitlich die politische Klasse Indiens bildet, sieht sich als Teil eines hierarchisch geordneten Netzes familiärer und sozialer Beziehungen, die von rigiden sozialen Werten und Bräuchen bestimmt werden. Diese moderne, überwiegend konservativ denkende städtische Mittelschicht Indiens – das wird leicht übersehen – ist anders als ihr westliches Äquivalent: Sie bewegt sich auf einer breiten Skala von sehr liberalen bis zu hindu-fundamentalistischen Positionen. Dazu gehört auch der andere Blick auf Frauen, die Trennung von respektablem «Heiratsmaterial» und solchen, die den Gesellschaftsvertrag infrage stellen mit ihren Forderungen nach Gleichberechtigung und sexueller Selbstbestimmtheit. Noch dominiert die idealisierte Figur der Mutter, die Frau, die für Stabilität und Rückhalt, für den Zusammenhalt der Familie sorgt und moralische Führung bietet. Diese Vorstellungen von weiblicher Identität teilt die moderne Mittelschicht mit nationalistischen und hindu-fundamentalistischen Organisationen, deren größter Träger und gleichzeitig größter «innerer Feind» sie ist. Ein Paradox und einer der großen innerindischen Konflikte des 21. Jahrhunderts, der möglicherweise dafür entscheidend ist, ob sich die Situation der Frauen in den nächsten Jahrzehnten strukturell zum Besseren wandeln kann. Einerseits lehnt die Mehrheit der Mittelschicht die Gewaltbereitschaft hindu-fundamentalistischer Gruppen ab, andererseits identifiziert sie sich häufig sowohl mit deren religiösen Werten als auch mit der Angst vor Überfremdung. Dieser Rückbezug auf die Mogule und den Kolonialismus schürt Ängste, die sich für die Zementierung einfacher Feindbilder wie «*westoxication*» und das Feindbild einer aggressiven, muslimisch-arabischen Welt leicht missbrauchen lassen. Es ist dieselbe aufstrebende Mittelschicht, die gleichzeitig die Freiheiten genießt, welche die Individualisierung mit sich bringt, und die die größten Konsumenten des Landes hervorbringt.

In einer Gesellschaft, in der über Generationen fast alle sozialen Rechte und Pflichten durch Verwandtschaftsverhältnisse und den Familienzusammenhalt bestimmt wurden, ist die Rückkehr zu einem «ewig gültigen (religiösen) Gesetz», das nationalistische und hindu-fundamentalistische Gruppen propagieren, eine Form des sozialen Protests gegen zu schnelle und tiefgreifende gesellschaftliche Verwandlungen, der von großen Teilen der Mittelschicht mitgetragen wird. Dies und die ausufernde Korruption der regierenden Klasse haben dazu geführt, dass hindu-nationalistische Bewegungen und Parteien, auch die derzeit regierende *Indian People's Party* (BJP), stark an politischem Einfluss gewinnen konnten. Dabei ist es unwichtig, ob die von ihnen geschürten Ängste vor religiöser und kultureller Überfremdung historisch begründbar sind oder nicht. Die Sorge um die zerfallenden kulturellen «Hindu-Werte» – und das schließt das Frauenbild mit ein – und das diffuse Gefühl der potenziellen Beherrschung durch fremde (westliche) Werte genügen, um sich Parteien und Organisationen zuzuwenden, die eine «andere» Moderne versprechen. Eine Moderne, in der Indien sich neuen Märkten, Technologien und Lebensformen zuwenden kann, ohne die eigene Identität leugnen oder aufgeben zu müssen. Inwiefern dies zu klassen- und schichtübergreifenden Kulturmilieus nach dem Modell einer religiösen Integration (statt sozioökonomischer Desintegration) führt, ähnlich wie der Religionssoziologe Martin Riesebrodt dies für protestantische und schiitische fundamentalistische Bewegungen beobachtete,[1] müssen zukünftige Studien zeigen.

Beide Vorstellungen von weiblicher Identität, nämlich die Neuformulierung der Muttergöttin (siehe unten) und die Vormachtstellung der Frau als moralische (nationale) Integrationsfigur, sind Teil des heutigen Formierungsprozesses der indischen Mittelschicht. Die «gute Frau» als nationale und nationalistische Integrationsfigur wurde im ausgehenden 19. Jahrhundert, also vor über 100 Jahren, mit der Erfindung einer neuen Göttin, Bharat Mata* («Mutter Indien»), zu einem kulturellen Paradigma, das bis heute Gültigkeit hat. Dies ist einer der Gründe, warum die Verletzung der Ehre der Frau durch Vergewaltigung ganz Indien zu mobilisieren vermag, so wie 1979 und 2012. Andere Gewalttaten wie Mitgiftmorde, Säureanschläge, kastenbedingte Gewalt oder der allgemein niedrigere Status von Frauen hingegen lösen eine vergleichsweise geringe gesellschaftliche Resonanz aus, was nachdenklich stimmen sollte.

Bharat Mata, vor über 100 Jahren ein bedeutendes Weiblichkeitsideal im Kampf gegen die Kolonialherren, bringt die Verschiebungen des Mutterideals zur Integrationsfigur der indischen Nation exemplarisch zum Ausdruck und verdeutlicht einen der tiefsten Konflikte indischer Identität. Die Frau als nationale Integrationsfigur weiter hochzuhalten und das Verhandeln von Ehre (*izzat*) über ihren Körper, verraten viel über die Visionen gegenwärtiger hindu-nationalistischer Politiker, die der modernen Frau ihren festen, gesellschaftlichen Platz zuweisen möchten, um an diesen, das Patriarchat festigenden Weiblichkeitsidealen festhalten zu können.

Die Erfindung Bharat Matas geht zurück auf das Jahr 1882 mit dem Erscheinen von Bankim Chandra Chatterjis einflussreichem Roman *Anandamath*.[2] Die Göttin wird visuell so dargestellt, dass ihre Körperkonturen den Umriss der geographischen Grenzen Indiens bilden. Der erfolgreiche Roman ist ein patriotisch-pathetischer Aufruf zur Verteidigung der «Mutter

Indien» gegenüber den britischen Kolonialherren. In diesem Roman dominiert das Bildnis der insbesondere in Bengalen (Nordost-Indien) verehrten Göttin Kali, wobei Chatterji sich in seinen Phantasien und Emotionen von einer mächtigen, gewaltsamen und kämpferischen Mutter inspirieren lässt:

«Eines Tages werde ich das tatsächliche Bildnis meiner Mutter Janmbhumi sehen, ausgestattet mit Waffen in ihren vielen Händen, die den Feind vernichtet, auf einem unsichtbaren Löwen reitend. Lakshmi, Göttin des Reichtums, zu ihrer Linken mit Saraswati, Göttin der Gelehrsamkeit, Wissenschaft und Kultur, begleitet von dem mächtigen Krieger Kartikeya* und Ganesha, dem Erfüller der durch Taten Gesegneten.»[3]

Eingebettet in den Zeitgeist des ausgehenden 19. Jahrhunderts, wird die Göttin im Zuge der Unabhängigkeitsbewegung zur Symbolfigur einer ganzen Nation. Bankim Chandra Chatterji, der mit *Anandamath* eine Welle patriotischer Romane in Indien auslöste,[4] hat zahlreiche Schriftsteller und Intellektuelle inspiriert, beispielsweise Nabin Chandra Sen, Hem Chandra Bandopadhyay, Michael Madhusudan Dutt, Jayashankar Prasad, sowie religiöse Reformer wie Aurobindo Ghose (Shri Aurobindo) und Vivekananda. Sie haben mit ihren Werken und Worten zur Erschaffung und Verbreitung der neuen Göttin maßgeblich beigetragen und bauten darauf, dass die stärkste emotionale Dynamik zur Bekämpfung der britischen Kolonialmacht die territoriale Integrität in Form einer Muttergottheit war.[5] Nationalistische Parteien und Organisationen der Gegenwart haben erkannt, dass es auch heute solcher integrativer Symbole bedarf, um nationalistische Gefühle zu schüren. Die Anfang des 20. Jahrhunderts in intellektuellen Kreisen verbreitete Haltung, dass «wahrer Patriotismus» nur mithilfe des Bildnisses einer machtvollen Göttin entflammen kann, hat zu dem Verständnis beigetragen, den aufkeimenden Nationalismus als Potenzial unendlicher *shakti* zu verstehen, die sich am machtvollsten in Form der Muttergottheit kanalisieren lässt.[6] Es ist dabei kaum zufällig, dass die Idee, das Heimatland als weibliche Macht (*shakti*) zu visualisieren, in Bengalen entstand, jenem

Bundesstaat, in dem die Shakta-Tradition und die rituelle Verehrung Kalis und Durgas tief verwurzelt sind.[7]

Zwar hat die Darstellung der Erde als Frau eine lange Tradition, insbesondere in vaisnavitischer Ikonographie, radikal neu hingegen ist ihre Gleichsetzung mit den Landesgrenzen der indischen Nation.[8] Die Kunsthistorikerin Geeti Sen beobachtete, dass Bharat Mata dabei in ihrer nachweisbar frühesten bildlichen Darstellung – einem Gemälde von Abanindranath Tagore aus dem Jahre 1902 – in «dreifacher Gestalt» erscheint: als Asketin, Göttin und Ehefrau.[9] Sie ist hellhäutig, hat einen friedlichen Gesichtsausdruck und einen festen Blick. Statt Waffen hält sie einen weißen Schal, ein Manuskript, eine Gebetskette und ein Bündel Gras in ihren vier Händen: Symbole für Kleidung, Wissen, religiöse Hingabe und Nahrung. Während das safranfarbene Gewand sie als Asketin (*sadhvi*) auszeichnet, betonen die vier Arme und der Heiligenschein ihre Göttlichkeit. *Sindur** und der über den Kopf geschlungene Schal (*dupatta**) wiederum kennzeichnen sie als verheiratete Frau.[10]

Das konfliktreiche Thema der «überhöhten Muttergöttin» hat mit den sozialpolitischen Ereignissen des 19. und 20. Jahrhunderts und der «Geburt der Nation» (der Unabhängigkeit Indiens) das Rollenbild der indischen Frau nachhaltig geprägt und zu entscheidenden Neuauslegungen der Eigenschaften der sogenannten Muttergöttinnen geführt, die bis heute in der Vorstellungswelt vieler Inder mitschwingen. Trotz ihrer Göttlichkeit und imaginierten Nähe zu Kali und Durga, wird in frühen Darstellungen von Bharat Mata überwiegend ihre menschliche Erscheinung betont. In alten Stichen, Postern und Gemälden wird sie dabei häufig als Opfer charakterisiert, das sich selbst nicht zu helfen weiß, beispielsweise als leidende Mutter mit düster dreinschauenden Kindern,[11] oder als in Kerkerketten gelegte schöne Frau. In militanten Darstellungen ab den 30er Jahren, in denen sie mit Waffen ausgestattet ist, wird ihre Nähe zu den Göttinnen Kali und Durga deutlicher. Trotz vielfältiger Phantasien, mit denen Bharat Mata von unterschiedlichen Gruppen während der Unabhängigkeitsbewegung instrumentalisiert wurde, wird sie auffallend häufig als Asketin und «gute Frau» visualisiert. Mit diesen Elementen treten zwei wesentliche Aspekte ihrer Identität hervor, die bereits Sita (vgl. Kapitel 3) charakterisierten: ihre Schutzbedürftigkeit einerseits und ihre moralische Überlegenheit gegenüber «dem Feind» andererseits.

Was ihre frühen visuellen Darstellungen und literarischen Beschreibungen jedoch auch kommunizieren, ist, dass nicht die tugendhafte, gütige und schutzbedürftige Göttin zu fürchten ist, sondern die Gewaltbereitschaft ihrer Kinder.[12] Vergewaltigung, im Sinne der Entehrung der «guten Frau», wird in Denkmustern, wie anhand unterschiedlicher Beispiele im Buch gezeigt wurde, gleichgesetzt mit der Entehrung der gesamten Familie, des Clans, des Dorfes, der Nation. Dies verweist auf eine tiefe Problematik patriarchaler Kulturen, nämlich Ehre über den Körper von Frauen zu verhandeln. Es ist auch ein Indikator dafür, warum der umstrittene Film von Leslee Udwin (*India's Daughter*) noch vor seiner offiziellen internationalen Premiere am 8. März 2015 zu einem sofortigen Verbot in Indien führte: Dem Vergewaltiger Stimme zu geben, beleidigt die Ehre des Opfers und damit die Ehre der Nation. Die Landesgrenzen der indischen Nation in Form eines weiblichen Körpers zu definieren, aktiviert tieferliegende Schichten der indischen Psyche: Es setzt eine emotionale Dynamik frei, die bei Schändung dieses Körpers nach Rache verlangt. Nicht zufällig waren die dominanten Forderungen während der Demonstrationen im Dezember 2012 und in den darauffolgenden Wochen die Forderung nach Schutz von Frauen im öffentlichen Raum sowie die Forderung der Todesstrafe für die Täter.

Um die Konflikte des idealisierten indischen Frauenbildes im beginnenden 21. Jahrhundert einordnen zu können, sollten wir auch einen Blick auf die Frauengestalten des populärsten bengalischen Malers des ausgehenden 19. Jahrhunderts werfen: Ravi Varma (1848–1906). Seine Frauengemälde entstanden in einer Zeit starker sozialpolitischer Umbrüche, die mit dem Einfluss der Moderne zu gesellschaftlichen Reformen und zur

Suche nach einer neuen nationalen Identität führten. Ravi Varma schöpfte seine Figuren aus dem Pantheon klassischer indischer Göttinnen und mythologischer Heldinnen und stilisierte sie in ihrem Ausdruck und ihrer Bekleidung zu einem sinnlichen, nationalen Prototyp. Bis in die Gegenwart dienen seine Bilder im religiösen Theater, in mythologischen Kino- und Fernsehfilmen und in der populären Posterkultur als Vorlage für hinduistische Götterdarstellungen und «traditionelle» Kostümierung. So berichtete beispielsweise Shobha Deepak Singh in einem Interview zur *ramlila**-Aufführung im Winter 1999, dass mit viel Zeitaufwand daran gearbeitet wurde, Kostüme und Stoffdesigns von Rami Varmas Bildern zu kopieren.[13] Ravi Varmas Frauengestalten liegen und sitzen häufig inmitten üppiger Natur, stets traditionell und edel gekleidet, reich geschmückt, mit gut genährten Körpern, ausladenden Hüften, wohlgeformten Brüsten und verträumt-unschuldigen Blicken. Seine Frauen sind die *apsaras** der modernen Zeit, sinnlich und verführerisch, ohne sich ihrer sexuellen Ausstrahlung bewusst zu sein: Sie bewegen sich stets zwischen romantischer Unschuld und erotischer Koketterie – und entsprechen damit dem (männlichen) Ideal der «guten Frau».

Diese «gute Frau» soll, wie in diesem Buch immer wieder verdeutlicht wurde, primär Gefühle des Respekts, nicht Gefühle körperlicher Anziehung wecken. Auch in der Literatur und bildenden Kunst aus dieser Zeit werden soziales Auftreten, Kleidungsstil und Essverhalten, Religiosität und rituelles Verhalten von Frauen der hochkastigen Mittelschicht reflektiert und als dominantes kulturelles Paradigma nationaler Stärke formuliert.[14] Dass dieses Frauenideal in der Mittelschicht bis heute nicht an Wirkkraft verloren hat, zeigt sich darin, dass Drucke von Ravi Varma sich überall auf Kalendern, an den Wänden von Mittelschicht-Haushalten, auf Postkarten, in der populären Darstellung von Göttinnen usw. finden. An diese Weiblichkeitsideale knüpft die derzeitige Regierungspartei mit ihren fundamentalistischen kulturellen Armen wie dem *Rashtriya Svayamsevak Sangh* (RSS) und *Vishwa Hindu Parishad*

(VHP) an. Das Bekenntnis zum «Mutterland» – ein bedeutender Aspekt des indischen Nationalismus – ist untrennbarer Bestandteil hinduistischer Identität. Die «Mutter Indien», die zugleich Herrscherin und Göttin ist, kommuniziert primär Selbstbewusstsein und Zukunft – das Ideal eines stabilen Nationalstaates. In ihr fließen dominante politische Ziele sowie dominante hindu-religiöse Vorstellungen zusammen, die in Form jeder «guten Frau» eine Transformation von «Land» und «Selbst» versprechen.

Die der Frau zugeschriebene Rolle der moralisch Starken sollte dabei nicht unterschätzt werden: Scheitert ein Mann am Leben oder in der Ehe, wird nicht (nur) er selbst verantwortlich gemacht, sondern meistens auch angemerkt, dass er von Mutter, Schwestern oder Gattin falsch angeleitet worden sei. Scheitert eine Frau am Leben oder in der Ehe, wird hingegen meistens der Mangel ihrer moralischen Qualitäten hervorgehoben. Die Spaltung der Frau bleibt so in der indischen Psyche bestehen. Sie erlaubt, das idealisierte Bild respektabler Frauen aufrechtzuerhalten und alle anderen, die die Rollenerwartungen nicht erfüllen, zu entwerten. Obwohl die Hinwendung von Frauen zu hindu-fundamentalistischen Bewegungen wie der *Durga Vahini*, die die oben beschriebenen Wertvorstellungen von Frauen teilen, (noch) ein marginaler Trend ist, darf nicht unterschätzt werden, welche Kräfte diese mobilisieren können, religiöse Konzepte wie das der kämpferischen Muttergöttin zur Veränderung gesellschaftlicher Verhältnisse zu nutzen.

Das höhere sittliche und «spirituelle» Niveau «respektabler» indischer Frauen als Über-Ich-Projektion der «verlorenen Mutter» wird auch als moralische Überlegenheit gegenüber dem Westen ausgelegt. Als Beweis dienen die mangelnde Sexualmoral und die hohe Scheidungsquote in westlichen Kulturen. Ausgespart bleibt dabei, wie im Buch mehrfach angesprochen wurde, die Vorstellung der indischen Frau als sexuelles Wesen. Der lustvolle «Vamp», der immer bereit ist, den Penis eines (fremden) Mannes zu melken, ist kein Bild, das erst mit westlichen liberalen, körperbetonten Frauenbildern in Indien Einzug erhielt. Indiens Erotik bedarf der «satanischen westlichen Werte» kaum: Über die Jahrhunderte gab es, wie Kapitel 2 gezeigt hat, stets parallele Welten – die der gelebten, lustvollen Erotik und die des Asketentum, auf dem die Reinheitsideale der heutigen Mittelschicht fußen. Der verdorbene Westen ist aber ein bequemes Feindbild, auf das sich so ziemlich alles projizieren lässt, was der eigenen kulturellen Ideologie wiederstrebt, und das erlaubt, «sexuell sichtbare» Frauen zu Objekten zu reduzieren.

Mit dem «nationalistischen» Frauenbild konservativer Kreise wird in der gegenwärtigen politischen Situation Indiens auf eine zweifache Strategie gesetzt, um weibliches Selbstbewusstsein zu festigen: erstens, mit Verhalten, indem das Umfeld, in dem Frauen wirken, durch Engagement beeinflusst oder verändert wird, ohne mit den Regeln des patriarchalen Systems brechen zu müssen; zweitens, kognitiv, indem Frauen wahrgenommene Diskriminierungen in anderen Kontexten interpretieren und rechtfertigen. So begeisterte die hindu-fundamentalistische Politikerin Uma Bharti in den 90er Jahren Tausende von Frauen und Männern mit öffentlichen Polemiken wie dieser:

«Frauen sind Männern von Natur aus als geschöpfte Gattung überlegen. Männer sind nicht solch noble Wesen, dass Frauen für Gleichheit kämpfen sollten. Stattdessen sollten sie dafür kämpfen, mit Respekt behandelt zu werden. [...] Wenn Frauen Süße (madhurya) – ihre Femininität – mit Stolz und politischem Bewusstsein verbinden, dann können sie der ganzen Welt den Weg zur Freiheit lehren.»[15]

Auch wenn das gegenwärtige, nationalistische Weiblichkeitsideal das konkrete Alltagsleben urbaner Mittelschichtfrauen nicht notwendigerweise beeinträchtigt, wirken seine Ideen und Aktivitäten mit der Erschaffung stereotypisierter Bilder und Symbole stark nach. Dieser in der Unabhängigkeitsbewegung wurzelnde «Neo-Patriarchismus» legitimiert die Unterordnung von Frauen weiterhin: Während Männern zugestanden wurde, sich westlich zu kleiden, neue Essgewohnheiten anzunehmen und ihre religiösen Aktivitäten und sozialen Beziehungen der sich wandelnden, urbanen Welt anzupassen, wurde von Frauen umso stärker erwartet, die Normen der «idealen Ehefrau» zu erfüllen, damit die Familie und die Nation mit der Vermittlung «richtiger Werte» zusammengehalten werden kann.[16] Auch wenn sich die soziale Realität von Millionen von Frauen der urbanen Mittelschicht in den letzten Jahrzehnten drastisch verändert hat, lebt in konservativen und hindu-fundamentalistischen Kreisen die Vorstellung weiter, dass Frauen nicht wie die Männer essen, trinken oder rauchen sollen; dass sie religiöse Praktiken ausüben sollen, die Männern schwerfallen; und dass sie verantwortlich für die Integrität der Familie und die Aufrechterhaltung sozialer Beziehungen sind, denen Männer dann ihre Zeit widmen können.[17]

Zwischen diesen Polen «traditioneller» Rollenerwartungen und liberaler Emanzipationsvorstellungen bewegen sich junge Frauen in den Städten, um eine eigene Position zu finden, sich im privaten Raum und in der Öffentlichkeit zu behaupten. Die patriarchale Haltung der Geschlechtertrennung, Frauen also zurückzudrängen in das «beschützte Heim», wird sich in der Bildungsschicht in den Städten nicht durchsetzen lassen. Laut einem Bericht der *International Labour Organization* (2010) hat sich die Zahl der Frauen, die außer Haus arbeiten, im Zeitraum von 1995 bis 2010 verdoppelt.[18] Ihre ökonomische Unabhängigkeit und Partizipation am politischen Leben werden weiter wachsen, und damit auch die Möglichkeiten, ihre Rechte politisch durchzusetzen. Die Solidarität, füreinander einzustehen, beispielsweise in Situationen der Gewalt, und sich aus der Gleichung herauszunehmen, dass Scham und Ehre über ihren Körper verhandelt werden, wird verstärkt sichtbar. Die Diskurse in den Medien – in der Presse wie auch im Fernsehen – greifen frauenorientierte Themen kontinuierlich auf, offensiv und kontrovers. Indien kann stolz sein auf sein demokratisches Selbstverständnis, auch in Zeiten, in denen rigidere politische Kräfte wirksam sind, die liberale Lebenswelten an den Rand zu drängen versuchen.

So nahm die 24-jährige Jurastudentin Shreya Singhal die Herausforderung an, Paragraph 66A[19] des *Information Technology Act* vor Gericht anzufechten, nachdem zwei junge Frauen aufgrund von Facebook-Kommentaren, mit denen sie eine rechtsfundamentalistische Organisation kritisierten, verhaftet worden waren. Paragraph 66A wurde in den letzten Jahren vielfältig von der Polizei missbraucht, um Bürger zu diskreditieren, die im Internet kritische Kommentare über soziale oder politische Themen schrieben oder Politiker angriffen. Für die indische Demokratie im gegenwärtigen politischen Klima ist es ein Meilenstein, dass er im März 2015 vom Obersten Gericht als verfassungswidrig zurückgewiesen wurde. Dass ausgerechnet eine junge Frau diesen Erfolg verbuchen darf, setzt ein Zeichen von vielen.

Wenn man beginnt, an der Oberfläche der vorherrschenden Erzählungen über Indien zu kratzen, kommen vielfältige Schichten zum Vorschein, und viele haben mit Frauen zu tun. Frauen, die Mikrokredite aufnehmen und Selbsthilfegruppen aufbauen, Frauen, die lernen, mit politischer Macht umzugehen, Geschichten von Einzelnen, die ihre Leben veränderten, indem sie Züge führen, Taxis fahren, Flugzeuge steuern, in Banken arbeiten, in die Wissenschaft gehen, Gemeinden vorstehen.[20] Es bedarf stets einzelner, ungewöhnlicher Menschen, Männer wie Frauen, um Wandel herbeizuführen. Mutige, motivierte Menschen, die sich nicht von Hindernissen auf ihrem Weg aufhalten lassen. Menschen, die erkannt haben, wie wichtig es ist, Entscheidungen unabhängig von der Masse zu fällen. Ganz besonders in einer Zeit rapider gesellschaftlicher Umbrüche, die das Bedürfnis nach verlässlichen Bezugspunkten in einer immer globaler werdenden Welt freisetzen. Menschen, die Entscheidungen treffen, die die Gesellschaft ihnen eigentlich nicht vorgibt.

So hat es Shyam Sundar Paliwal im Dorf Piplantari gemacht, in Gedenken an seine verstorbene Tochter. Piplantari liegt im zutiefst patriarchalen Bundesstaat Rajasthan, in dem streng konservative Rollenvorstellungen das Geschlechterverhältnis prägen und wo im Vergleich zu anderen Bundesstaaten extrem wenige Mädchen geboren werden (vgl. Kapitel 7). Mit jeder Geburt eines Mädchens pflanzt das Dorf 111 Obstbäume, die alle Dorfbewohner nutzen können. Bei jeder Geburt eines Mädchens sammeln die Dorfbewohner 21 000 Rupien (ca. 300 Euro), die Familie des Mädchens muss 11 000 Rupien dazulegen. Das Geld wird für 20 Jahre im Namen des Mädchens mit hohem Zinssatz auf der Bank fest angelegt und ermöglicht ihr so zu studieren, eine Heirat auszurichten, eine Geschäftsidee zu realisieren. Die Eltern unterschreiben ein Dokument, in dem sie sich verpflichten, ihre Tochter zur Schule zu schicken und sie nicht vor dem Erwachsenenalter zu verheiraten, und sie versorgen, gemeinsam mit den Dorfbewohnern, die Obstbäume. 250 000 Bäume wurden bisher gepflanzt, die Dorfbewohner sagen, dass es seit Jahren für die Polizei keinen Ermittlungsfall in einer Gewalttat mehr gegeben habe.

Anmerkungen

Einleitung

1 Bajpai, A Nation of Five Indians.

1. Sexualität: Der Aufbruch der urbanen Mittelschicht

1 K. und M. Kotwal, Why is the Word «Vagina» Scary?, S. 57.

2 Narayanan, Feminists in the Polis.

3 Zitiert nach Narayanan, ebd.

4 In den letzten Jahren erschienen eine Reihe von Publikationen, die den sexuellen Aufbruch und die Wandlungen des letzten Jahrzehnts als pan-indisch darstellten, ohne zu berücksichtigen, dass mehr als vier Fünftel der indischen Bevölkerung in traditionsverhafteten, patriarchalen Strukturen leben, weit entfernt von den sozialen Wandlungen in den urbanen Ballungszentren.

5 Vgl. Das/Nicholas, «Welfare» and «Well-Being» in South Asian Societies.

6 Vgl. Poggendorf-Kakar, Hindu-Frauen zwischen Tradition und Moderne, S. 62. Im Folgenden wird auf die Feldforschungen und Ergebnisse dieser Publikation von 2002 Bezug genommen, ohne dies allerdings immer wieder zu kennzeichnen.

7 Banerji, Bride and Prejudice.

8 Kazmi, Sex in Cinema, S. XVIII.

9 Banerji, Bride and Prejudice. In anderen Studien heißt es, 61% junger Männer haben gegen vorehelichen Sex nichts einzuwenden, 63% von ihnen erwarten aber, eine Jungfrau zu heiraten; vgl. Radhakrishnan, Lust in Translation.

10 Zitiert nach Kazmi, Sex in Cinema, S. XVIII.

11 Vgl. Intimate Secrets, Sex Surveys 2003–2013. Insofern basieren Shaifali Sandhyas Ergebnisse, dass 75% der jungen urbanen Generation vorehelichen Sex praktizieren, wohl eher auf Daten der oberen Mittelschicht und Oberschicht; vgl. Sandhya, An Open Letter to Rakhi Sawant.

12 Indian Youth Get Their Knowledge of Sex Mostly from Friends, Porno Films and «Self-reading», 24.4.2007.

13 Durex, First Sex, S. 11.

14 Vgl. Trivedi, India in Love, S. 25.

15 Vgl. Suicide Second-Leading Cause of Death. Vgl. auch: Where the

Young Don't Want to Live. An Platz 1 stehen Verkehrsunfälle für junge Männer und Müttersterblichkeit für junge Frauen.

16 Vgl. Trivedi, India in Love.

17 Vgl. Trivedi, India in Love, S. 204.

18 Vgl. Dwyer, All You Want Is Money, All You Need Is Love, S. 187.

19 Statistiken variieren erheblich, ihre Verlässlichkeit ist schwer einzuschätzen.

20 Vgl. Vibhute, 49% Women Learn about Sex Watching Porn, Says a Survey, 25.6.2014.

21 Google Trends 2011 berichtet, dass der Suchbegriff «Porno» in Indien 2012 doppelt so häufig eingegeben wurde wie noch 2010; vgl. auch Trivedi, India in Love, S. 47; Gupta, Where Rape is Seen as Violence; Datta, The Dark Side of Sunny Porn, S. 22.

22 Es wird geschätzt, dass in nur 7% indischer Haushalte Kinder von ihren Eltern aufgeklärt wurden.

23 Zitiert nach der Einleitung zur Neuübersetzung von Vatsyayana, Kamasutra, S. XLII.

24 Vgl. die Bhattacharjya/Ganesh (2010), die aufzeigen, inwiefern das Internet für Frauen neue Räume öffnet, sich über Sexualität und sexuelle Erfüllung zu informieren.

25 Selbstverständlich gibt es eine zunehmende Zahl moderner tabufreier Kliniken. Erstaunlich ist dennoch, wie viele «Sex-Kliniken» mit starken moralischen Vorbehalten in manchen Städten und Metropolen weiter existieren können, dass sie also tatsächlich für Beratungen/Behandlungen aufgesucht werden.

26 Staatliche Schulen haben teilweise schulische Aufklärung im Programm, oft aber von haarsträubender Qualität. In ca. einem Drittel der Bundesstaaten ist Aufklärung an öffentlichen Schulen zur Zeit untersagt. Privatschulen ist es freigestellt, ob sie sexuelle Aufklärung in ihren Stundenplan aufnehmen. Vgl. On the Lack of Comprehensive Sexuality Education in India.

27 Datta, The Dark Side of Sunny Porn, S. 27.

28 Vgl. Datta, The Dark Side of Sunny Porn, S. 23.

29 Vgl. http://www.slideshare.net/mitraarnab1/india-on-internet-2014.

30 Abtreibung wurde und wird von verheirateten (wie unverheirateten) Frauen als Mittel der Geburtenkontrolle eingesetzt, wenn ihnen keine anderen Verhütungsmöglichkeiten zur Verfügung stehen; vgl. Prakash, Miscarriages and Induced Abortions.

31 Nach dem 4. Monat ist eine Abtreibung in Indien nicht länger legal.

32 Vgl. Menon, Unsafe Abortions Killing a Woman Every Two Hours, 6.5.2013.

33 Yogita Limaye, Caste or Class?, BBC, June 2013, zitiert nach Trivedi, India in Love, S. 3.

34 Freeman, Delhi Bus Rapist Blames his Victim in Prison Interview.

2. Lust: Zwischen Kamasutra und Bollywood

1 Die folgenden Seiten, die sich mit dem *Kamasutra* befassen, sind mit leichten Veränderungen entnommen aus: Sudhir und Katharina Kakar, Die Inder. Porträt einer Gesellschaft, S. 75–80, und basieren auf Erkenntnissen aus Sudhir Kakars früheren Schriften; vgl. auch Vatsyayana, Kamasutra.

2 Kalidasa, Kumara Sambhava, Vers 8.1.

3 Vgl. Chhabria, Secrets and Lies, 26. Okt. 2007.

4 Februar 2012, Laxman Savadi und C. C. Patil, ehemalige BJP Minister, vgl. 15 Most Shameful Things Indian Politicians Have Done, 7.4.2014, http://www.youthconnectmag.com/2014/04/07/15-most-shameful-things-indian-politicians-have-done/; Kommentar des Gesundheitsministers der derzeit regierenden BJP, Dr. Harsh Vardhan.

5 This Hilarious Take on Indian Sex Education Is the Best Thing You Will Watch Today, http://www.storypick.com/hilarious-take-indian-sex-education-best-thing-will-watch-today/.

6 Sunny Leone, 32-jährige Kanadierin indischer Herkunft, die 2010 für ihre falschen Brüste den *Fame Award* in Los Angeles gewann, ist in Indien, Bangladesh und Pakistan der im Internet meistgesuchte Porno-Star.

7 Die Seite wurde von der indischen Regierung aufgrund von Beschwerden indischer Frauengruppen geblockt, die in Savita Bhabhi den «Dämon der Unreinheit» verkörpert sahen. Nur wenige Monate später konnten Fans erneut auf einer anderen Website auf Savita Bhabhi zugreifen, nun allerdings als zahlungspflichtiges Abonnement. Vgl. Trivedi, India in Love, S. 53.

8 Vgl. Datta, The Dark Side of Sunny Porn, S. 23; vgl. auch z. B. Episode 36, in der Savita Bhabhi drei Freunde ihres Ehemannes gleichzeitig befriedigt.

9 Vgl. Durex, First Sex, S. 12.

10 In Indien erhalten 3 von 10 jungen Menschen ihre Informationen über sexuelle Aufklärung über das Kino oder Medien (weit über dem Durchschnitt von 6% weltweit), vgl. Global Survey 2000. Global Survey into Sexual Attitudes and Behaviour, S. 3.

11 Ghosh/Dietrich, Reflections on the Women's Movement in India, S. 260.
12 Vgl. S. und K. Kakar, Die Inder, S. 96.
13 Khan et al., Sexual Violence within Marriage, S. 32–35; zitiert in: Jejeebhoy/Bott, Non-consensual Sexual Experiences of Young People, S. 9. Siehe auch George, Newly Married Adolescent Women.
14 Geetha, On Bodily Love and Hurt, S. 316.
15 Zitiert nach Nighat M. Gandhi, What I Am Today, I Won't Remain Tomorrow, S. 4 f.
16 Vgl. z. B. Geetha, On Bodily Love and Hurt, S. 310.
17 Geetha, On Bodily Love and Hurt, S. 311.

3. Ehe: Arrangement, Liebe, Scheidung

1 Vgl. Roy (Hg.), Women in Early Indian Societies, S. 22.
2 Dumont, Homo Hierarchicus. The Caste System and its Implications, S. 53.
3 Kolenda, Women as Tribute, Women as Flower, S. 104.
4 Dazu gibt es viele Studien, vgl. z. B. Archer, Songs for the Bride, S. 4; Harman, The Sacred Marriage of a Hindu Goddess, S. 14; Mulatti, Families in India, S. 18.
5 Zur Gleichstellung der rituellen Bewirtung von Gottheiten mit einem königlichen Gast vgl. auch Gonda, Vishnuism and Shivaism, S. 77; Fuller, Servants of the Goddess, S. 14.
6 Michaels, Der Hinduismus, S. 128.
7 Sen, Community is no Longer a Barrier in Young Couples' Search for the Perfect Soulmate, 28.7.2014.
8 Kishwar, Love and Marriage, S. 11.
9 Vgl. auch S. und K. Kakar, Die Inder, S. 60 ff.
10 Ravindran, Female Autonomy in Tamil Nadu, S. 38.
11 Vgl. Sariola, Gender and Sexuality in India, S. 49.
12 Harlan/Courtright (Hg.), From the Margins of Hindu Marriage, S. 5.
13 Vgl. Mulatti, Families in India, S. 19.
14 Sen, Community is No Longer a Barrier in Young Couples' Search for the Perfect Soulmate, S. 56 f.
15 Aufbauend auf Forschungsergebnissen von S. Kakar; vgl. S. und K. Kakar, Die Inder, S. 60 ff.
16 Kapadia, Siva and Her Sisters, S. 68.
17 Zitiert aus der preisgekrönten Dokumentation «The World Before Her» von Nisha Pahuja, Docurama, 2011.
18 Kapadia, Siva and her Sisters, S. 75.

19 Vgl. Dwyer, All You Want Is Money, All You Need Is Love, S. 127.
20 Vgl. Dimmitt, Sita: Mother Goddess and Shakti.
21 Sutherland, Sita and Draupadi, S. 63.
22 Don't Cross Lakshman Rekha, 4. Jan. 2013.
23 Vgl. Grey, A Cry for Dignity, S. 25.
24 Kazmi, Sex in Cinema, S. 151.
25 *Pati,* der übliche Hindi-Ausdruck für Ehemann, bezeichnet auch das Familienoberhaupt einer Großfamilie. Vgl. Gulati, Women and Society, S. 15.
26 Vgl. Xaxa, Women and Gender in the Study of Tribes in India, S. 347.
27 Vgl. Poggendorf-Kakar, Hindu-Frauen zwischen Tradition und Moderne.
28 Vgl. S. Kakar, The Inner World, S. 66.
29 Mukherjee, Hindu Women, S. 16, ohne Quellenangabe.
30 Vgl. Chowdhury, Conditions of Emergence.
31 Ashok Row Kavi, zitiert in S. und K. Kakar, Die Inder, S. 102.
32 Dummett, Not so Happily Ever After as Indian Divorce Rates Double.
33 Vgl. Reddy, Made in Heaven, Broken on Whims, S. 4; siehe auch Dummett, Not so Happily Ever After as Indian Divorce Rates Double.
34 Naqvi, India's Divorce Rate Rising.
35 In Umfragen 2006 befürworteten über zwei Drittel (71%) städtischer Frauen und Männer eine Scheidung, wenn die Ehe schlecht ist. Vgl. Bobb, Best of Both Worlds, S. 39.
36 Tanishq Werbespot, YouTube.
37 Reddy, Made in Heaven, Broken on Whims, S. 4.
38 Vgl. Jain, Sex Roles and a Dialectic of Survival and Equality, S. 175.
39 Kapadia, Siva and her Sisters, S. 44.

4. Status: Alte Rollen, neue Rollen und die Frage der Ehrbarkeit

1 Vgl. Dattani, The World, her Stage, S. 67.
2 Cormack, The Hindu Woman, S. 171.
3 Vgl. Poggendorf-Kakar, Hindu-Frauen zwischen Tradition und Moderne.
4 In Jharkhand, Haryana, Chhattisgarh, Orissa, West-Bengal, Madhya Pradesh, Rajasthan, Andhra Pradesh, Gujarat, Maharashtra, Assam und Bihar. Laut einem Bericht des Rural Litigation and Entitlement Kendra (RLEK) in Dehradun sind in den letzten 15 Jahren ca. 1500 Menschen, überwiegend Frauen, als Hexen umgekommen. Einzelne Bundesländer haben Gesetze zum Schutz dieser Frauen in Kraft treten lassen, als erstes Bihar mit dem *Prevention of Witch (Dayan) Practices Act* (1999), andere Bundesländer folgten.

5 Vgl. auch Xaxa, Women and Gender in the Study of Tribes in India, S. 355.
6 Singh, Witch-Hunting, S. 16–21.
7 In eigenen Worten nacherzählt aus: Ratnadip Choudhury, Fighting against Witch Hunts Meant Fighting for Myself and All Women, S. 26–28.
8 Nach diesen Clan-Vorstellungen sind Familien desselben *gotra* so nahe verwandt, dass Sexualität unter Clanmitgliedern als Inzest gedeutet wird.
9 Organisationen wie die *Love Commandos* in Delhi sind erste Anlaufstellen für durchgebrannte Paare, die ihnen Schutz und Unterkunft geben und sich bemühen, ihnen den Start im neuen Umfeld zu erleichtern. Vgl. http://lovecommandos.org.
10 Majumdar, ‹We Did the Right Thing, We Cleaned a Social Wrong›.
11 Thufail PT, Seven Honour Killings in 12 Weeks, S. 47.
12 Tare, Love and Live in Mumbai.
13 Thufail PT, Seven Honour Killings in 12 Weeks, S. 47.
14 Majumdar, Billu Pehalwan Killed his Daughter and Beheaded her Lover, S. 10 f.
15 Majumdar, Billu Pehalwan Killed his Daughter and Beheaded her Lover, S. 12.
16 Aji, A Village Shamed and Silent, S. 40 f.
17 Zitiert nach Reckwitz, Das hybride Subjekt, S. 15.
18 Vgl. auch Nandy, The Popular Hindi Film, S. 90.
19 McMillin, Ideologies of Gender on Television, S. 13 f.
20 Das hat u. a. dazu beigetragen, dass weniger Kinder geboren werden, da nun abends andere Beschäftigungen möglich sind, als bei Einbruch der Dunkelheit zu Bett zu gehen.
21 McMillin, Ideologies of Gender on Television in India, S. 20.
22 Rawal, Globalization, Media and Women, S. 202.
23 Ramu, Men Don't Cry and Men Don't Cook and Clean, S. 157.
24 Singh, Two Thirds of Women Say Men Don't Help with Household Chores.
25 Vgl. Swedish Cinemas Take Aim at Gender Bias with Bechdel Test Rating. Dass die Projektion positiver Rollenvorbilder «funktioniert» und einen Einfluss auf junge Frauen hat, zeigen Studien in Deutschland und den USA, wo derzeit Fernsehserien gedreht werden, mit dem Ziel, mehr Mädchen an naturwissenschaftliche Berufe heranzuführen. Die US-Serie CSI – Crime Scene Investigation hat beispielsweise in den letzten 12 Jahren dazu beigetragen, dass 64% mehr

Frauen in den USA Forensik studieren. Vgl. Wissmann, Herzschmerz für die Forschung, S. 57.

26 «Item girls» sind Frauen aus «Item numbers»: Bezeichnung für die in indischen Filmen eingespielten populären Tanzeinlagen zu Liedern mit oft vulgären und sexuell provokanten Körperbewegungen.

27 Aji, The Joys of Being Single, S. 56.

28 Aji, The Joys of Being Single, S. 57.

5. Macht: Die vergöttlichte Mutter und die Muttergöttin

1 Es wird in diesem Kapitel immer wieder aus der folgenden Publikation zitiert: Poggendorf-Kakar, Hindu-Frauen zwischen Tradition und Moderne.

2 Vgl. Bennett, Dangerous Wives and Sacred Sisters.

3 Kishwar, Women, Sex and Marriage, S. 22.

4 Vgl. Sen, India's Women.

5 Bhat/Sharma, Missing Girls, S. 358.

6 Das, Purdah, the Status of the Indian Woman, S. 104 ff.

7 Vgl. S. Kakar, Maternal Enthrallment, S. 74.

8 Dazu ausführlich S. Kakar, Kindheit und Gesellschaft in Indien, Kapitel 3.

9 Paraphrasiert nach Geetha, On Bodily Love and Hurt, S. 317.

10 Vgl. S. Kakar, The Inner World, S. 52 ff.

11 Vgl. Grodzins Gold, Gender, Violence and Power, S. 33.

12 Soma wird auch mit Chandra, dem Mond assoziiert. Ganze Bücher wurden über Soma und seinen Gebrauch geschrieben, ohne dass geklärt werden konnte, um was für eine Substanz es sich hierbei handelte.

13 Jaiminiya Brahmana 1. 161–163, zitiert nach Doninger O'Flaherty, Tales of Sex and Violence, S. 101.

14 Vgl. S. Kakar, The Inner World, S. 94.

15 Doninger O'Flaherty, Tales of Sex and Violence, S. 97.

16 Vgl. Allen, Introduction. The Hindu View of Women, S. 5 f.; Wadley, Shakti. Power in the Conceptual Structure, S. 184 f.; Klostermaier, Shakti. Hindu Images, S. 145.

17 Vgl. Harlan, Religion and Rajput Women, S. 190.

18 Vgl. Doninger, The Shifting Balance of Power in the Marriage of Shiva and Parvati, S. 133.

19 Vgl. Doninger, Women, Androgynes and Other Mythical Beasts, S. 44.

20 Dube, Seed and Earth, S. 38.

21 Vgl. S. Kakar, The Inner World, S. 129.

22 Vgl. auch Beers, Women and Sacrifice, S. 136.
23 Juergensmeyer, Die Welt der Cowboy-Mönche, S. 9.
24 Guzder/Krishna, Sita-Shakti, S. 266.
25 Ramanujan, The Indian Oedipus, S. 254.
26 Vgl. S. Kakar, Kultur und Psyche, S. 36.
27 Anders als in Südindien wird in Nordindien die erste Menstruation eines Mädchens nicht rituell zelebriert, vgl. Duvvury, Play, Symbolism and Ritual; auch L. und S. Dube, Women in India, S. 60.
28 Vgl. Jenett, Menstruating Women/Menstruating Goddesses; Caldwell, Oh Terrifying Mother.
29 Vgl. Hershman, Virgin and Mother, S. 289.
30 Vgl. auch Islam/Kuah-Pearce, The Promotion of Masculinity and Femininity, S. 415.
31 Vgl. auch Khandelwal, Ungendered Atma, Masculine Virility and Feminine Compassion, S. 79–109.
32 Vgl. Young, Women in Hinduism, S. 128 f.; Johnson, Daughters of the Goddess.
33 Ein bedeutender Guru des letzten Jahrhunderts, dessen Anhänger noch heute in spirituellen Gemeinschaften im Bundesstaat Pondicherry zusammenleben.
34 Vgl. Schouten, The Unconventional Woman Saint, S. 123–150.
35 Vgl. Alston, The Devotional Poems of Mirabai; Kinsley, Devotion as an Alternative to Marriage, S. 83–93; Harlan/Courtright (Hg.), From the Margins of Hindu Marriage, S. 204–227.
36 Vgl. Meenakshi, Andal, She who Rules, S. 34–39.
37 Vgl. Vanita, Three Women Saints of Maharashtra, S. 45–61.
38 Vgl. Kinsley, Devotion as an Alternative to Marriage, S. 83–93.

6. Gewalt: Mitgift und häusliche Brutalität

1 In Indien ziehen Frauen mit der Eheschließung stets zur Familie des Mannes.
2 Oyedele, Überall der gleiche Schmerz, S. 298.
3 Zitiert aus Mason-John, Broken Voices, S. 212.
4 Vgl. BSP MP Maid's Murder.
5 Sozialaktivistin in: Mason-John, Broken Voices, S. 193.
6 Anderson/Ray, Missing Women, S. 1290.
7 Vgl. Gangoli, Indian Feminisms, S. 7.
8 Vgl. z. B. Vranda, Exploring Domestic Violence, S. 139–142.
9 2011: 99 135; 2012: 106 527 Fälle. Vgl. Nelson, Woman Killed over Dowry.
10 Vranda, Exploring Domestic Violence, S. 141.

11 Indien ist weltweit führend in der absoluten Zahl der Selbstmorde insgesamt wie auch bei Suiziden junger Menschen (15–29 Jahre), gefolgt von China. Prozentual gesehen, steht Indien hingegen an 12. Stelle weltweit (knapp 21 Suizide auf 100 000 Menschen). Vgl. India Records 2.6 Lakh Suicide Cases a Year, S. 1–9.

12 Vgl. z. B. Kumari, Brides Are not for Burning; Bhadauria, Women in India; Wadhwa, Fair Sex or Fair Game?

13 Nelson, Woman Killed over Dowry.

14 Die Tradition des Brautpreises ist in Indien in den letzten 70 Jahren immer mehr in den Hintergrund getreten, Kasten die früher den Brautpreis kannten, nehmen nun Mitgift. Der Brautpreis ist das Gegenteil der Mitgift: Es wird von der Familie des Bräutigams ein (meistens symbolischer) Geldbetrag verlangt. Diese Tradition ist in Indien nur in niedrigkastigen Gemeinschaften üblich, denn mit dem Brautpreis sollte in ökonomisch schwächeren Schichten der Verlust der Tochter als Arbeitskraft ausgeglichen werden. Inzwischen weitet sich mit der wirtschaftlichen Entwicklung und der Aufweichung des Kastensystems im urbanen Umfeld das sozioökonomische System der Mitgift auch in Kasten aus, die die Tradition des Brautpreises praktiziert haben. Zum Brautpreis im indischen Heiratssystem vgl. Rajaraman, Economics of Bride-Price and Dowry, S. 275–280; Ahuja, Indian Social System, S. 230 f.

15 Vgl. beispielsweise für Daten der 80er Jahre Nasla, Women as Victims of Crime, S. 302 f.; für Daten von 2005 bis 2009: Deepa, Crime against Women in India, S. 12.

16 Siehe die oben genannten Statistiken. W. Menski kommentierte bereits 1991, dass man für das derzeitige Phänomen der Mitgiftmorde nicht die Tradition verantwortlich machen könne, und bezeichnete es als eine der schmerzvollen Auswirkungen der schlecht gelungenen Modernisierung einer traditionellen Gesellschaft. Vgl. Menski, Marital Expectations, S. 66.

17 Vgl. Nelson, Woman Killed over Dowry.

18 Vgl. Singh/Choudhury (Hg.), Violence against Women and Children.

19 Sunder Rajan, Real and Imagined Women, S. 83.

20 Vgl. z. B. Sharma, Dowry in North India, S. 355; Ahuja, Indian Social System, S. 2013.

21 Geetha, On Bodily Love and Hurt, S. 323.

22 Vgl. Zaidi, Banking on Ourselves, S. 17.

23 Vgl. Ramakrishnan, In India, One Woman's Story of Dowry Violence.

24 Vgl. Gangoli, Indian Feminisms; vgl. auch The National Family

Health Survey (1998/1999), in: Mehrotra, Capability Deprivation of Women, S. 26.
25 Zitiert aus Mason-John, Broken Voices, S. 53.
26 Vranda, Exploring Domestic Violence, S. 140 ff.
27 Vgl. Kumar, I Faced the Goondas, Who Threatened to Kill Me, S. 44.
28 Vgl. Vera-Sanso, Conformity and Contestation, paraphrasiert nach Sariola, Gender and Sexuality in India, S. 24 f.
29 Gangoli, Indian Feminisms, S. 2; vgl. auch Perumal, Globalization of Violence against Women, S. 48.
30 Vgl. Chakraborty/Kumar/Ram, Women's Autonomy, Women's Status, and Nutrition in India, S. 44; vgl. auch Raj, Hey Man, Change your Mindset.
31 Vgl. S. Kakar, Intime Beziehungen, S. 21.
32 Vgl. Gangoli, Indian Feminisms, S. 2; Statistiken, die die Gewalt gegen Frauen in Indien dokumentieren, weichen voneinander ab. Nach Perumal, Globalization of Violence against Women, S. 45, haben ca. ein Drittel aller Frauen zwischen 15 und 49 Jahren körperliche Gewalt erlitten und ca. eine von zehn sexuelle Gewalt.
33 Vgl. Perumal, Globalization of Violence against Women, S. 47.
34 Vgl. Vranda, Exploring Domestic Violence, S. 135 f.
35 Zitiert aus Mason-John, Broken Voices, S. 72.
36 Goyal, Women Making Choices, S. 423.
37 Interviews, Oktober 2012.
38 Zitiert aus Mason-John, Broken Voices, S. 222 f.

7. Entwertung: Die «fehlenden Frauen»

1 Deliege, The Untouchables of India, S. X.
2 Vgl. auch Butalia/Roy, Women Changing India, S. 187 ff.
3 Vgl. z. B. Anderson/Ray, The Age Distribution of Missing Women in India, S. 87–95; dies., Missing Women: Age and Disease, S. 1261–1300.
4 Vgl. z. B. Anderson/Ray, The Age Distribution of Missing Women in India, S. 88.
5 Sen, More than 100 Million Women are Missing.
6 Vgl. Anderson/Ray, Missing Women: Age and Disease, S. 1263; vgl. auch Mehrotra, Capability Deprivation of Women, S. 35.
7 Vgl. Anderson/Ray, The Age Distribution of Missing Women in India, S. 91 u. 88.
8 Vgl. Anderson/Ray, The Age Distribution of Missing Women in India, S. 88.
9 Haryana beispielsweise steht im Pro-Kopf-Einkommen auf Platz drei aller indischen Bundesstaaten.

10 Daten von 1991, Office of the Registrar General of India, 2001; vgl. Bhat/Sharma, Missing Girls, S. 359.

11 Beispielsweise durch Informationen und Zugang zu selektiver Abtreibung; vgl. Das Gupta, Selective Discrimination against Female Children, S. 77–100; Bhat/Sharma, Missing Girls, S. 356.

12 Varghese/Aruldas/Jeemon, Beyond the Numbers, S. 122 f.; vgl auch. Bhat/Sharma, Missing Girls, S. 355.

13 Vgl. Ghosal, Lack of Conviction, S. 19.

14 Pandey, India's Unwanted Girls.

15 Vgl. Das Gupta, Selective Discrimination against Female Children, S. 77–100; auch: Bhat/Sharma, Missing Girls, S. 358.

16 Die Quote fehlender Mädchen in der Altersgruppe 0–6 beträgt über 8% in nordindischen Bundesstaaten, gefolgt von Zentral- und Westindien. Südindien (2,0%) und die Nordoststaaten (1,8%) schneiden am besten ab. Vgl. Bhat/Sharma, Missing Girls, S. 357.

17 Vgl. auch Bhat/Sharma, Missing Girls, S. 368.

18 Vgl. Singh/Choudhury (Hg.), Violence against Women and Children.

19 Vgl. Ghosal, Lack of Conviction, S. 18 f.

20 Zahlen des Office of the Registrar General and Census Commissioner, India, 2011, vgl. Hay/Sudarshan/Mendez, Why a Special Issue Evaluating Gender and Equity?, S. 180. Biologisch beträgt das weltweit angenommene Geschlechterverhältnis 104–106 Jungen auf 100 Mädchen, Indiens Mädchenquote liegt also weit unter dem weltweiten Durchschnitt.

21 Auch andere südindische Bundesstaaten wie Karnataka, Andra Pradesh und Maharashtra schneiden verhältnismäßig gut ab; vgl. Population Census, www.census2011.co.in/sexratio.php.

22 Bhat/Sharma, Missing Girls, S. 353.

23 Yagnik/Kaushik, Disappearing Daughters Alarm Gujarat Villages, S. 12.

24 Vgl. auch Anderson/Ray, The Age Distribution of Missing Women in India, S. 93.

25 Rege, Caste and Gender, S. 3.

26 Anderson/Ray, Missing Women: Age and Disease, S. 1265.

27 Biswas, India's Unwanted Girls.

28 Kumar, Bonded Brides.

29 Shafiq R. Khan, Gründer von «Empower People», in der Studie «Molki, Women on Sale», siehe auch Shafiq R. Khan, http://www.shafiqrkhan.net/2009/12/molki-women-is-it-marriage.html.

30 Kumar, Bonded Brides.

31 Dixit, Rape in India.
32 Dubey, The Missing Girls of Lakhimpur, S. 15.
33 Dubey, ebd.
34 Dubey, The Missing Girls of Lakhimpur, S. 17.
35 Verstirbt ein Ehemann und die Frau wird anschließend mit einem der Brüder ihres Mannes verheiratet (gleichgültig, ob dieser bereits eine Familie hat), wird diese Tradition als *karewa* bezeichnet. *Karewa* beinhaltet häufig schlicht die sexuelle Ausbeutung einer Frau durch die Männer eines gesamten Haushalts.
36 Siehe Kumar, Bonded Brides.
37 Im Vergleich: Die Philippinen schneiden in Asien am besten ab; 7 europäische Länder sind unter den 10 ersten Ländern in Fragen der Geschlechtergleichheit. Vgl. BBC News, Women Gain as Gender Gap Narrows.
38 Vgl. auch Rosenfeld, Beschütz mich!.
39 Mehrotra, Capability Deprivation of Women, S. 38.

8. Vergewaltigung: Dominanz und Unterwerfung

1 Vgl. Kumar/Bhalla/Colvin, Suicide of Rape Victim.
2 Beide Fälle wurden von *Video Volunteers* dokumentiert: www.videovolunteers.org.
3 Nelson, India Arrests Five.
4 Vgl. Mander, Let's Reach out in Time.
5 Zur Dauer der Gerichtsverfahren und den Konsequenzen für Frauen siehe Kumar/Bhalla/Colvin, Suicide of Rape Victim, S. 26.
6 Vgl. Wal/Agrawal, Silence is not an Option, S. 40.
7 Datta/Niazi, Rape and Murder in Betul, S. 32.
8 Desouza, The Strength of Collective Processes, S. 379.
9 Zitiert aus Chaudhury, Rape. And How Men See It, S. 32 f.
10 Bhalla/Vishnu, The Rapes Will Go On, S. 41; zur Gleichgültigkeit von Polizisten vgl. auch Sengupta, Another Rape.
11 Bhalla/Vishnu, The Rapes Will Go On, S. 43 u. S. 47.
12 Bhalla/Vishnu, The Rapes Will Go On, S. 43.
13 Auch in Ländern wie der Türkei zeigen Studien, dass ein Drittel der Polizisten die Haltung vertritt, dass manche Frauen es verdienen, vergewaltigt zu werden und dass Kleidung etc. manche Männer dazu verleitet. Vgl. Wikipedia, Rape Statistics, http://en.wikipedia.org/wiki/Rape_statistics.
14 http://en.wikipedia.org/wiki/Rape_in India.
15 Gandhi und Shah, Issues at Stake, 1991, zitiert in Rege, Caste and Gender, S. 4.

16 http://en.wikipedia.org/wiki/Rape_in_India; vgl. auch Raghunathan, The So-called Great Indian Rape Problem.
17 Rege, Caste and Gender, S. 10.
18 Borges, Would You Marry a Rape Victim?
19 Vgl. Singh/Choudhury (Hg.), Violence against Women and Children, S. 7.
20 Vgl. Nair, From Victim to Survivor, S. 9; vgl. auch Wal/Agrawal, Silence Is not an Option, S. 43.
21 https://www.youtube.com/watch?v=8hCoNg_ajpY.
22 Abdulali, After Being Raped, I Was Wounded.
23 Vgl. Allen, Introduction. The Hindu View of Women, S. 6; Hastrup, The Semantics of Biology, S. 40.
24 Nach indischer Gesetzeslage ist es verboten, den Namen von Vergewaltigungsopfern öffentlich zu machen. Ihr wirklicher Name, Priya, wurde erst sehr viel später von ihrem Vater an die Medien gegeben. In dem international bekannt gewordenen Fall ist somit überwiegend von Nirbhaya die Rede, was ich im Text beibehalten habe.
25 Singh, Lives, Interrupted, S. 13.
26 Roy, Dad Tells the World Daughter's Name, S. 13.
27 Vier der Beschuldigten wurden zum Tode verurteilt, einer beging Selbstmord, der sechste Angeklagte, der erst 17 Jahre alt ist, kann aufgrund des Jugendgesetzes nur eine Höchststrafe von 3 Jahren bekommen.
28 Vgl. Women Should Not Go out with Males who are Not Kin.
29 Sinha, Woman Contract-bound to Serve Husband.
30 Rape Sometimes Right, Sometimes Wrong.
31 Fareed, Mulayam's Shocker.
32 Bhadoria, «Dented-Painted» Women; auch: https://www.youtube.com/watch?v=momopQTM6yE.
33 Vgl. Thapar, Bite your Tongue; Debroy, Court Orders In-camera Trial.
34 Zitiert aus Hazra, Sex Crazy.
35 Sinha, Women's Local Space, S. 206.
36 Vgl. auch McKinnon, Toward a Feminist Theory of the State, S. 59.
37 Sona, Before Nirbhaya, It Was Kiran, S. 8–11.
38 Sona, Before Nirbhaya, It Was Kiran, S. 10.
39 Vgl. Wal/Agrawal, Silence is Not an Option, S. 39 ff.

9. Armut: Arbeit, Kasten und Chancen des Aufstiegs

1 Caritas International, Indien: Raus aus der extremen Armut.
2 McKinsey Global Institute, India's Urban Awakening.
3 McKinsey Global Institute, ebd.

4 Dixit, Rape in India.
5 Vidal, Warum Inderinnen kaum Einkommen erwirtschaften.
6 Laut Indiastat von 2009/2010 sind nur 13,8% urbaner Frauen berufstätig und 26,1% der ländlichen Frauen (http://www.indiastat.com/default.aspx), während in den meisten Studien von durchschnittlich ca. 30% erwerbstätiger Frauen ausgegangen wird (http://reports.weforum.org/global-gender-gap-report-2013/#section=country-profiles-india).
7 Ortsgebundene Studien vermuten, dass allein vier Fünftel aller Frauen vom Land in der Agrarwirtschaft tätig sind, vgl. z. B. Rustagi, Employment Trends for Women in India, S. 1.
8 Vgl. Mukhopadhyay, Why We Can't Live without Slums, S. 40.
9 Vgl. Bharucha, Deconstructing a Slum.
10 Vgl. Mason-John, Broken Voices, S. 13–17.
11 Malavika Karlekar stellte dies beispielsweise in ihrer Feldforschung bei Balmiki-Frauen in einem Slum in Delhi fest, vgl. Karlekar, A Study of Balmiki Women in Delhi.
12 Die Erläuterungen zum Kastenwesen sind zum Teil folgendem Buch entnommen: S. und K. Kakar, Die Inder, S. 30 ff., und basieren auf früheren Recherchen von S. Kakar.
13 Vgl. auch Grey, A Cry for Dignity, S. 45.
14 Bengal Girl Raped, S. 7.
15 Deliege, The Untouchables of India, S. 113.
16 Mason-John, Broken Voices, S. 22 f.
17 Dumont, Religion, Politics and History in India.
18 Vgl. Mason-John, Broken Voices, S. 6.
19 Vgl. Wikipedia, Dalit, http://en.wikipedia.org/wiki/Dalit.
20 Vgl. Dutt, Girls' Education as Freedom?, S. 26.
21 Zitiert aus Mason-John, Broken Voices, S. 56.
22 Mishra, Dalit Girls Clean School Toilets.
23 Vgl. Mason-John, Broken Voices, S. 128.
24 Vgl. Deliege, The Untouchables of India, S. 197.
25 Bereits Beteille stellte heraus, dass mit der Kastenhierarchie zwei entscheidende weitere Dimensionen gesellschaftlicher Teilung einhergehen: Besitz und Macht; die oberen Kasten kontrollieren Land und üben politische Macht aus, vgl. Deliege, The Untouchables of India, S. 47.
26 Deliege, The Untouchables of India, S. 87.
27 Erläuterungen zu Reinheit und Unreinheit sind zum Teil folgendem Buch entnommen: S. und K. Kakar, Die Inder, S. 30 ff., und basieren auf früheren Recherchen von S. Kakar.
28 Dumont, Homo Hierarchicus, S. 54. In der Verbindung von Schmutz

und Kastenhierarchie betrachtet der Soziologe Milner Schmutz mehr als etwas Soziales, weniger als etwas Physisches; siehe Milner, Status and Sacredness.

29 Vgl. auch Deliege, The Untouchables of India, S. 56.

30 Fuchs, At the Bottom of Indian Society, S. 238.

31 Vgl. Shinde, Dalits and Human Rights, S. 54.

32 Deliege, The Untouchables of India, S. 5.

33 Deliege, The Untouchables of India, S. 6.

34 Vgl. z. B. Nelson, India Arrests Five after Raped Women Hung from Mango Tree.

35 Vgl. Grey, A Cry for Dignity, S. 107.

36 Gangoli, Indian Feminisms, S. 26.

37 Eine Frauen-Aktivistin aus Bangalore, Gandhi and Shah, zitiert nach Gangoli, Indian Feminisms, S. 30.

38 *Video Volunteers* ist eine Medien- und Menschenrechts-Organisation, die Menschen in Indien die Möglichkeit bietet, Unterdrückung, Unrecht und Korruption in Form von Videos festzuhalten und publik zu machen. Vgl. http://www.videovolunteers.org.

39 Jessica Mayberry, Gründerin von *Video Volunteers*, Facebook, 23. Nov. 2014.

40 Vgl. auch Govinda, Mapping «Gender Evaluation», S. 191.

41 Mangubhai, Human Rights as Practice, S. 21.

42 Butalia/Roy, Women Changing India, S. 10.

43 Butalia/Roy, Women Changing India, S. 17.

44 Vgl. Goyal, Women Making Choices, S. 426.

45 Vgl. auch Govinda, Mapping «Gender Evaluation», S. 197.

46 1992 erließ das Parlament eine Ergänzung zur Verfassung (73. und 74. Ergänzung), die den Dorfräten und Stadtgemeinden die Macht gab, Programme für ökonomische Entwicklung und soziale Gerechtigkeit in ihrem Umfeld eigenständig zu initiieren. Eine Frauenquote von 30% wurde gesetzlich vorgeschrieben.

47 Choudhury, CPM Cadres Threatened her, S. 16 f.

48 Baviskar, Empowerment at the Grassroots, S. 87.

49 Erfolgreiche Politikerin aus armen Verhältnissen in Nordindien, die ihre Haare kurz trägt.

50 Zitiert, paraphrasiert und zusammengefasst aus: Baviskar, Empowerment at the Grassroots, S. 87–91.

51 Central Statistical Office, 2010, vgl. Hay/Sudarshan/Mendez, Why a Special Issue Evaluating Gender and Equity?, S. 179.

52 Bhalla/Bhattachariya, Urban India Finds its Voice.

53 Vgl. auch Goyal, Women Making Choices, S. 420.

10. Widerstand: Feminismus, Auflehnung, Gegenwehr

1 Vgl. Everett, Approaches to the ‹Woman Question›, S. 174.

2 Vgl. Butalia, Indian Women and the New Movement, S. 131; M. Sinha, Witness to Violence, S. 366.

3 Vgl. auch Kazmi, Sex in Cinema, S. VXI/15.

4 Vgl. Basu, The Many Faces of Asian Feminism, S. 2.

5 Vgl. Thapar, The History of Female Emancipation, S. 481.

6 Vgl. auch Bald, From Satyartha Prakash to Manushi.

7 Vgl. Duby/Perrot, Geschichte der Frauen.

8 Mies, Indische Frauen, S. 97; Basu, The Role of Women, S. 32 f.

9 Kaur, Women in India's Freedom Struggle, S. 96.

10 Vgl. auch Mies, Indische Frauen; zur Rolle der Frau während der Unabhängigkeitsbewegung: Kaur, Women in India's Freedom Struggle; Pujari/Kumar, Women in the National Movement, S. 9–48; Liddle/Joshi, Gender and Colonialism, S. 521–529.

11 Vgl. auch Agnew, Elite Women in Indian Politics, S. 34.

12 Vgl. Basu, The Role of Women, S. 37.

13 Agnew, Elite Women in Indian Politics, S. 4.

14 Vgl. z. B. Kishwar, Why Do I not Call Myself a Feminist, S. 2–7; dies., Who Am I?, S. 6–17.

15 Mitra, Voices of Privilege and Sacrifice, S. 125–133.

16 Jain, Feminism and Feminist Expression – A Dialogue, Panel Presentation: Indigenous Feminism – Concepts, Achievements and Problems, 1. Okt. 1997, Asiatic Society, Bombay, publiziert in: Karnataka Women's Information and Resource Center, Bangalore.

17 Für diese aktuelle Auskunft danke ich der Regisseurin Nisha Pahuja.

18 Agnew, The West in Indian Feminist Discourse, S. 9.

19 Vgl. z. B. Coburn, Devi Mahatmya.

20 Vgl. Hiltebeitel/Erndl (Hg.), Is the Goddess a Feminist?; Dehejia, Devi, the Great Goddess; Hawley/Wulff (Hg.), Devi. Goddesses of India; Pintchman, The Rise of the Goddess; Erndl, Victory to the Mother.

21 Feldforschung, Delhi, 5.12.1998.

22 Feldforschung, Delhi, 14.01.1999.

23 *Prarthna ka bhavarth* («Gefühlsmäßige Essenz des Gebets»), Gebet für die Göttin Durga in Übersetzung aus dem Hindi. Der Text wird auf Pappkarten in Hindi und Sanskrit an Aktivistinnen und Interessenten verteilt, Feldforschung, Jaipur, Dezember 1998.

24 Indian Girl Cuts Man's Penis off.

25 Perappadan, Rothak Sisters Appeal for Justice, S. 9.

26 Prasad, Arrest Us All.

27 *Purush* (Der verfolgte Mann, 1992, Kalkutta), *Purush Hakka Samrakshan Samiti* (Komitee für den Schutz männlicher Rechte, 1996, Mumbai) und *Patni Atzachar Virodhi Morture* (Der Protest gegen Folter durch Ehefrauen, o. J., Lucknow); vgl. dazu Chowdhury, Conditions of Emergence.
28 Vgl. Chowdhury, Conditions of Emergence, S. 32.
29 Pink Warriors, in: Herald, 2. März 2014.
30 Vgl. auch Agarwal, Positioning the Western Feminist Agenda, S. 254.
31 Butalia/Roy, Women Changing India, S. 10.
32 Vgl. Pandey, Land for Ladies.
33 Kapadia, Siva and her Sisters, S. 5.
34 Vgl. Karlekar, A Note on the Empowerment of Women.
35 Vgl. Chowdhury, Conditions of Emergence, S. 45.
36 Vgl. Sinha, Witness to Violence, S. 367; auch: Wolf, Make it Real.
37 Vgl. auch Mitra, Voices of Privilege and Sacrifice, S. 47.

11. Nation: Der Körper der Frauen

1 Riesebrodt, Kulturmilieus und Klassenkulturen, S. 43–58.
2 Chatterji, Anandamath.
3 Zitiert nach Bhattaharjee, The Prophets of Modern India.
4 Vgl. Kaul, Cinema in the Indian Freedom Struggle, S. 18.
5 Führende Intellektuelle ihrer Zeit, beispielsweise Rabindranath Tagore, standen diesem Enthusiasmus eines religiös aufgeladenen Bildnisses der «territorialen Mutter» auch sehr kritisch gegenüber.
6 Vgl. Andersen/Damle, The Brotherhood in Saffron, S. 15 f.
7 Entsprechend imaginierten Bankim Chandra Chatterji wie auch der Maler Abanindranath Tagore Bharat Mata ursprünglich als «Mutter Bengalen», vgl. Bose, Nation as Mother, S. 68.
8 Vgl. Kinsley, Goddesses and Sacred Geography, S. 178–196.
9 Präsentation im Rahmen des Symposiums Women in the New Millenium, British Council, New Delhi, 15. Okt. 1999. Zum Bildnis Bharat Matas von A. Tagore vgl. auch Bose, Nation as Mother, S. 53.
10 Sugata Bose bemerkt, dass Abindranath Tagore das Gesicht seiner Tochter visualisierte, als er Bharat Mata malte: Es sollten menschliche Intimität und göttliche Inspiration zusammenfließen, indem nicht lediglich dem Bild der Mutter, sondern der Idee der Mutter als Nation Ausdruck verliehen wird: Bose, Nation as Mother, S. 57.
11 Gemälde von Amrita Sher-Gil, Abbildung in: Sinha (Hg.), Woman/Goddess, S. 119.
12 Kishwar, Religion at the Service of Nationalism, S. 9.
13 Vgl. Times of India, Straight Answer, 11. Nov. 1999, Interview mit

D. S. Singh, damaliger Direktorin des Sriram Bharatiya Kala Kendra zu *Ramlila*. Auch mythologische Fernsehsendungen orientieren sich in der Bekleidung an Gemälden Ravi Varmas, vgl. Jain, The God Factory.

14 Vgl. auch Kumari/Kidwai, Crossing the Sacred Line, S. 23.

15 Uma Bharati, zitiert nach Young, Women in Hinduism, S. 98.

16 Chatterjee, The Nationalist Resolution, S. 248.

17 Aussagen, die Chatterjee zum Neo-Patriarchismus der Kolonialzeit machte. Vgl. Chatterjee, The Nationalist Resolution, S. 248.

18 Rustagi, Employment Trends For Women in India; Dixit, Rape in India.

19 Nach diesem Gesetz konnte bisher willkürlich verhaftet werden, wer sich im Internet «in grober Weise beleidigend» (*grossly offensive*) äußert oder einen «bedrohlichen Charakter» hat.

20 Butalia/Roy, Women Changing India, S. 9.

Glossar

Die hier erfassten Begriffe und Namen sind im Text bei ihrer ersten Erwähnung mit einem *Asterisk gekennzeichnet.

adivasi: Ausdruck für «Stammesangehörige» (*tribals*), die sogenannten Ureinwohner Indiens, deren religiöse Praktiken außerhalb der hinduistischen normativen Werte angesiedelt sind

Akka Mahadevi: Weibliche Heilige der Virashaiva Bewegung; lebte im 12. Jahrhundert in Karnataka (Südindien) und ist bis heute für ihre Poesie bekannt

alvar: «Eine/r, der mit den Qualitäten des höchsten Gottes verschmilzt»; ein Titel, der an zwölf Dichter-Heilige aus dem 7. bis 10. Jahrhundert von Shri Vaishnava-Anhängern verliehen wurde, deren 4000 Verse für sie von vergleichbarer Bedeutung sind wie die Sanskrit-Veden

Ambedkar: Bhimrao Ramji Ambedkar (Babasaheb, 1891–1956), Sozialreformer, Jurist und Politiker, der sich gegen das Unrecht und die Diskriminierung der Unberührbaren, Frauen und der Arbeiterklasse einsetzte; prägte auch die moderne buddhistische Bewegung Indiens stark

ananku: Tamilischer Ausdruck für eine gefährliche, heilige Kraft, vergleichbar mit dem Konzept von *shakti*, die unter anderem Frauen während ihrer monatlichen Blutung besitzen

apsara: «Wassernymphe»; himmlische Kurtisane aus dem Harem des Gottes Indra

Arya Samaj: «Die Gesellschaft der Noblen», 1875 von Dayananda Saraswati gegründet, mit dem Ziel, den Zustand der religiösen und moralischen Reinheit wiederherzustellen und die indische Religion von allen fremden Elementen zu säubern; militante nationalistische Organisation des 19. Jahrhunderts, die auf die Veden als Grundlage des hinduistischen Glaubens zurückgreift

Backward Castes: OBC (Other Backward Castes), SC (Scheduled Castes) und ST (Scheduled Tribes); Begriff für Kasten, die sozial, ökonomisch und im Bildungsbereich benachteiligt sind

Bahujan Samaj Party (BSP): «Partei der Mehrheitsbevölkerung», im Jahr 1984 von Kanshi Ram als Interessensvertretung der Dalits (Kastenlosen) konstituiert

Bhagavati: «Die Gesegnete»; Name einer furchterregenden Göttin in

Kerala, die glückverheißend ist; eine Form der Kali, die in Kerala dominiert

Bhairujis: Lokale Gottheiten

bhakti: Spiritueller Weg der liebenden Hingabe; religiöse Bewegung der Vaishnava-Tradition, die seit dem indischen Mittelalter weite Verbreitung fand

Bharatiya Janata Party (BJP): «Indian People's Party»; derzeitige Regierungspartei Indiens, die sich um 1980 aus der Organisation *Bharatiya Jana Sangh* («Indische Volksunion») konstituierte; verbunden mit weiteren Organisationen der *Hindu Parivar*, insbesondere mit der *Vishwa Hindu Parishad* (*VHP*) und dem *Rashtriya Svayamsevak Sangh* (*RSS*)

Bharat Mata: Wörtlich: «Mutter Indiens»; Göttin in der Form der territorialen Landesgrenzen Indiens, die im ausgehenden 19. Jahrhundert zur Stärkung des Nationalbewusstseins im Kampf gegen die englische Kolonialmacht erfunden wurde

bidi: Kleine, handgerollte Zigarillos aus dem Tendu- oder Temburni-Blatt

Brahma: Hindu-Gottheit, Schöpfer der Welt, die absolute Realität

brahmin: Erste der vier Kasten (*varna*), Priester- und Gelehrtenkaste

Brahmo Samaj: Monotheistische Reformbewegung des Hinduismus, die 1828 in Kalkutta gegründet wurde

chinaar: «Leichtes Mädchen» (Hindi)

dahej: «Mitgift» (Hindi)

dalit: «Unterdrückt»; Selbstbezeichnung der Kastenlosen, die am unteren Ende der indischen Kastenhierarchie angesiedelt sind und traditionell «unreine» Berufe wie Gerber, Schlächter, Totengräber etc. ausübten

darshana: Das glückverheißende «Schauen» eines Heiligen oder einer Gottheit

dayan: «Hexe» (Hindi)

devi: Göttin; allgemeine Bezeichnung für weibliche Gottheiten; Überbegriff aller weiblichen Manifestationen des Göttlichen

Devi Mahatmya: Bekannter mittelalterlicher Text aus dem 5./6. Jahrhundert n.Chr.; Teil des *Markandeya Purana*, in dem der Sieg der *devi* oder der Göttin Durga über die Dämonen thematisiert wird

dharma: Rechtschaffenheit; religiöse Pflicht, Gesetz, Religion; soziale und spirituelle Verpflichtungen; kosmische Ordnung, die Normen des rituellen und sozialen Verhaltens mit einschließt

diwali: Fest zu Ehren der Göttin Lakshmi am Neumondtag im Oktober oder November (Mondkalender), an dem die Häuser mit Lichtern erleuchtet werden; eines der bedeutendsten Hindu-Familienfeste der Gegenwart

Draupadi: Heldin des *Mahabharata* und populäre Dorfgöttin in Teilen Südindiens

dupatta: «Schal»; wird als Teil des *salvar kameez* über der Brust getragen

Durga: Beliebte Form der *devi*; gewöhnlich ausgestattet mit allen Waffen der Götter, um Dämonen zu besiegen, denen die männlichen Götter nicht gewachsen sind, wie beispielsweise Mahisasura, den Büffeldämon

Durga Vahini: Weiblicher Flügel der *Vishwa Hindu Parishad (VHP)*

Ganesha: Elefantenköpfiger Gott, Sohn von Shiva und Parvati; populäre Gottheit, die alle Hindernisse aus dem Weg räumt und insbesondere vor Beginn eines neuen Vorhabens verehrt wird

ghungat: «Schleier», Kopfbedeckung, die von Frauen in Nordindien getragen wird, um ihren Kopf (mitunter auch das Gesicht) vor dem Blick Fremder zu bedecken; oft wird das Ende des Sari wie ein loser Schal als Kopfbedeckung benutzt

Gond: Mitglieder einer Stammesgesellschaft in bewaldeten Gegenden Zentralindiens

gotra: «Abstammungslinie» (Sanskrit); Abstammung eines Clans; im traditionellen Kontext bis heute von großer Bedeutung bei der Wahl von Heiratspartnern, die nie das gleiche *gotra* haben dürfen

guru: Lehrer; spiritueller Meister

Hindutva: «Hindutum»; Erschaffung/Revitalisierung der Hindu-Nation; Begriff, der 1922 von dem Nationalisten Vinayak Savarkar geprägt wurde

Indra: Vedischer Gott des Regens, Donners und Gewitters, Anführer der *devas* und Herr des Himmels

izzat: Ehre, Familienehre (Urdu)

Jaiminiya Upanishad Brahmana: Brahmana-Text des Jaiminiya-Zweiges des Samaveda (drittes Buch der vier Veden), datiert in die vorchristliche Zeit

Janmabhumi-Bewegung: Kommunalistische Bewegung zur Neuerrichtung eines Tempels am mythischen Geburtsplatz Gott Ramas in Ayodhya

Jat: Mitglied einer Kastengruppe, die weite Verbreitung in Nordwest-Indien und Pakistan hat, insbesondere im Punjab

jati: Berufsbezogene Kastenbezeichnung; Geburtsgruppe, wörtlich: «Geburt»

Kali: Die «Schwarze Göttin»; furchterregende, dunkle Manifestation der *devi*, gewöhnlich dargestellt mit heraushängender Zunge und einer Girlande aus Menschenschädeln

Kalidasas Kumarasambhava: Legendäre Sanskrit-Dichtung, verfasst von

Kalidasa; eines der besten Beispiele von Kavya-Poesie; *Kumarasambhava* bedeutet «Geburt des Kriegsgottes» (bezogen auf Skanda, Shivas und Parvatis ersten Sohn)

Kamasutra: Altindischer Hindu-Text in Sanskrit, von Vatsyayana verfasst; ein in sieben Bücher aufgeteiltes Standardwerk über menschliches sexuelles Verhalten

Kartikeya: Kriegsgott, auch Skanda genannt; Bruder von Ganesha; in Tamil Nadu als Murugan bekannt

Krishna: Der achte *avatara* von Gott Vishnu; Kuhhirte und romantischer Liebhaber

kshatriya: Kriegerkaste; zweite der vier *varnas* (Geburtskasten)

Lakshmana: Halbbruder des Gottes Rama, der Rama ins Exil begleitet

Lakshmana Rekha: Ein Bezug auf eine bekannte Episode des *Ramayana*, in der Lakshmana einen magischen Kreis um Sita zieht, den sie in der Abwesenheit der Männer nicht überschreiten soll, um vor der feindlichen Außenwelt beschützt zu sein; moralische Grenze, die nicht überschritten werden darf

Lakshmi: «Göttin des Wohlstands»; Göttin des Reichtums und der Schönheit; Frau des Gottes Vishnu, die insbesondere während des *diwali*-Festes verehrt wird

Mahabharata: «Das große Indien»; bedeutendes Epos, das zwischen dem 3. vorchristlichen und 3. nachchristlichen Jahrhundert verfasst wurde und über den Krieg zwischen den Pandavas und Kauravas erzählt

Mahila Samiti: Frauenorganisationen auf lokaler Regierungsebene, die in fast allen Dörfern Indiens vertreten sind

mala: Gebetskette

Manu Smriti: «Gesetz Manus»; bedeutender altindischer Gesetzestext der Gattung Dharmashasthra

molki: Gekaufte Braut, siehe *paro*

Narada: Weiser, der Nachrichten zwischen Himmel und Erde überbringt

ojha: Hindi-Ausdruck für Exorzist

panchama: Fünfte Gruppe (außerhalb der vier Kasten); Mitglieder der hierarchisch am niedrigsten gestellten Menschen in der hinduistischen Gesellschaftsordnung

panchayat: Dorfrat; lokales Regierungsgremium auf Dorf- und Kleinstadtebene mit einem gewählten *sarpanch* (Dorfobersten) als Führer

Pandava: Im *Mahabharata* der Familienclan von Arjuna, der Krieg mit seinen Cousins, den Kauravas, führt

papad: Auch *papadum*; rundes, dünnes «Knäckebrot», das in Nordindien und Pakistan zum Essen gereicht wird, üblicherweise aus Linsenmehl gemacht

paratam: Tamilischer Ausdruck für heilige Tempelgesänge

paro: «Gekauft»; Bezeichnung für Frauen aus armen Regionen, überwiegend Nord- und Nordostindien, die für wenig Geld von Landbesitzern gekauft werden; Phänomen in Regionen wie Haryana, in denen es signifikant weniger Frauen als Männer gibt; vgl. *molki*

Parvati: «Die auf dem Berg (Himalaya) Geborene»; Tochter des Himalaya, Ehefrau Shivas und Idealtypus einer *pativrata*

pativrata: Eine tugendhafte Ehefrau, die ein Gelübde (*vrat*) für ihren Gatten (*pati*) abgelegt hat; gute, schützenswerte Frau

prakriti: Ur-Materie, Natur; die phänomenale Welt, das dynamische, aktive Element (im Kontrast zum stagnierenden, bewegungslosen Geist, *purusha*); ein weiblicher Begriff, oft personifiziert, der ebenfalls Emotionen, Stimmungen, Motive implizieren kann

puja: Religiöse Zeremonie; eine Form der Gottesverehrung, die erst aus post-vedischer Zeit bekannt ist; Ritual der Gastfreundschaft gegenüber einer Gottheit oder Gottheiten, bei dem u. a. Gaben wie Wasser, Blumen, Nahrung angeboten werden

puja-ghar: *puja*-Haus, häuslicher Götteraltar, traditionell am reinsten Ort des Hauses aufgestellt (Küche); Ort mit Götterfiguren für häusliche Riten

purdah: «Vorhang»; eine Praxis bestimmter Hindu- und Muslimgemeinschaften, die es Frauen nicht erlaubt, von anderen Männern als denen ihrer Familie gesehen zu werden

purusha: Geist, männliches Prinzip; auch: der erste Mensch, der zur Schöpfung der Welt geopfert wurde

Radha: Partnerin und Liebhaberin Gott Krishnas, verehrte Kuhhirtin

Rama: Held des bedeutenden Epos *Ramayana*, bedeutende Hindu-Gottheit, Avatar des Gottes Vishnu

Ramakrishna Mission: Hindu-religiöse Organisation, die sich als weltweite spirituelle Bewegung etabliert hat, bekannt als Ramakrishna- oder Vedanta-Bewegung; philantrophische Freiwilligenorganisation, die von Ramakrishnas Hauptschüler Vivekananda im Mai 1897 gegründet wurde

Ramayana: Sanskrit-Epos, das die Heldentaten des Königs und Gottes Rama erzählt, der auf der Suche nach seiner entführten Frau Sita ist; zwischen dem 2. vor- und dem 2. nachchristlichen Jahrhundert komponiert; dem Dichter Valmiki zugeordnet, wobei unterschiedliche Versionen des *Ramayana* existieren

ramlila: Das «göttliche Spiel»/«Spiel Ramas»; Theater-Aufführungen mit

Szenen aus dem *Ramayana*, überwiegend aus der mittelalterlichen Version des *Ramayana* von Tulsidas

randi: Ausdruck für Prostituierte

Rani von Jhansi: «Königin von Jhansi», auch Lakshmi Bai genannt; 1830–1858, wählte einen Märtyrertod im Kampf gegen die Briten

Rashtriya Svayamsevak Sangh (RSS): Hindu-nationalistische Organisation, die 1925 von K. B. Hedgevar in Nagpur gegründet wurde mit der Mission, die Hindu-Nation (*Hindutva*) neu zu beleben

Ravana: Dämonische Figur des *Ramayana,* König von Lanka, der die Heldin Sita entführt und schließlich von Rama besiegt wird

sadhvi: «Heilige Frau»; Asketin

Salvar Kameez: Nordindisches dreiteiliges Kleidungsstück für Frauen, bestehend aus einer Pluderhose, einem bis zu den Knien reichenden Kleid und einem über der Brust getragenen Schal (*dupatta*)

Samajwadi Party: «Sozialistische Partei» aus Uttar Pradesh, gegründet 1992

Samkhya Philosophie: Philosophisches System, das auf den Seher Kapila und die ältesten Upanischaden zurückgeht und die altindische Philosophie nachhaltig geprägt hat; das Erkennen der Verschiedenheit von individuellem Bewusstsein und innerem Wesenskern, das zur Erlösung führen soll

sangam: «Zusammenkommen» (Hindi), z. B. Gruppentreffen auf Dorfebene, aber beispielsweise auch zwei Flüsse, die ineinander münden

Sangh Parivar: Netzwerk und «Familie» rechtsradikaler Hindu-Organisationen, die der BJP nahestehen

Santoshi Ma: Lokale Göttin, die 1975 über einen Kinofilm berühmt wurde

saptamatrika: Die «sieben Mütter»; *shakti*-Göttinnen, die im populären Volksglauben weit verbreitet sind; in der sanskritischen Tradition mit den Plejaden assoziiert

Saraswati: Göttin des Lernens; Frau des Gottes Brahma

Sati: Frau Shivas, die sich während einer Opferzeremonie ihres Vaters Daksha selbst tötete, aus Wut und Scham über die Geringschätzung, die Daksha ihrem Ehemann Shiva entgegenbrachte

Shakta-Tradition: Verehrer der *devi*, die die Göttin als höchste Gottheit verehren

Shakti: «Macht, Energie, Kraft»; dynamische, schöpferische Kraft, die das Universum aktiviert; gewöhnlich mit dem Weiblichen assoziiert; auch allgemeine Benennung und Personifizierung der Göttin als Begleiterin eines Gottes

Shakuntala: Eigenwillige, mutige Frau, bekannt als Heldin einer Episode des *Mahabharata* und eines Theaterstücks von Kalidasa

Shiva: «Glücksverheißend, gnädig»; bedeutende Hindu-Gottheit; der Zerstörer in der Trinität Brahma–Vishnu–Shiva

shudra: Niedrigste der vier *varnas* (Kasten), die «Bediensteten»

Sikkhismus: Monotheistische Religion, die im 15. Jahrhundert von Guru Nanak im Punjab gegründet wurde und bis heute im nordindischen Raum praktiziert wird

sindur: Traditioneller roter, kosmetischer Puder, der gewöhnlich eine verheiratete Frau kennzeichnet, indem er täglich wenige Zentimeter in den Haarscheitel aufgetragen wird

Sita: Gattin des Gottes Rama, Heldin des Epos *Ramayana*; auch Vorbild und Ideal hinduistischer Weiblichkeit

Soma: Das Elixier der Unsterblichkeit, personifiziert als Mond; im Rig-Veda eine Flüssigkeit aus einer (heute unbekannten) Pflanze, die den Göttern in Opferritualen angeboten und von den Priestern konsumiert wurde und diese in ekstatische Zustände führte

Sonaswami: Ayurvedische Medizin

Sri Aurobindo (1872–1950): indischer Politiker, Philosoph, Hindu-Mystiker, der im 20. Jahrhundert als religiöser Lehrer in Pondicherry (Puducherry) wirkte

stridhana: Persönliches Eigentum einer Ehefrau, beispielsweise ihr Schmuck

tali: Anderer Ausdruck *für mangalsutra*, eine bestimmte Kette, die eine Frau als verheiratet auszeichnet; der Ausdruck *tali* wird insbesondere in Hyderabad benutzt

tapas: Asketische Praxis; Ansammlung innerer Hitze durch intensive Selbstdisziplin und Meditation; Quelle großer spiritueller und physischer Macht

Trailokya Bauddha Mahasangha Sahayak: Buddhistische Organisation, die Ambedkars Vermächtnis weiterführt, indem sie sich um Dalit-Waisenkinder, Frauenfragen, Unterstützung von Dalits in den Dörfern, Bildung in abgelegenen Regionen etc. kümmert

upanayana: Sanskrit-Ausdruck für die Initiation der «Zweimalgeborenen», eine Zeremonie für hinduistische Jungen der drei höheren Kasten (*varnas*), die im Alter zwischen 8 und 11 Jahren durchgeführt wird; offiziell (in früheren Zeiten) der Zeitpunkt, der Zugang zu den religiösen Schriften der Hindus ermöglicht

urad: Hindi für eine schwarze Hülsenfrucht, die häufig im Zusammenhang mit der furchterregenden Gottheit Bhairava (einer Form Shivas) steht; wird häufig auch zeremoniell für Flüche benutzt

vaishya: Dritte der vier Kasten (*varna*), «Händlerkaste»

varna: «Farbe» (bezieht sich auf die rituellen Farben altindischer Opferzeremonien, nicht die Hautfarbe); Kaste, in die man als Hindu geboren wird; Kategorisierung der indischen Gesellschaftsordnung in *brahmanas*, *kschatriyas*, *vaishyas* und *shudras* sowie die Gruppe der Kastenlosen (Dalits)

Vatsyayana: Autor des Kamasutra

Vishnu: Bedeutende Hindu-Gottheit der Trilogie Brahma – Vishnu – Shiva; der Erhalter der Welt, oft mit königlicher Herrschaft assoziiert

Vishwa Hindu Parishad (VHP): «Weltrat der Hindus»; 1964 gegründete Organisation zur Förderung und Erhaltung der hinduistischen Kultur und Religion, die sich selbst als «Wächter der Hindu-Kultur» versteht

Quellen und Literatur

Abdulali, Sohaila, After Being Raped, I Was Wounded; my Honour Was not, in: New York Times, 7.1.2013.

Acharya, Abhimanyu, 15 Most Shameful Things Indian Politicians Have Done, in: Youth Connect, 7.4.2014, http://www.youthconnectmag.com/2014/04/07/15-most-shameful-things-indian-politicians-have-done/.

Agarwal, Bina, Positioning the Western Feminist Agenda: A Comment, in: Indian Journal of Gender Studies, Vol. 1(249), 1994, S. 249–255.

Agnew, Vijay, Elite Women in Indian Politics, New Delhi, 1997.

Agnew, Vijay, The West in Indian Feminist Discourse. Woman's Studies International Forum, Vol. 20 (1), New York, 1997, S. 3–19.

Ahuja, Ram, Indian Social System, Jaipur, 1993.

Aji, Sowmya, A Village Shamed and Silent, in: India Today, 13.2.2012.

Aji, Sowmya, The Joys of Being Single, in: India Today, 9.4.2012.

Allen, Michael, Introduction. The Hindu View of Women, in: Michael Allen/S. N. Mukherjee (Hg.), Women in India and Nepal, Canberra, 1982, S. 1–20.

Alston, Anthony J., The Devotional Poems of Mirabai, Delhi, 1980.

Andersen, Walter K./Shridhar D. Damle, The Brotherhood in Saffron, New Delhi, 1987.

Anderson, Siwan/Debraj Ray, Missing Women: Age and Disease, in: Review of Economic Studies, 2010, S. 1262–1300.

Anderson, Siwan/Debraj Ray, The Age Distribution of Missing Women in India, in: Economic and Political Weekly, Vol. XLVII, No. 47/48, Dec. 1, 2012, S. 87–95.

Archer, William G., Songs for the Bride, New York, 1985.

Bajpai, Kanti, A Nation of Five Indians, in: The Times of India, 2.3.2013.

Bald, Suresh R., From Satyartha Prakash to Manushi: An Overview of the ‹Women's Movement› in India, Working Paper No. 23, Willamette University, April 1983.

Banerji, Rita, Bride and Prejudice. Is the Virginity of their Brides as Touchy an Issue for Indian Men Now as it Was a Decade ago?, in: India Today, 31.12.2013, http://indiatoday.intoday.in/story/bride-and-prejudice/1/333803.html.

Basu, Amrita, The Many Faces of Asian Feminism, in: Asian Women, Vol. 5, Fall 1997, S. 1–17.

Basu, Amrita, The Role of Women in the Indian Struggle for Freedom, in: B. R. Nanda (Hg.), Indian Women. From Purdah to Modernity, New Delhi, 1976, S. 16–40.

Baviskar, Amita, Empowerment at the Grassroots, in: Urvashi Butalia/ Anita Roy, Women Changing India, Zubaan, New Delhi, 2010, S. 86–121.

Beers, William, Women and Sacrifice. Male Narcissism and the Psychology of Religion, Detroit, 1992.

Bengal Girl Raped, Killed for Daring Kangaroo Court, in: The Times of India, 4.9.2014.

Bennett, Lynn, Dangerous Wives and Sacred Sisters, New York, 1983.

Bhadauria, Mridula, Women in India, New Delhi, 1997.

Bhadoria, Sonal, «Dented-Painted» Women: Abhijit Mukherjee's Dumb Sexist Remarks, in: Indiatimes, 27.12.2012, http://www.indiatimes.com/india/dentedpainted-women-abhijit-mukherjees-dumb-sexist-remark-51899.html.

Bhalla, Abhishek/G. Vishnu, The Rapes Will Go On, in: Tehelka, 14.4.2012.

Bhalla, Nita/Satarupa Bhattachariya, Urban India Finds its Voice, in: The Bengal Post, 3.1.2013.

Bharucha, Nauzer, Deconstructing a Slum Dharavi at Your Fingertips, in: The Times of India, 12. Juni, 2009, http://timesofindia.indiatimes.com/city/mumbai/Deconstructing-a-slum-Dharavi-at-your-fingertips/articleshow/4646477.cms.

Bhat, R. L./Namita Sharma, Missing Girls: Evidence from Some North Indian States, in: Indian Journal of Gender Studies, Vol. 13(351), 2006, S. 351–374.

Bhattaharjee, A., The Prophets of Modern India Nationalism, Delhi, 1993.

Biswas, Soutik, India's Unwanted Girls, BBC News, 23.5.2011.

Bobb, Dilip, Best of Both Worlds, in: India Today, Youth Special Issue, 20.2.2006.

Borges, Andre, Would You Marry a Rape Victim?, in: DNA, 4.8.2014, http://www.dnaindia.com/india/report-would-you-marry-a-rape-victim-the-answers-these-indians-give-will-shock-you-2007843.

Bose, Sugata, Nation as Mother, in: S. Bose/A. Jalal (Hg.), Nationalism, Democracy and Development, Delhi, 1997, S. 50–75.

BSP MP Maid's Murder: Police Lens on Trafficking, in: http://www.firstpost.com/fwire/bsp-mp-maids-murder-police-lens-on-trafficking-1219639.html.

Butalia, Urvashi, Indian Women and the New Movement, in: Women's Studies International Forum, Vol. 8(2), 1985, S. 131–133.

Butalia, Urvashi/Anita Roy, Women Changing India, Zubaan, New Delhi, 2010.

Caldwell, Sarah, Oh Terrifying Mother: Sexuality, Violence and Worship of the Goddess Kali, New Delhi, 1999.

Caritas International, Indien: Raus aus der extremen Armut, April 2013, http://www.caritas-international.de/hilfeweltweit/asien/indien/armut-frauen-sozialarbeit.

Chakraborty, Sandip/Kaushlendra Kumar/Faujdar Ram, Women's Autonomy, Women's Status, and Nutrition in India, in: Chatterjee, Partha, The Nationalist Resolution of the Women's Question, in: K. Sangari/S. Vaid (Hg.), Recasting Women. Essays in Colonial History, New Delhi, 1989, 233–253.

Chatterjee, Partha, The Nationalist Resolution of the Women's Question, in: K. Sangari/S. Vaid (Hg.), Recasting Woman. Essays in Colonial History, New Delhi, 1989.

Chatterji, Bankim Chandra, Anandamath, New Delhi, 1992 (1882).

Chaudhury, Shoma, Rape. And How Men See It, in: Tehelka, 18.1.2013.

Chhabria, Anjali, Secrets and Lies, in: India Today, 26.10.2007, http://indiatoday.intoday.in/story/Secrets+and+lies/1/1662.html.

Choudhury, Ratnadip, CPM Cadres Threatened her, Asked her to Withdraw her Nomination, in: Tehelka, 28.4.2012.

Choudhury, Ratnadip, Fighting against Witch Hunts Meant Fighting for Myself and All Women, in: Tehelka, 23.2.2013.

Chowdhury, Romit, Conditions of Emergence: The Formation of Men's Rights Groups in Contemporary India, in: Indian Journal of Gender Studies, Vol. 21(27), 2014, S. 27–45.

Coburn, T. B., Devi Mahatmya. The Crystalization of the Goddess Tradition, Delhi, 1985.

Cormack, Margaret, The Hindu Woman, New York, 1953.

Das Gupta, Monica, Selective Discrimination against Female Children in Rural Punjab, India, in: Population and Development Review, Vol. 13(1), 1987, S. 77–100.

Das, Frieda M., Purdah, the Status of the Indian Woman, New York, 1932.

Das, Veena/Ralph Nicholas, «Welfare» and «Well-Being» in South Asian Societies, ACLS-SSRC Joint Commitee on South Asia, New York, Social Science Research Council, Mimeo, 1981.

Datta, Damayanti/Shuriah Niazi, Rape and Murder in Betul, in: India Today, 23.4.2012.

Datta, Damayanti, The Dark Side of Sunny Porn, in: India Today, 27.2.2012.

Dattani, Mahesh, The World, her Stage, in: India Today, 28.7.2014.

Debroy, Gautam, Court Orders In-camera Trial in Delhi Rape Case, in: The Bengal Post, 8.1.2013.
Deepa, S., Crime against Women in India: A Reality Check, in: Awardesh Kumar Singh/Jayanta Choudhury (Hg.), Violence against Women and Children. Issues and Concerns, Serials Publications, New Delhi, 2013, S. 1–16.
Dehejia, Vidhya, Devi, the Great Goddess, Washington, 1999.
Deliege, Robert, The Untouchables of India, Berg, Oxford, 1999 (1995).
Derne, Steve/L. Jadwin, Male Hindi Filmgoer's Gaze: An Ethnographic Interpretation of Gender Construction, in: Rehana Ghadially (Hg.), Urban Women in Contemporary India, New Delhi, 2007.
Desouza, Shaila, The Strength of Collective Processes: An ‹Outcome Analysis› of Women's Collectives in India, in: Indian Journal of Gender Studies, Vol. 19(373), 2012, S. 373–392.
Dev Rawal, Urvashi, Globalization, Media and Women, in: Asha Kaushik (Hg.), Development, Globalization and Women, Jaipur, 2013.
Dimmitt, Cornelia, Sita: Mother Goddess and Shakti, in: J. Hawley/D. M. Wulff (Hg.), The Divine Consort. Radha and the Goddesses of India, Berkeley, 1982, S. 210–223.
Dixit, Neha, Rape in India: Reading between the Lines, 15. Juni 2014, http://neha-dixit.blogspot.in/2014/06/rape-in-india-reading-between-lines.html.
Don't Cross Lakshman Rekha, Minister Tells Women, in: The Hindu, 4.1.2013, http://www.thehindu.com/news/national/other-states/dont-cross-lakshman-rekha-minister-tells-women/article4273131.ece.
Doninger, Wendy, The Shifting Balance of Power in the Marriage of Shiva and Parvati, in: J. S. Hawley/D. M. Wulff (Hg.), The Divine Consort. Radha and the Goddesses of India, Berkeley, 1982, S. 129–143.
Doninger, Wendy, Women, Androgynes and Other Mythical Beasts, Chicago/London, 1980.
Doninger O'Flaherty, Wendy, Tales of Sex and Violence, Chicago/London, 1985.
Dube, Leela/Dube, Saurabh, Women in India, Religion, and the Category of ‹Politics›, in: Hem Lata Swarup/Sarojini Bisaria (Hg.), Women, Politics and Religion, Etowah, 1991, S. 59–65.
Dube, Leela, Seed and Earth. The Symbolism of Biological Reproduction and Sexual Relations of Productions, in: Leela Dube/Eleanor Leacock/Shirley Ardener (Hg.), Visibility and Power. Essays on Women in Society and Development, Delhi, 1986, S. 22–53.
Dubey, Priyanka, The Missing Girls of Lakhimpur, in: Tehelka, 28.9.2013.

Duby, G./M. Perrot, Geschichte der Frauen, Band 4, 19. Jahrhundert, Frankfurt, 1997.

Dummett, Mark, Not so Happily Ever After as Indian Divorce Rates Double, in: BBC News South Asia, 1.1.2011, http://www.bbc.com/news/world-south-asia-12094360.

Dumont, Louis, Homo Hierarchicus. The Caste System and its Implications, Chicago/London, 1980 (1966).

Dumont, Louis, Religion, Politics and History in India, The Hague/Paris, 1970.

Durex, First Sex. The Face of Global Sex 2012, Durex Sexual Wellbeing Global Survey 2011–2012.

Dutt, Shushmita, Girls' Education as Freedom?, in: Indian Journal of Gender Studies, Vol. 17(25), 2010, S. 25–48.

Duvvury, Vasumathi K., Play, Symbolism and Ritual. A Study of Tamil Brahmin Women's Rites of Passage, New York, 1991.

Dwyer, Rachel, All You Want Is Money, All You Need Is Love. Sexuality and Romance in Modern India, Cassell, London/New York, 2000.

Erndl, Kathleen, Victory to the Mother, New York, 1993.

Everett, Jana, Approaches to the ‹Woman Question› in India: From Maternalism to Mobilization, in: Women's Studies International Quaterly, Vol. 4(2), 1981, S. 169–178.

Fareed, Mohd Faisal, Mulayam's Shocker: Boys Will Be Boys, They Make Mistakes… Will you Hang them for Rape?, in: Indian Express, 11.4.2014, http://indianexpress.com/article/india/politics/mulayam-singh-yadav-questions-death-penalty-for-rape-says-boys-make-mistakes/.

15 Most Shameful Things Indian Politicians Have Done, 7.4.2014, http://www.youthconnectmag.com/2014/04/07/15-most-shameful-things-indian-politicians-have-done/2005, http://www.metaformia.org/articles/menstruating-women-menstruating-goddesses.

Freeman, Colin, Delhi Bus Rapist Blames his Victim in Prison Interview, in: Telegraph, 1.3.2015, http://www.telegraph.co.uk/news/worldnews/asia/india/11443462/Delhi-bus-rapist-blames-his-victim-in-prison-interview.html.

Fuchs, Stephen, At the Bottom of Indian Society: The Harijans and Other Low Castes, New Delhi, 1981.

Fuller, C. J., Servants of the Goddess, Cambridge/London/NY, 1984.

Gandhi, Nighat M., What I Am Today, I Won't Remain Tomorrow. Conversations with Survivors of Abuse, New Delhi, 2009.

Gangoli, Geetanjali, Indian Feminisms. Law, Patriarchies and Violence in India, Hampshire/Burlington, 2007.

Geetha, V., On Bodily Love and Hurt, in: Mary E. John/Janaki Nair (Hg.), A Question of Silence? The Sexual Economies of Modern India, Kali for Women Press, New Delhi, 1998, S. 304–331.

George, Annie, Newly Married Adolescent Women: Experiences from Case Studies in Urban India, in: S. Bott, et al. (Hg.), Toward Adulthood: Exploring the Sexual Reproductive Health of Adolescents in South Asia, Geneva, WHO, 2003, S. 67–70.

Ghosal, Shonali, Lack of Conviction. That's What's Screwing the Sex Ratio, in: Tehelka, 4.2.2012.

Ghosh, Shohini/Gabrielle Dietrich, Reflections on the Women's Movement in India: Ecology, Development, in: Indian Journal of Gender Studies, Vol. 1, 1994.

Gonda, Jan, Vishnuism and Shivaism. A Comparison, London, 1970.

Govinda, Radhika, Mapping «Gender Evaluation» in South Asia, in: Indian Journal of Gender Studies, Vol 19(187), 2012, S. 187–209.

Goyal, Ashima, Women Making Choices: Masked but Aware?, in: Indian Journal of Gender Studies, Vol. 14(409), 2007, S. 409–437.

Grey, Mary C., A Cry for Dignity, Religion, Violence and the Struggle of Dalit Women in India, Equinox, London, Oakville, 2010.

Grodzins Gold, Ann, Gender, Violence and Power. Rajasthani Stories of Shakti, in: Nita Kumar (Hg.), Women as Subjects, South Asian Histories, Charlottesville, 1994, S. 26–48.

Gulati, Saroj, Women and Society. Northern India in the 11th and 12th Century, Delhi, 1985.

Gupta, Ruchira, Where Rape is Seen as Violence, in: The Hindu, 30.12.2012, http://www.thehindu.com/opinion/open-page/where-rape-is-seen-as-violence/article4253546.ece.

Guzder, Jaswant/Meenakshi Krishna, Sita-Shakti: Cultural Paradigms for Indian Women, in: Transcultural Psychiatric Research Review, Vol. 28, 1991, S. 257–301.

Harlan, Lindsey/Paul B. Courtright (Hg.), From the Margins of Hindu Marriage, New York/Oxford, 1995.

Harlan, Lindsey, Religion and Rajput Women: The Ethic of Protection in Contemporary Narrative, Berkely/London/Oxford, 1992.

Harman, William, The Sacred Marriage of a Hindu Goddess, Bloomington, 1989.

Hastrup, Kirsten, The Semantics of Biology: Virginity, in: S. Ardener (Hg.), Defining Female, Oxford, 1993, S. 34–50.

Hawley, J. S./D. M. Wulff (Hg.), Devi. Goddesses of India, New Delhi, 1998.

Hay, Katherine/Ratna M. Sudarshan/Ethel Mendez, Why a Special Issue

Evaluating Gender and Equity?, in: Indian Journal of Gender Studies, Vol. 19(179), 2012, S. 179–186.

Hazra, Indrajit, Sex Crazy, in: Hindustan Times, 13.1.2013.

Hershman, Paul, Virgin and Mother, in: I. Lewis (Hg.), Symbols and Sentiments, London, 1977, S. 269–292.

Hiltebeitel, Alf/Kathleen Erndl (Hg.), Is the Goddess a Feminist?, New York, 2000.

http://randomhouseindia.wordpress.com/2009/08/03/shaifali-sandhya-an-open-letter-to-rakhi-sawant/.

India Records 2.6 Lakh Suicide Cases a Year, in: Times of India, 5.9.2014.

Indian Girl Cuts Man's Penis off after He Attempts to Rape Her, in: The Independent, 26. Dez. 2012, http://www.independent.co.uk/news/world/asia/indian-girl-cuts-mans-penis-off-after-he-attempts-to-rape-her-9648338.html.

Indian Youth Get their Knowledge of Sex Mostly from Friends, Porno Films and «Self-reading», 24.4.2007, http://nitawriter.wordpress.com/2007/04/24/indian-youth-sex-education.

Intimate Secrets, Sex Surveys 2003–2013, in: India Today, Special Edition, May 2013.

Islam, Nazrul/K. E. Kuah-Pearce, The Promotion of Masculinity and Femininity through Ayurveda in Modern India, in: Indian Journal of Gender Studies, Vol. 20(415), 2013, S. 415–434.

Jain, Devaki, Feminism and Feminist Expression – A Dialogue, Panel Presentation: Indigenous Feminism. Concepts, Achievements and Problems, 1. Okt. 1997, Asiatic Society, Bombay, in: Karnataka Women's Information and Resource Center, Bangalore, o. J.

Jain, M., The God Factory, in: India Today, 31. Mai 1997.

Jain, Shobhita, Sex Roles and a Dialectic of Survival and Equality. A Case Study of Women Workers on a Tea Plantation in Assam, in: Leela Dube, et al. (Hg.), Visibility and Power, Oxford University Press, 1986, S. 158–193.

Jejeebhoy, Shireen/Sarah Bott, Non-consensual Sexual Experiences of Young People: A Review of Evidence from Developing Countries, Delhi, Population Council, 2003.

Jenett, Dianne E., Menstruating Women/Menstruating Goddesses: Sites of Sacred Power in Kerala, South India, Sangam Era (100–500 CE) to the Present, 2005, http://www.metaformia.org/articles/menstruating-women-menstruating-goddesses.

Johnson, Linda, Daughters of the Goddess, Minnesota, 1994.

Juergensmeyer, Mark, Die Welt der Cowboy-Mönche. Terror und Männlichkeit, in: Frankfurter Rundschau, 20.4.2004.

Kailash Crosses ‹Lakshaman Rekha› again, in: Hindustan Times, 5.1.2013, http://www.hindustantimes.com/bhopal/kailash-crosses-lakshman-rekha-again/article1-985284.aspx.

Kakar, Sudhir, Kindheit und Gesellschaft in Indien. Eine psychoanalytische Studie, Frankfurt am Main, 2013.

Kakar, Sudhir und Katharina, Die Inder. Porträt einer Gesellschaft, München, 2013.

Kakar, Sudhir, Intime Beziehungen. Erotik und Sexualität in Indien, Frauenfeld, 1989.

Kakar, Sudhir, Maternal Enthrallment: Two Case Histories, in: Ders., Culture and Psyche, Delhi, 1997, S. 81–96.

Kakar, Sudhir, Kultur und Psyche. Psychoanalyse im Dialog mit nicht-westlichen Gesellschaften, Psychosozial-Verlag, Gießen, 2012.

Kakar, Sudhir, The Inner World. A Psychoanalytic Study of Childhood and Society in India, New Delhi, 1978.

Kalidasa, Kumara Sambhava, Vers 8.1, in: V. P. Joshi (Hg.), The Complete Works of Kalidasa, Leiden, 1976.

Kapadia, Karin, Siva and her Sisters. Gender, Caste, and Class in Rural South India, San Francisco, 1995.

Karlekar, Malavika, A Note on the Empowerment of Women, in: Indian Journal of Gender Studies, Vol. 11(2), 2004, http://ijg.sagepub.com/content/11/2/145.full.pdf.

Karlekar, Malavika, A Study of Balmiki Women in Delhi, in: Leela Dube et al. (Hg.), Visibility and Power: Essays on Women in Society and Development, Delhi, 1986, S. 324–340.

Kaul, Gautam, Cinema in the Indian Freedom Struggle, New Delhi, 1980.

Kaur, Manmohan, Women in India's Freedom Struggle, New Delhi, 1985.

Kazmi, Fareed, Sex in Cinema. A History of Female Sexuality in Indian Films, New Delhi, 2010.

Khan, M. E. et al., Sexual Violence within Marriage, in: Seminar, Vol. 447, 1996.

Khan, Shafiq R., Molki, Women on Sale, siehe auch Shafiq R. Khan, http://www.shafiqrkhan.net/2009/12/molki-women-is-it-marriage.html.

Khandelwal, Meena, Ungendered Atma, Masculine Virility and Feminine Compassion: Ambiguities in Renunciant Discourses on Gender, in: Contributions to Indian Sociology, Vol. 31(1), 1997, S. 79–109.

Kinsley, David, Devotion as an Alternative to Marriage in the Life of Some Hindu Women Devotees, in: J. Lele (Hg.), Tradition and Modernity in Bhakti Movements, Leiden, 1981, S. 83–93.

Kinsley, David, Goddesses and Sacred Geography, in: Ders. (Hg.), Hindu Goddesses, Delhi, 1986, S. 178–196.

Kishwar, Madhu, Love and Marriage, in: Manushi, Vol. 80, 1994, S. 11–19.

Kishwar, Madhu, Religion at the Service of Nationalism, in: Manushi, Vol. 76, 1993, S. 2–20.

Kishwar, Madhu, Why Do I not Call Myself a Feminist, in: Manushi, Vol. 61, 1991, S. 2–7.

Kishwar, Madhu, Who Am I? Living Identities versus Aquired Ones, in: Manushi, Vol. 94, 1996, S. 6–17.

Kishwar, Madhu, Women, Sex and Marriage, in: Manushi, Vol. 99, 1997, S. 23–36.

Klostermaier, Klaus, Shakti. Hindu Images and Concepts of the Goddess, in: Larry W. Hurtado (Hg.), Goddesses in Religions and Modern Debate, Atlanta, 1990, S. 143–161.

Kolenda, Pauline, Women as Tribute, Women as Flower: Images of ‹Woman› in Weddings in North and South India, in: American Ethnologist, Vol. 11(1), 1984, S. 98–117.

Kotwal, Kaizaad/Mahabanoo Kotwal, Why is the Word «Vagina» Scary?, in: Tehelka, 23.2.2013.

Kumar, Ashok, Bonded Brides, in: The Hindu, 15.1.2013.

Kumar, Manoj/Nita Bhalla/Ross Colvin, Suicide of Rape Victim Puts Spotlight on Inaction, in: The Bengal Post, 18.1.2013.

Kumar, Sunaina, I Faced the Goondas, Who Threatened to Kill Me, by Getting a Gun License, in: Tehelka, 23.2.2013.

Kumari, Abhilasha/Sabina Kidwai, Crossing the Sacred Line: Women's Search for Political Power, New Delhi, 1998.

Kumari, B. R., Brides Are not for Burning, New Delhi, 1989.

Liddle, J./R. Joshi, Gender and Colonialism: Women's Organization under the Raj, in: Women's Studies International Forum, Vol. 8(5), 1985, S. 521–529.

Mahaprashasta, Ajoy Ashirwad, Man's World, in: Frontline, 25.1.2013.

Majumdar, Ushinor, Billu Pehalwan Killed his Daughter and Beheaded her Lover. He Has No Regrets, in: Tehelka, 5.10.2013.

Majumdar, Ushinor, ‹We Did the Right Thing, We Cleaned a Social Wrong›, Say the Families of the Murdered Lovers in Rothak, in: Tehelka, 20.9.2013, http://www.tehelka.com/we-did-the-right-thing-we-cleaned-a-social-wrong-say-the-families-of-the-murdered-lovers-in-rohtak/.

Mander, Harsh, Let's Reach out in Time, in: Hindustan Times, 13.1.2013, http://www.hindustantimes.com/comment/columns/let-s-reach-out-in-time/article1–989180.aspx.

Mangubhai, Jayshree P., Human Rights as Practice. Dalit Women Securing Livelihood Entitlements in South India, Oxford University Press, 2014.

Manoranjan, Pal, et al. (Hg.), Gender Issues and Empowerment of Women, NOVA Science Publishers, NY, 2012, S. 41–59.

Mason-John, Valerie, Broken Voices. Untouchable Women Speak Out, New Delhi, 2008.

McKinnon, Catharine, Toward a Feminist Theory of the State, Cambridge, M. A., 1989.

McKinsey Global Institute, India's Urban Awakening: Building Inclusive Cities, Sustaining Economic Growth, April 2010.

McMillin, Diviya, Ideologies of Gender on Television in India, in: Indian Journal of Gender Studies, Vol. 9(1), 2002, S. 1–26.

Meenakshi, K., Andal, She Who Rules, in: Manushi, Women Bhakta Poets, Sonderausgabe zum 10. Jahrestag, Jan.-June 1989, S. 34–39.

Mehrotra, Santosh, Capability Deprivation of Women: Are Women Holding up Half the Sky in Asia?, in: Manoranjan Pal etc. (Hg.), Gender Issues and Empowerment of Women, NOVA Science Publishers, NY, 2012, S. 11–40.

Menon, Meena, Unsafe Abortions Killing a Woman Every Two Hours, in: The Hindu, 6.5.2013, http://www.thehindu.com/news/national/unsafe-abortions-killing-a-woman-every-two-hours/article4686897.ece.

Menski, Werner, Marital Expectations as Dramatized in Hindu Marriage Rituals, in: J. Leslie (Hg.), Roles and Rituals for Hindu Women, Rutherford, 1991, S. 47–67.

Michaels, Axel, Der Hinduismus. Geschichte und Gegenwart, München, 1998.

Mies, Maria, Indische Frauen zwischen Patriarchat und Chancengleichheit, Meisenheim, 1973.

Milner, Murray, Status and Sacredness: «A General Theorie of Status Relations and Analysis of Indian Culture», New York, 1994.

Mishra, Sudhanshu, Dalit Girls Clean School Toilets in Absence of Sweepers in Jaipur, in: Mail Today, 19.2.2015, http://indiatoday.intoday.in/story/dalit-girls-clean-school-toilets-sweepers-jaipur-swachch-bharat-abhiyan/1/419692.html.

Mitra, Aditi, Voices of Privilege and Sacrifice from Women Volunteers in India, Lanham, 2013.

Mukherjee, Prabhati, Hindu Women, Normative Models, Calcutta, 1978, ohne Quellenangabe.

Mukhopadhyay, Partha, Why We Can't Live without Slums, in: India Today, 28.1.2013.

Mulatti, Leela, Families in India, in: Journal of Comparative Family Studies, Vol. 26(1), 1995, S. 11–25.

Nair, Malini, From Victim to Survivor, in: Sunday Times of India, 14.12. 2014.

Nandy, Asish, The Popular Hindi Film: Ideology and First Principles, in: India International Quarterly, Vol. 26(1), 1980, S. 89–96.

Naqvi, Muneeza, India's Divorce Rate Rising, in: Huffington Post, 4.12.2011, http://www.huffingtonpost.com/2011/04/12/india-divorce-rate-rise_n_848201.html.

Narayanan, Amrita, Feminists in the Polis: Psychoanalysis, Women's Sexuality in India and the Writings of Sudhir Kakar. Presentation at the First Annual Psychoanalytical Conference. Fortis Memorial Hospital, Gurgaon. New Delhi, 2013; published as: Psychoanalysis, Women's Sexuality in India and the Writings of Sudhir Kakar, 2013, in: http://www.tandfonline.com/eprint/BvFgzKN8jrVM8jfQSp9U/full#.U-YF8ohH_-Y.

Nasla, B. K., Women as Victims of Crime. A Sociological Analysis, in: C. M. Agarwal (Hg.), Dimensions of Indian Womanhood, Almora, 1993.

Nelson, Dean, India Arrests Five after Raped Women Hung from Mango Tree, in: The Telegraph, 31.5.2014, http://www.telegraph.co.uk/news/worldnews/asia/india/10866871/India-arrests-five-after-raped-women-hung-from-mango-tree.html.

Nelson, Dean, Woman Killed over Dowry ‹Every Hour› in India, in: The Telegraph, 2.9.2013, http://www.telegraph.co.uk/news/worldnews/asia/india/10280802/Woman-killed-over-dowry-every-hour-in-India.html.

On the Lack of Comprehensive Sexuality Education in India, Report to the United Nations Human Rights Council for the Universal Periodic Review of the Republic of India, ohne Datum, http://sexualrightsinitiative.com/wp-content/uploads/India-UPR-1-YC.pdf.

Oyedele, Damilola, Überall der gleiche Schmerz, in: E+Z, Internationale Zeitschrift für Entwicklung und Zusammenarbeit, Nr. 7, Juli 2014, S. 298–300.

Pandey, Geeta, India's Unwanted Girls, in: BBC News, 23.5.2011, http://www.bbc.com/news/world-south-asia-13264301.

Pandey, Kundan, Land for Ladies, in: Down to Earth, 15.7.2014, www.downtoearth.org.

Perappadan, Bindu Shajan, Rothak Sisters Appeal for Justice, in: The Hindu, 14.12.2014.

Perumal, M., Globalization of Violence against Women, in: Awardesh

Kumar Singh/Jayanta Choudhury (Hg.), Violence against Women and Children. Issues and Concerns, New Delhi, 2013, S. 35–48.

Pink Warriors, in: Herald, 2.3.2014.

Pintchman, Tracy, The Rise of the Goddess in the Hindu-Tradition, New York, 1994.

Poggendorf-Kakar, Katharina, Hindu-Frauen zwischen Tradition und Moderne. Religiöse Veränderungen der indischen Mittelschicht im städtischen Umfeld, Stuttgart, 2002.

Prakash, T., Miscarriages and Induced Abortions: the Plight of Rural Women. Some Evidences, in: Awardesh Kumar Singh/Jayanta Choudhury (Hg.), Violence against Women and Children. Issues and Concerns, New Delhi, 2013.

Prasad, Raekha, Arrest Us All, in: The Guardian, 16.9.2005.

Pujari, P./V. Kumar, Women in the National Movement, in: dies. (Hg.), Women Power in India, Vol. 1, Delhi, 1994, S. 9–48.

Radhakrishnan, Vignesh, Lust in Translation, Youth Survey 2014, in: Hindustan Times, 9.8.2014.

Raghunathan, V., The So-called Great Indian Rape Problem, in: Times of India, 13.3.2015, http://blogs.timesofindia.indiatimes.com/Outraged/the-so-called-great-indian-rape-problem/.

Raj, Chamki G., Hey Man, Change Your Mindset, in: The Hindu, 27.1.2013.

Rajaraman, Indira, Economics of Bride-Price and Dowry, in: Economic and Political Weekly, Vol. 18(8), 19.2.1983, S. 275–280.

Ramakrishnan, Varsha, In India, One Woman's Story of Dowry Violence, 11.11.2013, http://pulitzercenter.org/reporting/asia-india-dowry-price-violence-bride-marriage-illegal-beatings-children-poverty-abuse.

Ramanujan, A. K., The Indian Oedipus, in: Edmunds Lowell/Alan Dundes (Hg.), Oedipus, A Folklore Casebook, New York/London, 1984, S. 234–261.

Ramu, G. N., Men Don't Cry and Men Don't Cook and Clean. A Study of Housework among Urban Couples, in: Samya Shakti, Vol. 4/5, 1989, S. 156–174.

Rape Sometimes Right, Sometimes Wrong: Gaur, in: Hindustan Times, New Delhi, 5.6.2014, http://www.hindustantimes.com/india-news/mp-minister-defends-mulayam-akhilesh-over-badaun-rape/article1–1 226 343.aspx.

Ravindran, Sundari, Female Autonomy in Tamil Nadu, in: Economic and Political Weekly, 17.4.1999, http://www.epw.in/review-womens-studies/female-autonomy-tamil-nadu.html.

Reckwitz, Andreas, Das hybride Subjekt. Eine Theorie der Subjektkulturen von der bürgerlichen Moderne zur Postmoderne, Weilerswist, 2010.

Reddy, Himabindu, Made in Heaven, Broken on Whims, in: Hindustan Times, 22.3.2013.

Rege, Sharmila, Caste and Gender: The Violence against Women in India, European University Institute Florence, Robert Schuman Centre, Working Paper 96/17, 1993.

Riesebrodt, Martin, Kulturmilieus und Klassenkulturen. Überlegungen zur Konzeptionalisierung religiöser Bewegungen, in: H. G. Kippenberg/B. Luchesi (Hg.), Lokale Religionsgeschichte, Marburg, 1995, S. 43–58.

Rosenfeld, Dagmar, Beschütz mich!, in: Die Zeit, 6.11.2014.

Roy, Amit, Dad Tells the World Daughter's Name, in: The Telegraph Calcutta, 8.1.2013.

Roy, Kumkum (Hg.), Women in Early Indian Societies, Delhi, 1999.

Rustagi, Preet, Employment Trends for Women in India, International Labour Organization, 2010, http://www.ilo.org/wcmsp5/groups/public/---asia/---ro-bangkok/---sro-new_delhi/documents/publication/wcms_146129.pdf.

Sandhya, Shaifali, An Open Letter to Rakhi Sawant, 3.8.2009, http://randomhouseindia.wordpress.com/2009/08/03/shaifali-sandhya-an-open-letter-to-rakhi-sawant/.

Sangari, K./S. Vaid (Hg.), Recasting Women. Essays in Colonial History, New Delhi, 1989.

Sariola, Salla, Gender and Sexuality in India. Selling Sex in Chennai, London/New York, 2010.

Schouten, J. P., The Unconventional Woman Saint: Images of Akka Mahadevi, in: R. Kloppenborg/W. J. Hanegraaf (Hg.), Female Stereotypes in Religious Traditions, Leiden, 1995, S. 123–150.

Sen, Amartya, India's Women: The Mixed Truth, in: The New York Review of Books, 10.8.2013.

Sen, Amartya, More than 100 Million Women Are Missing, in: The New York Review of Books, 1990.

Sen, Priyadarshini, Community Is No Longer a Barrier in Young Couples' Search for the Perfect Soulmate, in: Outlook, 28.7.2014.

Sengupta, Shuddhabrata, Another Rape, Still More Incompetence: Time to Teach Delhi Police a Lesson?, 20.4.2014, http://kafila.org/2013/04/20/another-rape-still-more-incompetence-time-to-teach-delhi-police-a-lesson/.

Sharma, Ursula, Dowry in North India, in: P. Uberoi (Hg.), Family, Kindship and Marriage in India, Delhi, 1993, S. 341–356.

Shinde, Prem K., Dalits and Human Rights: Dalits: Security and Rights Implications, Delhi, 2005.

Singh, Awardesh Kumar/Jayanta Choudhury (Hg.), Violence against Women and Children. Issues and Concerns, New Delhi, 2013.

Singh, Darpan, Lives, Interrupted, in: Hindustan Times, 14.1.2013.

Singh, Namrata, Two Thirds of Women Say Men Don't Help with Household Chores: Study, in: Times of India, 9.1.2015.

Singh, Rakesh, Witch-Hunting: Alive and Kicking, in: Women's Link, Vol. 17(1), Jan-March 2011, S. 16–21, http://www.isidelhi.org.in/wl/article/rakesh1701.pdf.

Sinha, Amita, Women's Local Space, in: Sally J. M. Sutherland (Hg.), Bridging Worlds. Studies on Women in South Asia, 1991, S. 203–224.

Sinha, Gayatri (Hg.), Woman/Goddess, An Exhibition of Photographs, Delhi, 1999.

Sinha, Madhumeeta, Witness to Violence: Documentary Cinema and the Women's Movement in India, in: Indian Journal of Gender Studies, Vol. 17(365), 2010, S. 365–373.

Sinha, Rajesh, Woman Contract-bound to Serve Husband: RSS, in: The Bengal Post, 4.1.2013.

Sona, Nupur, Before Nirbhaya, It Was Kiran Negi, but the Media Ignored Her, in: Tehelka, 8.2.2013.

Storypick, «This Hilarious Take on Indian Sex Education Is the Best Thing You Will Watch Today», 14.7.2014, http://www.storypick.com/hilarious-take-indian-sex-education-best-thing-will-watch-today/.

Suicide Second-Leading Cause of Death among Indian Youth, 29.5.2013, http://www.rediff.com/getahead/report/slide-show-1-specials-suicide-second-biggest-cause-of-death/20130528.htm.

Sunder Rajan, R., Real and Imagined Women: Gender, Culture and Postcolonialism, New York/London, 1993.

Sutherland, Sally J., Sita and Draupadi: Aggressive Behavior and Female Role-Models in the Sanskrit Epics, in: Journal of the American Oriental Society, Vol 109(1), Jan.-März 1989, S. 63–79.

Swedish Cinemas Take Aim at Gender Bias with Bechdel Test Rating, in: The Guardian, 6.11.2013, http://www.theguardian.com/world/2013/nov/06/swedish-cinemas-bechdel-test-films-gender-bias.

Tare, Kiran, Love and Live in Mumbai, in: India Today, 8.11.2010.

Thapar, Karan, Bite your tongue, in: Hindustan Times, 13.1.2013.

Thapar, Romila, The History of Female Emancipation in Southern Asia, in: Barbara E. Ward (Hg.), Women in the New Asia, UNESCO, Amsterdam, 1963, S. 473–498.

Thiagarajan, Kamala, A Fight to Save Baby Girls in India, in: The New York Times, 7.3.2013.

Thufail PT, Seven Honour Killings in 12 Weeks, in: Tehelka, 23.10.2010.

Trivedi, Ira, India in Love. Marriage and Sexuality in the 21rst Century, New Delhi, 2014.

Vanita, Ruth, Three Women Saints of Maharashtra: Muktabai, Janabai, Bahinabai, in: Manushi, Women Bhakta Poets, Sonderausgabe zum 10. Jahrestag, Jan.-June 1989, S. 45–61.

Varghese, Joe/Vijay Aruldas/Panniyammakal Jeemon, Beyond the Numbers: Factors Distorting Sex Ratio at Birth, in: Indian Journal of Gender Studies, Vol. 15(115), 2008, S. 115–125.

Vatsyayana, Kamasutra, A New Translation, hg. v. Wendy Doninger und Sudhir Kakar. Mit einer Einleitung von Sudhir Kakar, Oxford/New York, 2009 (2002).

Vera-Sanso, Penny, Conformity and Contestation: Social Heterogeneity in South Indian Settlements, in: G. de Neve/H. Donner, The Meaning of the Local: Politics of Place in Urban India, London, 2006.

Vibhute, Kranti, 49% Women Learn about Sex Watching Porn, Says a Survey, 25.6.2014, http://www.dnaindia.com/mumbai/report-49-women-learn-about-sex-watching-porn-says-a-survey-1997639.

Vidal, Imke, Warum Inderinnen kaum Einkommen erwirtschaften, in: Zeit Online, 28.3.2013, http://www.zeit.de/politik/ausland/2013–03/frauen-indien-arbeitsmarkt.

Vranda, M. N., Exploring Domestic Violence in an Indian Setting, in: Indian Journal of Gender Studies, Vol. 20(135), 2013, S. 135–146.

Wadhwa, Soma et al, Fair Sex or Fair Game? The Recent Spate of Headline-grabbing Cases of Dowry Violence Are but a Deep-rooted, Dark Malaise, in: Outlook, 29.5.2000.

Wadley, Susan, Shakti. Power in the Conceptual Structure of Karimpur Religion, Chicago, 1975.

Wal, Aradhna/Ankit Agrawal, Silence is not an Option, in: Tehelka, 17.8.2013.

Where the Young Don't Want to Live, in: India Together, http://indiatogether.org/suicide-society.

Wissmann, Constantin, Herzschmerz für die Forschung, in: Die Zeit, 22.8.2013.

Wolf, Nicole, Make it Real. Documentary and Other Cinematic Experiments by Women Filmmakers in India, PhD, Kulturwissenschaftliche Fakultät Viandrina, Frankfurt/Oder, 2007.

Women Gain as Gender Gap Narrows, in: BBC News, 29.10.2013, www.bbc.co.uk/news/world-24650912?print=true.

Women Should Not Go out with Males Who Are Not Kin, in: The Bengal Post, 9.1.2013.

Xaxa, Virginius, Women and Gender in the Study of Tribes in India, in: Indian Journal of Gender Studies, Vol. 11(345), 2004, S. 345–367.

Yagnik, Bharat/Himanshu Kaushik, Disappearing Daughters Alarm Gujarat Villages, in: Times of India, 3.2.2014.

Young, Katherine, Women in Hinduism, in: A. Sharma (Hg.), Today's Women in World Religions, Albany/New York, 1994, S. 77–135.

Zaidi, Annie, Banking on Ourselves, in: Urvashi Butalia/Anita Roy, Women Changing India, New Delhi, 2010, S. 16–51.

Dank

Seit meiner ersten Reise nach Indien 1988 sind mir unzählige wunderbare Menschen begegnet, die in ihrer Offenheit und Gastfreundschaft mein Leben stark bereichert haben. Sie alle haben dazu beigetragen, dass dieses Buch möglich wurde.

Meinem Mann, Sudhir Kakar, dessen Begleitung mir stete Inspiration ist, gilt mein tiefster Dank. Er hat die langen Tage und Nächte am Schreibtisch mit viel Liebe mitgetragen und ist mein wichtigster Gesprächspartner.

Auch bei Juhi Pandey, die für mich Interviews in Allahabad und Varanasi organisiert und vorbereitet hat, möchte ich mich herzlich bedanken sowie bei all meinen InterviewpartnerInnen, Freunden und Bekannten, die mir in den zwei Jahren der Entstehung dieses Buches so vielseitig behilflich waren.

Schließlich bin ich meiner Lektorin Frau Stefanie Hölscher vom Verlag C.H.Beck und Frau Petra Rehder zutiefst dankbar für die anregende Zusammenarbeit.